教育部重点研究基地重大项目（项目批准号：16JJD840011）

 教育部人文社会科学重点研究基地

 武汉大学社会保障研究中心

社会保障基金偿付能力管理研究

RESEARCH ON SOCIAL SECURITY FUND
AND SOLVENCY MANAGEMENT

林毓铭　周缘园　著

社会科学文献出版社
SOCIAL SCIENCES ACADEMIC PRESS (CHINA)

前　言

社会保障基金是构建社会保障体系最为重要的经济基础。中国社会保障体系的模式是政府财政主导、企业支持、全民参与，保障了社会保障基金的安全运行。随着我国社会保障基金规模的不断扩大，社会保障力度在不断加大，社会保障基金社会"安全网"和"稳定器"功能也在不断延伸，对经济发展的积极作用日益明显。

相对于离退休人口的高增长态势，预计 2050~2060 年，中国社会真正进入人口老龄化高峰期之后，养老保险基金与医疗保险基金都可能面临发展困难的局面。从 2013 年起，中央与地方财政对社会保障基金的补贴力度越来越大，2017~2021 年养老保险、工伤保险、失业保险三项社会保险基金收入与支出开始出现接近的局面，其中 2020 年支出大于收入，这也在一定程度上加重了社会各界对于未来社会保险基金可能出现的收支不平衡问题的担忧。此外，地区间社会保险滚存积累基金不平衡，有的省份如黑龙江省养老金储存已出现负值，进入警戒水平。根据《黑龙江省人力资源和社会保障厅统计公报》数据，2018~2021 年，连续 4 年，黑龙江省城镇职工养老保险基金结余均出现负值，并呈现收支缺口扩大的趋势，2021 年累计结余 -372.34 亿元。有的省份如广东省养老金可发放月数却比较乐观。养老保险全国统筹、国有资本划拨改革等已进入政策设计者的视野，医疗保险领域的一系列脱胎换骨的变革，也已经全面开始。

深度老龄化成为世界各国社会发展必须面对的问题，而任何一个国家的社会保障基金都是有限资源，养老与医疗保险基金的供给与需求何以达至平衡是世界各个国家面临的共同问题。要加强社会保障基金的偿付管理，其包含社会保障基金的收支管理、预算管理、成本管理、投资管理、监督管理等内容。

从社会保障基金的存量、流量与增量来考察，社会保障基金存量是一个时点指标，截至2020年底，各社会保险项目的滚存积累基金还是比较充足的，基本养老保险基金累计结存58075亿元，其中城镇职工基本养老保险基金累计结存48317亿元，城乡居民基本养老保险基金累计结存9759亿元，企业年金积累基金22497亿元；失业保险基金累计结存3354亿元；工伤保险基金累计结存1449亿元（含储备金174亿元）①；职工基本医疗保险基金（含生育保险）累计结存25323.51亿元，其中统筹基金累计结存15396.56亿元，个人账户累计结存9926.95亿元；城乡居民医保基金累计结存6049.88亿元。

从社会保障基金的流量看，绝大多数年份收入大于支出，也有一些年份收入小于支出，以2017年为例，全年城镇职工养老保险征缴收入33403亿元，而养老保险基金支出38052亿元，各级财政补贴基本养老保险基金8004亿元。全年生育保险基金收入642亿元，支出744亿元，同样支大于收②。未来的流量改革，即养老保险全国统筹将可能动用滚存养老保险基金进行全国调剂。从社会保障基金的增量看，各社会保险项目收入呈增长态势，支出也随之增加，养老保险收支不平衡的问题趋向严重。征缴收入的增长率随着费率降低有所下降，征缴收入又随着征缴体制的规范化有所上升，各级财政对养老保险基金的补贴比例年增长速度加快。在医疗保险中，2020年职工基本医疗保险基金（含生育保险）统筹基金累计结存15396.56亿元，个人账户累计结存9926.95亿元，比例为1.55∶1。由于个人账户医疗基金大量存储，医疗保险基金管理中出现了新问题和新挑战，本书建议政府相关部门启动医疗保险个人账户的改革，调整医疗保险统筹账户与个人医疗账户的分割比例，做好账户统筹。

---

① 参见《2020年度人力资源和社会保障事业发展统计公报》。
② 参见《2017年度人力资源和社会保障事业发展统计公报》。

　　社会保障基金的偿付能力管理是一个严格的技术问题，要在严格的指标控制下进行。本书对偿付能力管理的体制与机制建设做了较多的探讨，但对于具体的技术指标的测定有所欠缺，由于数据不足问题尤其是官方数据不足，无法获取关于偿付能力管理的一些核心数据，给本书写作带来了困难，敬请读者谅解。

　　本书共有十三章内容，立足于社会保障基金偿付能力管理，梳理了社会保障基金的形成与发展轨迹，分析了社会保障基金偿付能力的影响因素，分险种论述了不同项目保险基金的偿付能力与监管指标，系统诠释了社会保障基金管理的核心任务、面临的挑战与提升偿付能力的可行措施。第一章、第三章至第五章、第十章至第十三章由林毓铭撰写，第二章、第六章至第九章由周缘园撰写。由于研究水平有限，书中错误难以避免，请读者批评指正。

目　录

第一章　社会保障基金形成的逻辑
与发展轨迹

　　社会保障基金一般指全国社会保障基金（简称"社保基金"），是根据国家有关法律、法规和政策的具体规定，为实施社会保障制度而建立的专款专用的基金，由中央财政预算拨款、国有资本划转、基金投资收益和以国务院批准的其他方式筹集的资金构成[①]。社会保险基金在社会保障基金中占有主导地位，其包括基本养老保险基金、基本医疗保险基金、工伤保险基金、失业保险基金和生育保险基金[②]。"十三五"期间国家将生育保险归入医疗保险，对于生育保险基金数据不再做单独统计。

第一节　政府出资从台前到幕后的理论逻辑
及自求平衡机制

　　在我国社会保障基金的筹集过程中，1986 年，国务院决定在国有企业新招工人中实行劳动合同制，建立劳动合同制职工的养老保险制度，个人按本人工资的 3% 缴费，改变了过去完全由国家和企业负担的办法，第一次实行了个人缴费制度。1991 年，国务院颁布了《关于企业职工养老保险制度改革的决定》，确定了基本养老保险、企业补充养老保险和个人储蓄养老保险相结合的多层次养老保险体系，规定社会养老保险费用由国家、企业和个人三方共同负担，实行社会统筹，保证中国社会保障基金的基本需求。1993～2002 年，

---

① 《全国社会保障基金条例》第二条。
② 《中华人民共和国社会保险法》第六十四条。

社会保障制度进入改革深化阶段。1993 年，党的十四届三中全会通过的《中共中央关于建立社会主义市场经济体制若干问题的决定》将社会保障制度作为构筑我国社会主义市场经济的五大体系之一，提出建立包括社会保险、社会救济、社会福利、优抚安置、社会互助和个人储蓄保障的多层次社会保障体系，养老和医疗保险制度实行社会统筹和个人账户相结合模式。制度化的筹资模式结合财政兜底式的政策设计，基本保证了养老制度与医疗制度的正常运行与可持续发展。

一 社会保险缴费的理论逻辑

社会保障基金作为支撑社会保障制度运行最重要的经济手段，是社会保障制度赖以存在和发生作用的货币基础。社会保障基金以社会保险基金为主要支撑，社会保险基金的筹集、运用及规模或者说其流量、存量与增量，决定着社会保障制度实施的深度和广度。筹集社会保险基金既要适应社会保险工作实际需要的变化，又要与社会生产力发展水平相适应，充分考虑到国家、企业和个人的经济负担能力。

随着我国社会保险制度的建立与完善，社会保险基金的筹集与管理经历了筹资方式的变迁。1986 年之前的"企业 + 国家"的养老保险基金来源模式下，企业和国家是缴费主体，个人不需要缴费。1986 年以后，我国开始建立新型退休养老制度，形成了社会保障基金由国家、企业、个人三方合理负担的筹资模式，之后又构建了社会统筹和个人账户相结合的养老和医疗保险制度，推行多层次、多渠道的筹资办法，改进社会保险基金缴费办法，保证社会保险基金来源的多元化。例如，养老保险基金社会统筹作为我国养老保险制度改革的一项重要内容，要求养老保险基金社会统筹由社会保险管理机构按照政府委托，国家、企业、个人三方合理负担和"以支定收、略有节余、留有部分积累"的筹资原则，向企业和职工个人征集养老保险基金；依据列入统筹项目的离退休费用总额，用社会互助办法解决不同地区之间离退休费用负担畸轻畸重的问题，从而保障离退休职工的生活，促进社会稳定。

国家、企业、个人三方合理负担是原劳动部提出的基金分担方式，可以说，国家、企业与个人都走向了前台。什么叫合理负担？主要是指分担比例合理，如国有企业下岗职工基本生活费发放奉行"三三制原则"，即分别由财政、企业和失业保险基金各自分担 1/3，这是在 20 世纪国有企业股份制度改革过程中产生的一种制度模式，而中央财政与地方财政的社会保险基金负担比例尤其是养老保险基金的负担比例很难界定。2000 年之前对基本养老保险的补贴以地方财政补贴为主，2001~2006 年，则以中央财政补贴为主，如图 1-1 所示。2007~2017 年，《人力资源和社会保障事业发展统计公报》中中央财政和地方财政对基本养老保险的支出被并称为"各级财政补贴基本养老保险基金"。2018 年 7 月 1 日，建立实施企业职工基本养老保险基金中央调剂制度，建立中央调剂基金，对各省份养老保险基金进行适度调剂，确保基本养老金按时足额发放①。自 2018 年开始，《人力资源和社会保障事业发展统计公报》公布调剂基金规模。基本养老保险中央调剂制度在很大程度上减轻了各级财政的养老保险基金支付压力，提高了养老保险基金自身的使用效率，为尽快实现养老保险全国统筹打下了基础。

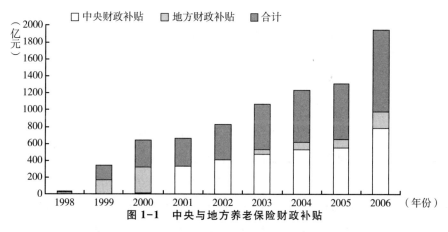

图 1-1　中央与地方养老保险财政补贴

注：2007 年之后，财政补贴主要由中央财政提供，《人力资源和社会保障事业发展统计公报》不再分中央和地方财政补贴。

资料来源：根据人社部历年发布的《人力资源和社会保障事业发展统计公报》整理。

《国务院关于深化企业职工养老保险制度改革的通知》（国发〔1995〕6 号）提出基本养老保险费用由企业和个人共同负担，实行社会统筹与个人账户相结合，在理顺分配关系，加快个人收入工资化、货币化进程的基础上，逐步提高个人缴

---

① 《国务院关于建立企业职工基本养老保险基金中央调剂制度的通知》（国发〔2018〕18 号）相关内容。

费比例。在国发〔1995〕6 号文件的基础上，国务院组织调查组进行了全国大调查，调查认为各省、自治区、直辖市以及行业出台的基本养老保险改革不论是 A 方案还是 B 方案或是折中方案，均肯定了养老保险基金由国家、企业、个人三方负责的筹资模式，肯定了社会统筹与个人账户相结合的改革，个人缴费机制有利于减轻企业负担，退休待遇与缴费挂钩，并适当分享社会经济发展成果，有利于调动劳动者的缴费积极性，更好地保障退休职工的基本生活。

社会统筹与个人账户相结合的养老保险制度，规定了企业和个人缴费的比例及未来的比例变化的责任分担机制，国家财政与地方财政则从"三位一体"的前台走向了后台，实施财政共同兜底机制[1]。罗彦等认为，社会养老保险由政府财政兜底，破产风险低，可用以消除人们不确定性的风险，这一保险制度建立在用人单位、个人与政府等多方共担责任和世代自然传承的基础之上，由政府承担最终的财政兜底责任，可以避免市场失灵与政府失灵的双重风险[2]。需要强调的是，政府对社会保险制度的财政兜底责任是有限责任而不是无限责任。20 世纪 90 年代末以来，西方许多国家因进入老龄化社会面临国家财政分崩离析的局面，希腊等国家甚至因巨大的养老保险债务一度陷入空前的经济危机，这都让我们看到政府的无限责任可能带来的后果，一些福利国家也因此走向了有选择性的福利发展道路。从我国近 20 年的财政兜底机制来看，对于中央财政和地方财政而言，"兜底"并不轻松。为什么原劳动部希望政府、单位和个人三方合理负担，原国家体改委提出政府财政要从前台走向后台、从"主角"转为"幕后角色"，这两种筹资方式不只是原国家体改委和原劳动部在理论表述方式上与执行方式上的不同，更多的是考虑财政主导还是体制内制度主导的问题。财政主导型可能使国家财政成为"主角"，同时要提防政府万能论与政府高明论的极端论调，因为不存在万能的政府，也不存在万能的市场，政府与市场都可能会失灵，其作用都是有限的。社会统筹与个人账户相结合的养老保险制度，通过体制内的制度设计，在财政兜底机制前设置一道屏障，试图通过制度内的自求平衡机制来减轻财政负担而不是通过政府的直接介入。

---

[1] 财政兜底本是信托行业中的专业名词，是一种优惠政策，现意指某项事业，先由执行方自行支付，不足部分由政府负责买单，多用于社会保险领域。

[2] 罗彦、李浩燃、王有佳、唐露薇等：《专家称社会养老保险由政府财政兜底破产风险低》，《人民日报》2012 年 9 月 17 日。

　　从中国多年的实践情况看，财政兜底的"底"有增多的趋势，兜底的金额具有不确定性，为保证社会保险事业的健康发展，财政要负责全部缺额支出。因为财政兜底的"底"不断被刷新，各省（区市）之间社会保险基金存在存储失衡，这导致了财政补贴金额的刚性上扬，如表1-1和图1-2所示。

表1-1　中央与地方财政养老保险财政补贴明细

单位：亿元

年份	财政补贴	年份	财政补贴
1998	30.0	2008	1437.0
1999	133.4	2009	1646.0
2000	38.5(财政补发历年拖欠)	2010	1954.0
2001	14.0(财政补发历年拖欠)	2011	2272.0
2002	408.2	2012	2648.0
2003	530.0	2013	3019.0
2004	614.0	2014	3548.0
2005	651.0	2015	4716.0
2006	971.0	2016	6511.0
2007	1157.0	2017	8004.0

　　注：①2018年及之后财政补贴的数据没有公布；②2000年和2001年的38.5亿元和14亿元，为财政补发历年拖欠的养老金，人社部的统计报表中，2000年和2001年的中央财政和地方财政的养老金补贴数和养老保险金当年收入混合在一起，无法提取当年中央财政和地方财政的养老金的补贴数字。
　　资料来源：根据人社部发布的历年《人力资源和社会保障事业发展统计公报》整理。

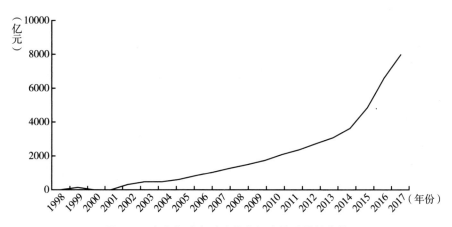

图1-2　中央与地方财政养老保险补贴增长趋势

二　社会保险基金的自求平衡机制

社会保险基金筹集模式的选择与各国国情与经济发展相联系，大体上包括现收现付式（现收现付制）、部分积累式（部分积累制）和完全积累式（完全积累制）三种社会保险基金筹集模式。现收现付式以支定收，坚持以近期横向收支平衡为原则，要求当年所有参保单位和个人均按照政府统一的缴费比例缴纳社会保险基金，在以支定收的过程中实现年度内社会保险基金的基本平衡。部分积累式筹资模式要求在一定时期内有一定的基金积累，将近期横向的基金收支平衡与远期纵向的基金收支平衡结合起来，在满足当年基金支出需要的前提下，每个年度内均留有一定的积累基金，在此基础上确定缴费率。完全积累式是若干年度内不需要基金支出，这种基金筹集模式坚持以远期纵向的收支平衡为原则，要求劳动者在整个缴费期间采取纯储蓄积累方式筹集个人账户基金，以供退休时使用。

早在 1958 年，美国著名经济学家萨缪尔森就提出，由于现收现付式养老保险制度不需要大规模的养老基金用于资本投资，所以它不可能像基金制那样，可以依靠养老基金在资本市场上的投资收益为未来养老基金的支付筹集养老资金。现收现付式养老基金计划虽然不能取得金融投资收益，但它可以取得"生物收益"，其"生物收益率"（Biological Rate of Return）数值等于人口增长率和工资增长率之和[1]，即：

$$生物收益率 = 人口增长率 + 工资增长率$$

1966 年，亨利·艾伦在萨缪尔森"生物收益率"概念的基础上指出：只有当人口增长率和工资增长率之和大于市场利息率时，现收现付式养老保险制度才是可取的，因为在这种情况下，现收现付式养老保险制度可以实现资源配置的帕累托最优。从养老保险制度的筹资角度看，由于这时它的"生物收益率"高于市场利息率，所以也优于基金式的养老保险制度[2]。后来人们把亨利·艾伦这一观点称为"艾伦条件"（Aaron Condition）。国际社会保障的改

---

[1]　朱青：《当前养老保险筹资模式不宜转向基金式》，《经济理论与经济管理》2001 年第 12 期。

[2]　林毓铭：《代际间帕累托最优的理论歧义与养老保险财务制度的定位》，《统计与信息论坛》2003 年第 3 期。

革趋势是现收现付式养老保险制度向基金制转变、统筹制向个人账户制转变，根据"艾伦条件"，由于人口增长率+工资增长率<市场利息率，一些学者主张实施养老保险基金制，而不赞成实施现收现付式养老保险制度。事实上，上述三个指标在统计学意义上并没有可加性，因为这三个指标完全不是一个同类项。

财政部门社会保险自求平衡机制的提出主要是指养老保险制度本身如何实现社会统筹与个人账户相结合的自求平衡，即实现制度内的自求平衡。事实上，在养老保险筹资模式中，不论是现收现付式、部分积累式还是完全积累式，都存在一个短期平衡或是中长期平衡的问题。

不管是生物收益率还是市场利息率，基金平衡的背景是在中国养老保险制度发展运行过程中，人口老龄化与高龄化问题越来越严重。近 5 年来，养老保险基金短缺的趋势越来越明显，地区不平衡的问题也越来越严重，2018 年以来，在国际贸易保护主义势力抬头的背景下，经济上行或下行的可能性越来越难以被预测与判断。20 世纪 90 年代财政部门曾提出建立在社会统筹与个人账户相结合基础上的自求平衡机制，由于企业缴费与个人缴费在前，中央与地方财政兜底在后，制度内养老保险基金的自求平衡机制的建立在很大程度上是要求加强养老保险基金的增收与基金支出的控制，做好养老保险基金的精算工作，立足于中长期做好应对人口老龄化、高龄化问题的准备工作，当然自求平衡只能是阶段性的相对平衡，不可能做到长期的绝对平衡。从现实养老保险制度的运行情况看，2015～2017 年，财政补贴数额逐年加大，2015 年出现了超常的加速，2015 年财政补贴 4716 亿元，比 2014 年的 3548 亿元激增了 1168 亿元，改变了往年的补贴增长节奏，2016 年各级财政补贴 6511 亿元，比 2015 年增加了 1795 亿元，2017 年直接增加到 8004 亿元，我国进入了高补贴增长时代。

第二节　社会保障基金来源多元化与造血机制

一　社会保障基金来源的多元化及其评析

鉴于养老保险社会统筹账户与个人账户分账管理的改革与做实个人账户

的要求，养老保险基金的来源渠道正在不断拓宽，既要充分利用现有的存量资产，又要充分扩充增量。

自1986年建立现代社会保险制度以来，我国采用了多种养老保险基金的筹资方式。①企业与个人缴费形成的社会统筹基金与个人账户基金，若制度内缴付养老保险基金不足，实施财政补偿，但多年来由于地区范围内养老保险基金的严重不平衡，财政补偿主要用于收支失衡的地区；②通过股票市场国有股减股10%消化部分转制成本，但由于此举造成股市严重的下跌而终止；③变现或分割部分国有资产，包括土地、房产等，通过出售、租赁等手段，实现国有资产重组，发挥资产效益，变现有的沉淀国有资金为社会保险基金；④调整国家财政支出结构，逐年扩大财政支出中社会保障支出的比重，争取达到15%~20%，确保国有企业下岗职工基本生活费的发放、确保离退休职工养老保险基金的足额定时发放，这"两个确保"政策一度成为领导者的政绩考核目标；⑤以居民储蓄利息收入个人所得税的20%充实社会保障基金（已停止）；⑥成立全国社会保障基金理事会（简称"社保基金会"），全国社会保障基金来源包括中央财政预算年度拨款以及国务院批准的以其他方式筹集的资金、国有股减持转入的资金、投资收益、股权资产等，也有学者提出未来应从外汇储备中划拨大量资金充实全国社保基金的建议[1]。

社会保障基金来源多元化的发展道路并不十分顺利，足额征缴难、扩面难问题较为突出，具体表现为以下几个方面。

其一，社会保险基金的降费调整政策使基金收入减少。2013~2015年，农民工务工人员稍有下降，进入发达地区的农民工增长率逐年下降，加上跨省统筹养老保险基金转移不太顺利，个人缴费中断人数增加。人社部披露的数据显示，2013年全国养老保险弃缴人数累计达3800万人。2015年6月人社部发布的《中国社会保险发展年度报告2015》显示，职工养老保险实际缴费人数比例下降，中断缴费人数增加。在此局面下，为实现养老保险事业的可持续发展，保障企业，尤其是中小微企业的缴费能力，提高企业的市场竞争力，我国养老保险制度进行了两次降费调整。第一次降费是在2016年，人社

---

① 郑秉文：《夯实养老金应对老龄化》，《人民政协报》2021年3月9日。

部与财政部发出《关于阶段性降低社会保险费率的通知》，规定从 2016 年 5 月 1 日起两年之内，企业职工基本养老保险单位缴费比例超过 20% 的省（区、市），将缴费比例降至 20%；单位缴费比例为 20% 且 2015 年底基金累计结余可支付月数超过 9 个月的省（区、市），可以阶段性降低至 19%。第二次是在 2019 年，国务院规定全国养老保险缴费率可以降至 16%。

2020 年以来，受疫情影响，经济不稳定因素增多，影响了职工收入，增加了企业经营压力，致使拒缴、拖缴、少缴的现象增多，并在基本养老金调整中出现养老金水平与缴费年限"倒挂"的现象，中小微型企业缴费率有所下降。2021 年，国家优化和落实助企纾困政策，减税降费超过 1 万亿元，不少省（区、市）也相对降低了社会保险各险种的缴费比例，企业缴费总额有所下降。

财政补贴的兜底基金出现严重的地区不均衡，发达地区养老保险等社会保险滚存积累基金相对富足，可保障发放月数非常理想；不发达地区却入不敷出，可保障发放月数突破警戒线。人社部社会保险事业管理中心发布的《中国社会保险发展年度报告 2015》显示：2015 年，黑龙江、吉林、青海、河北等 8 个省市的职工养老金可支付月数少于 10 个月，黑龙江的可支付月数仅为 1 个月，吉林、辽宁则分别为 7.5 个月和 8.9 个月，与此同时，9 个省（区、市）的职工养老金可支付月数超过 20 个月，居前列的广东和北京分别为 52.8 个月和 34.6 个月，基金相对充裕，来源稳定。2015 年有 20 个省（区、市）的可支付月数较 2014 年有所下滑。人社部发布的历年《人力资源和社会保障事业发展统计公报》显示，自 2013 年起出现的养老保险基金增长比例小于养老保险基金支出比例现象已基本难以逆转，财政补贴的兜底基金从 2015 起出现加速增长现象。2016 年，中央财政对社保基金的补助超过 20 亿元的有河北、黑龙江、吉林、辽宁、安徽、河南、湖北、湖南、重庆、四川等 10 个省市，其中对四川的补贴最多，达 48.84 亿元①。

其二，国有股减持方案受阻停止。为充实社会保障基金，提升基金的偿付能力，2001 年国务院决定从国有企业的存量资产中分割一部分用于转制成本，通过上市公司的国有股流通使其成为社保基金的重要补充，以增

---

① 参见财政部官网数据"2016 年中央财政养老保险一般性转移支付资金分配表"。

强人们对养老保险基金的信心。2001年6月国务院正式发布《减持国有股筹集社会保障资金管理暂行办法》（国发〔2001〕22号），要求在减持国有股诸方案中，对上市公司按融资额的10%出售国有股。从2001年6月14日至2001年10月22日出台国有股减持办法，共有17家国有企业通过新发或增发减持部分国有股的方式，筹集社保基金23.15亿元，加上2000年海外上市减持筹集的100亿元基金，通过国有股减持归集的社保基金约120亿元①。

由于国有股发行本身存在着与现代市场经济原则相悖的内容，人为因素的干扰加之股票市场因素复杂，众多中小投资者对于国有上市公司的总体业绩滑落普遍感到不满意甚至对其产生不信任心理，股票市场的实施细则和配套措施一直没有出台或落实到位，国有股变现社保基金的行动在2001年股市的运作中曾遭遇股市连连狂跌。2001年10月23日，沪深股市上证指数相比2001年最高点的2245点，下跌幅度超过了30%。

出于促进股票市场健康发展的要求，2002年6月23日，国务院决定除企业海外发行上市外，对国内上市公司停止执行《减持国有股筹集社会保障资金管理暂行办法》中关于利用证券市场减持国有股的规定，并承诺今后不再出台具体实施办法。停止国有股减持主要是由市场性因素造成的，而股票市场对国有股减持10%的认同程度较低也是其中缘由之一。

其三，划转部分国有资本充实社会保障基金的做法遭到质疑。国务院2015年11月印发的《关于改革和完善国有资产管理体制的若干意见》（国发〔2015〕63号）要求：建立覆盖全部国有企业、分级管理的国有资本经营预算管理制度，同时在改组改建国有资本投资、运营公司以及国有企业重组过程中，国家根据社会保险精算平衡的原则将部分国有资本（股权）划转至社会保障基金管理机构持有，将分红和转让收益用于弥补养老保险等其他社会保险资金的现存缺口。2017年，国务院印发《划转部分国有资本充实社保基金实施方案》，规定划转部分国有资本充实社保基金，将中央和地方国有及国有控股大中型企业、金融机构纳入划转范围。划转部分国有资本充实社保基金是基本养老保险制度改革和国有企业改革的重要组成部分，是保障和改善

---

① 柳军：《国资划转社保加速推进，为企业降费带来想象空间》，时代财经，2018年11月30日。

民生的重要举措。对于划转部分国有资本充实社保基金这一政策举措，曾任财政部部长的楼继伟解释道：实施社会化养老保险制度后，国企退休人员领取的养老金和在职职工视同养老金缴费部分将出现资金支付缺口，如果通过提高在职职工养老金缴费率，实际上是将这部分负债转给了下一代，将会出现代际不公平。

我国的国有资本存量到底有多少？一是考察现有正在参与再生产的国有资产存量资本，二是考察处于闲置状态的国有资产存量。由于改革过程中我国大部分地方完成了中小国有企业的拍卖，国有资产流失严重，现有国有资产存量大幅度缩水，国家国有资产管理局的数据表明：1992 年全国与外商合资合作的 8550 家国有企业中，有 5000 多家的 675 亿元账面资产没有经过相关部门评估，按 45.2% 的升值率计算，一年就流失掉了 305 亿元人民币。我国实际上真正能够分离出来用于社会保障基金的国有资产存量有限。缴纳了若干年社会保险费才能购房的制度刚性一定程度上推动了社保基金的增加，如 2016 年上海发布的《关于进一步完善本市住房市场体系和保障体系促进房地产市场平稳健康发展的若干意见》提高了非本市户籍居民家庭购房缴纳个人所得税或缴纳社保的年限，规定社会保险费缴费累计满 5 年才可以购房，一些无社保关系的非户籍居民出于买房需要不得不自行缴纳全部社会保险费。房地产业 GDP 的增长在一定程度上得益于社会保障制度，房地产开发商也要同时缴纳建设工程社会保险费，社会保障制度发展与房地产业发展相得益彰。但多年来随着全国各地的房地产过度开发与房价非理性上涨，有相当一部分地区住房滞销、基础设施不配套、土地财政显疲态。

其四，根据财政部统计数据，国家财政支出中社会保障费支出的比重（社会保障和就业支出合并）在 2007~2017 年大多在 10%~11%，如果扣除就业支出，社会保障支出占财政支出的比重可能远低于 10%（见表 1-2）。

国际社会通常用各国政府的社会保障支出占财政支出的比重衡量政府责任[1]。人社部、国家发改委、财政部、卫生部、社保基金会等早在制定的《社

---

[1]　林治芬、孙王军：《政府社会保障财政责任度量与比较》，《财政研究》2012 年第 2 期。

表1-2 2007～2017年社会保障和就业支出占财政总支出比重统计

支出项	2007年	2008年	2009年	2010年	2011年	2012年	2013年	2014年	2015年	2016年	2017年
国家财政总支出（亿元）	49781.35	62592.66	76299.93	89874.16	109247.79	125952.97	140212.10	151785.56	175877.77	187755.21	203085.49
中央财政社会保障和就业支出（亿元）	342.63	344.28	454.37	450.30	502.48	585.67	640.82	699.91	723.07	890.58	1001.11
地方财政社会保障和就业支出（亿元）	5104.53	6460.01	7851.85	8680.32	10606.92	11999.85	13849.72	15268.94	18295.62	20700.87	23610.57
中央与地方财政支出比	1：15.79	1：18.76	1：17.28	1：19.28	1：21.11	1：20.49	1：21.61	1：21.82	1：25.30	1：23.44	1：23.59
社保障和就业总支出（亿元）	5447.16	6804.29	8306.22	9130.62	11109.40	12585.52	14490.54	15968.85	19018.69	21591.45	24611.68
社会保障和就业总支出占财政总支出的比重（%）	10.94	10.87	10.89	10.16	10.17	9.99	10.33	10.52	10.81	11.50	12.12

注：财政部统计数据将社会保障和就业支出数据混在一起统计，如果扣除就业支出，社会保障支出占财政支出的比重不足10%，由于计算口径与度量同题，就业支出无法从两者的总支出中分离出来，社会保障的计算口径在本书中做模糊处理。

资料来源：根据财政部历年统计数据整理。

会保障"十二五"规划纲要》中要求各级财政将社保支出占财政支出的比重提高到25%左右。但有数据显示，我国目前整个社会保障支出仅占我国财政支出的12%左右，远低于发达国家30%~50%的支出比例。我国财政对社保的投入不仅远低于发达国家，也与《社会保障"十二五"规划纲要》目标有很大差距①。2007~2017年，我国社会保障支出占财政支出的比重变化幅度不大，在中央与地方财政支出比例中，2015年有一个较大的比值变化，为1∶25.30。财政支出中的社会保障支出属于政府的财政预算的政治安排，与其他财政支出项目是此消彼长的关系。"十三五"时期，政府明确提出要提升社会保障支出占财政支出的比重，至"十四五"第一年2021年，我国社会保障支出占财政支出的比例为13.7%，比"十二五"时期略有提升，但与发达国家30%~50%的支出比例还是有相当大的差距。社会保障支出占GDP的比重也相对较低，2020年为3.21%，2021年下降到2.96%，这一比重在全世界范围内也是非常低的。

其五，以银行存款利息收入的20%充实社会保障基金是一种历史安排，起始于1999年11月1日，结束于2008年10月9日，历时9年。征收银行收入利息税用于社会保障的补充，作为一种过渡性的政策安排，银行存款利息收入为社会保障事业的发展做出了一定的贡献。

其六，全国社会保障基金理事会成立后，于2000年8月专门设立了全国社会保障基金，其属于国家社会保障储备专项基金，主要用于未来人口老龄化高峰时期的养老保险等支出的补充和全国调剂，由全国社会保障基金理事会负责管理运营。我国城镇职工基本养老保险制度运行至2017年底，有50502亿元滚存积累基金，没有出现全国性的养老保险基金全方位入不敷出的现象，因此没有动用全国社会保障基金。该基金自设立以来至2015年底年均投资收益率8.82%，累计投资收益额7907.81亿元。截至2015年末，财政性拨入全国社保基金资金和股份累计7279.38亿元，其中，中央财政预算拨款2698.36亿元，国有股减转持资金和股份2563.17亿元（减持资金863.19亿元，境内转持股票940.36亿元，境外转持股票759.62亿元），彩票公益金2017.85亿元②。社保基金自2000年8月成立至2020年的年均投资

① 《"适时"下调社保费率，今年能做到吗?》，《新京报》2015年1月11日。
② 参见《全国社会保障基金理事会基金年度报告（2015年度）》。

收益率为 8.51%，累计投资收益额 16250.66 亿元①，全国社会保障基金理事会社保基金历年投资收益率如表 1-3 所示。

表 1-3　全国社会保障基金理事会社保基金历年投资收益率

单位：%

年份	投资收益率	年份	投资收益率
2001	2.25	2011	0.84
2002	2.75	2012	7.01
2003	2.71	2013	6.20
2004	3.32	2014	11.69
2005	4.16	2015	15.19
2006	29.01	2016	1.73
2007	43.19	2017	9.68
2008	-6.79	2018	-2.28
2009	16.12	2019	14.06
2010	4.23	2020	15.84

资料来源：根据历年《全国社会保障基金理事会基金年度报告》整理。

据历年《全国社会保障基金理事会年度报告》，"十三五"时期中央财政资金净拨入累计 2150 亿元，全国社保基金投资收益累计 6857 亿元，基金规模从期初的 15083 亿元增加到 24591 亿元，年均增长率达 10.27%，基金积累步伐明显加快。社保基金会管理的资产总规模从期初的 17968 亿元跃升至 52535 亿元，年均增长率达到 23.93%，是全国社会保障基金理事会成立以来管理规模增长速度最快的时期。

二　社会保障基金的造血机制与增收节支

全国社会保障基金理事会的养老保险基金什么时候开始动用，并没有明确的时间表，完全取决于全国养老保险基金的收支状态。从 2013 年起全国城镇职工基本养老保险基金出现了养老保险基金收入增幅低于养老保险基金支出增幅的状况。人口老龄化趋势下，全国人口老龄化高原期动用全国社会保

---

① 参见《2020 年全国社会保障基金理事会社保基金年度报告》。

障基金似乎是一个必然事件，未来财政加大预算拨款也是一个大概率事件。2016~2017 年，经济下行的势头有所缓解，GDP 增速开始回升（见图 1-3），对于社会保障基金的扩容是一个利好。

图 1-3　2013~2017 年 GDP 及其增速

　　造血是人体的重要机能，主要依赖于造血干细胞的不断分化作用，常用于比喻各部门、单位和组织等如何从内部挖掘潜力，增收、节支。社会保障基金的增值一方面要借助于资本市场和各种金融工具，借助于实业化投资；另一方面是要做好制度设计工作，从社会保障基金的潜量、流量与增量上节约有限的社会保障基金。在挖掘社会保障基金潜量方面，曾有专家提出动用外汇储备基金的建议，其理由是我国的外汇储备多年居世界第一位。比如在 2013 年中国高层发展论坛上，美国耶鲁大学高级研究员史蒂芬·罗奇向时任财政部部长的楼继伟询问，中国是否可以考虑将外汇基金的一部分注入社保基金？答案是否定的。中国人民大学涂永红教授的建议是用外汇储备购买外国商品和劳务来解决中国养老设施不足的问题，复旦大学封进教授认为外汇储备不可直接引入社保基金，但可形成外汇资产，利用其管理所得的收益，划转补充社保基金[①]。理论上的争论并没有带来实践上的变革，至今外汇储备也并没有进入社保基金，却因为美元贬值遭受损失。

　　曾任全国社会保障基金理事会理事长的楼继伟提出的"社保漏洞论"直

---

　　① 马玉荣：《巨额外汇储备能否充实社保？》，《中国经济报告》2013 年第 5 期。

指社会保险制度存在的漏洞，强调建立有约束和有激励的治理机制。中国社会科学院的郑秉文教授也反对将外汇储备用于做实个人账户，他认为目前中国还缺少社保基金的投融资管理的良好体制。挖掘社会保障基金来源的潜力，可能已没有多大的发展空间，何况 2016 年起社会保障各项目大都在或多或少地降低征缴费率，以减轻企业负担。由于人口老龄化社会的到来，依靠扩大覆盖面来增收也没有太大的空间。在社会保障改革中，节支是重要的一环，减少非理性支出，降低管理成本，杜绝社会保险领域的福利化倾向。医疗保险改革领域有非常大的节支空间，如大幅度降低滥用抗生素比例、减少输液比例、大幅度减少女性生育的剖宫产手术比例、大力加强全民健身运动、倡导健康医学、大力发展预防医学等将有助于减少医疗保险基金支出。在财政主导型的社会保障中引入市场化因素，引入社会资本与 PPP 模式，实施体制性变革是今后改革的主要方向。

第三节　社会保障基金偿付能力预算管理与统计分析

社会保障基金预算早已列入政府财政预算，要求实施社会保障基金收支两条线管理，2006 年陈良宇涉足上海市劳动和社会保障局违规使用社保资金案，违规拆借 32 亿元，造成了恶劣的政治影响。此贪腐事件公开披露之后，中央加强了对社会保障基金投资与使用的监控力度并加强了定期报告制度。2013 年社会保障基金预算首次列入中国政府预算报告，接受最高权力机关与人大代表的双重监督，同时阳光财政的概念被进一步突出。

一　社会保险预决算数据的统计分析

财政预算在基金分配体系中占据主导地位，社会保障预算体系的建立，要求政府对社会保障基金实行统一管理体制。由于参保人数以亿为计算单位，目前社会保险经办管理机构任务繁重，众多管理机构分别负有行政管理、事务管理、基金管理和监督职责，在一定程度上造成了职责不明、边界模糊、政事不分的低效率情形。要理顺行政管理和基金管理等机构之间的相互对应与制约关系，业务主管部门主要负责制定业务性的社会保险政策、制定法律法规和进行业务指导等；财政部门主要负责管理财政专户的社会保障基金专款专用，编制社会保障年度预决算报告，按时按量拨付社保基金，并实施严格的预算管理和财政监督；税务部门从 2019 年 1 月 1 日起负责五大社会保险基金的收缴工作；银行部门负责养老保险基金待遇的社会化发放；审计部门负责审计社会保险基金的使用过程是否合法合规并进行信息披露。

2014 年 12 月，国务院副总理马凯在十二届全国人大常委会第十二次会议上提出：现在缴费水平确实偏高，"五险一金"份额已占到工资总额的 40%～50%，企业负担过重。值得注意的有两个问题。一是地区不平衡问题，有的省份结余得多，有的省份结余得少，结余得少的省份要靠中央财政转移支付补贴之后才能够维持支付。二是最近几年社保基金收入增长的速度慢于支出增长的速度。滚存结余基金过多，2016 年起开始降费，降低费率还有一定的空间。降低费率的同时，政府要求社会保险待遇不下降。根据 2017 年全国财政决算报告，2017 年中央财政对养老保险基金的补贴为 9415.87 亿元，接近 1 万亿元，加上中央与地方对养老、医疗的财政补贴在内，财政负担极重。企业缴费负担过重，影响了企业的经营，2019 年继续实施了降低五个险种费率的工作，2019 年上半年降低社保费率政策成效显著，企业职工基本养老保险、失业保险、工伤保险缴费共减少超过 1280 亿元[①]。

社会保障基金管理过程中建立严格的基金监管制度，有利于规避社保基金投资运营混乱、挪用、浪费甚至贪污社保基金的现象。因此，建立社会保障基金的财政专户，各项基金优先进入国库，转入财政专户管理，然后通过财政专户管理社会保障各项开支。社会保障滚存结余基金应由专属机构按照政府规定的社保基金投资比例进行投资运营，禁止用于弥补政府公共预算赤字和国有资产经营预算赤字，力争各项社会保障基金的保值增值。社会保险基金的决算包括社会保险费收入与财政补贴收入、社会保险待遇支出、本年收支结余和年末滚存结余等，如表 1-4 所示。

从表 1-4 中可以发现，扣除当年社会保险待遇支出，各类社会保险基金当年收支结余偏多，年末滚存结余数额庞大，社会保险基金偿付能力似乎非常强劲，但从财政补贴收入与社会保险费收入之比来看，各项社会保险均涉及财政补贴，其中财政对城乡居民基本养老保险和城乡居民基本医疗

---

① 《国务院要求切实做好降低社保费率工作》，中国政府网，2019 年 7 月 10 日。

单位：亿元、倍

表1-4 2021年全国社会保险基金决算情况汇总

项目	合计	企业职工基本养老保险基金	城乡居民基本养老保险基金	机关事业单位基本养老保险基金	城镇职工基本医疗保险基金	城乡居民基本医疗保险基金	工伤保险基金	失业保险基金
一、收入	96876.79	44454.02	5362.36	15742.46	19011.78	9905.41	941.17	1459.59
其中:1.社会保险费收入	69100.85	35079.86	1563.45	9095.71	17914.38	3244.65	874.39	1328.41
2.财政补贴收入	22606.32	6613.02	3310.51	6150.09	239.86	6268.44	23.60	0.80
3.利息收入	2046.61	1011.95	212.10	66.03	524.43	108.62	35.80	87.68
4.委托投资收益	705.84	554.01	151.83					
5.集体补助收入	13.54		13.54					
二、支出	86693.84	40766.30	3711.32	15547.53	14861.02	9328.99	978.52	1500.16
其中:社会保险待遇支出	82595.86	38784.04	3167.73	15411.02	14861.02	7726.16	967.46	531.24
三、本年收支结余	10182.95	3687.72	1651.04	194.93	4150.76	576.42	-37.35	-40.57
四、年末滚存结余	104719.59	48676.02	11487.92	3738.80	29380.25	6711.53	1412.19	3312.88
财政补贴收入与社会保险费收入之比	1:3.06	1:5.30	1:0.47	1:1.48	1:74.69	1:0.52	1:37.05	1:1660.51
年末滚存结余为当年社会保险费收入的倍数	1.52	1.39	7.35	0.41	1.64	2.07	1.62	2.49

资料来源：财政部公布的"2021年全国社会保险基金收入决算表""2021年全国社会保险基金支出决算表""2021年全国社会保险基金结余决算表"，表中最后两行为笔者加工数据。

保险的补贴力度最大，这反映了社会保险项目之间在不同统筹领域存在着较大差异。

从财政补贴收入与社会保险费收入之比来看，财政对失业保险的全国补贴比最低，为1∶1660.51，失业保险降低缴费率的空间最大。相较于基金收入而言，失业保险基金存在大量的滚存结余，原因在于：一是在就业是最大的民生问题的决策体制下，各地方财政设立的财政就业专项基金不断增长，政府在资助就业方面有多项支出，失业保险基金自身没有得到更多的使用或是其设置的失业保险基金使用待遇偏低；二是失业登记制度相对严格，可能存在登记失业率的计划色彩造成排他性较强的问题；三是全国一些地方对事业单位征收失业保险费，如武汉市对高校征收失业保险费，而事业单位基本上是"铁饭碗"，其成为失业保险基金的主要贡献者。

相对企业职工基本养老保险而言，城镇职工基本医疗保险财政补贴较少，其他依次是工伤保险和失业保险。企业职工基本养老保险基金风险较大，偿付能力不容乐观。在城乡居民基本养老保险和城乡居民基本医疗保险两个项目中，财政补贴远大于保费收入，财政的进口和出口数据数值都比较大，这两种是最难以可持续发展的项目。在年末滚存结余为当年社会保险费收入的倍数指标中，企业职工基本养老保险、城镇职工基本医疗保险、工伤保险三个险种年末滚存结余为当年社会保险费收入的倍数在1.26倍至1.84倍之间，可保证发放月数比较足、风险可控。失业保险项目有极大的余量，仍可降低缴费率。城乡居民基本养老保险项目和城乡居民基本医疗保险两大项目中，年末滚存结余为当年社会保险费收入的倍数分别为7.35倍和2.07倍，在城乡居民基本养老保险中，大量的参保人中退休人员比例偏低，形成了大量的滚存积累基金，一旦参保人群大量进入退休年龄，偿付风险便会显现；城乡居民医疗保险基金也有较多的滚存积累基金，尤其是个人账户，它与相当部分参保人员尚未达到退休年龄有关，是一种正常的市场反应。

二　社会保障基金应急偿付管理与非常态预算

社会保障基金偿付管理纳入财政预算管理，除了要做好传统的期初社会保险基金预算安排之外，预算执行过程中难免会出现各类社会保障突发事件，如突发地震引发的大规模失业、大规模的因社保问题引发的上访事件、经济动荡引发的社会保险大额欠缴、类似于 2020 年的新冠疫情的突发公共卫生事件等，还要做好更高形式的社会保障基金偿付管理，即社会保障基金需要拨付的应急拨款管理。针对社会保障突发公共事件，我们需要建立应急管理专项基金与应急救援基金。同时突发事件的应急管理属于准公共物品领域，市场没有能力为其提供完全服务，需要政府通过财政手段给予财政支持，因此政府必须承担起建立社会保障应急管理专项基金与应急救援基金的责任，将偿付管理贯穿全部救援过程。社会保障应急管理专项基金的设立不是制度性的硬性规定，每年的随机变动较大。应急管理突发事件包括养老保险突发事件、医疗保险突发事件、大规模失业保险突发事件、工伤保险突发事件、大规模劳资纠纷等（见图 1-4），以往我国社会保障在应急经费、应急力量、应急责任、应急管理制度等方面均存在较大问题，针对社会保障突发事件发生后的应对及发生前有限的预防，没有系统的基金使用管理制度，碎片化管理破坏了整个应急管理基金统筹的总体协调机制。

偿付管理中也包括由于政策性需要的临时性支出，如按照关于加快健康服务业、养老服务业发展的有关战略部署，国务院于 2013 年 10 月 14 日公布《关于促进健康服务业发展的若干意见》，将健康服务业、养老服务业共同纳入促进服务业发展专项资金的支持范围。2013 年中央财政一次下拨 22.2 亿元人民币，由地方统筹用于民生商贸服务业、健康服务业和养老服务业、市场监管等公益性服务事业，目前，我国健康服务业总规模已超 8 万亿元人民币①。据 2022 年 8 月国家卫生健康委员会发布会消息，到 2030 年，中国健康产业规模将显著扩大，健康服务业总规模将达 16 万亿元。《国家总体应急预案》规定，各级财政部门要按照现行事权与财权的划分原则和方法，分级负担公共安全工作以及预防与处理突发公共事件中所需要由各级政府支出的应急经费，并纳入本级财政年度预算与决算，健全应急资金常态与非常态的拨付制度。《中华人民共和国预算法》（2014 年修正）第四十条规定：各级政府

---

① 国家卫生健康委员会规划发展与信息化司长毛群安 2022 年 8 月 11 日在长三角生物医药产业高质量发展研讨会上的发言。

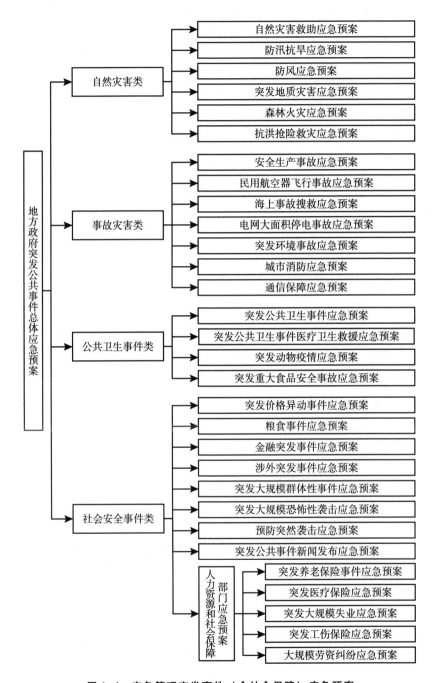

图 1-4　应急管理突发事件（含社会保障）应急预案

一般公共预算应当按照本级一般公共预算支出额的1%至3%设置预备费，用于当年预算执行中的自然灾害等突发事件处理增加的支出及其他难以预见的其他开支。据此，中央总预备费的法定提取额应在中央政府本级财政预算中进行测算，地方各级财政也要拨出专款。事实上针对一些地区出现的社会保障突发事件，我国财政的社会保障基金应急预算拨款早已形成较为有效的制度安排。如2008年汶川地震中，在巨灾保险基本缺位的情况下，中国对巨大灾害损失采取的是"举国体制"，采取财政紧急拨款、对口支援、各界募捐的方式，民政部要求按照"一省帮一重灾县"的原则，依据支援方经济能力和受援方灾情程度，合理配置力量，由广东、上海等21个省（区、市）实施对口支援、建立对口支援机制。与以往不同的是，以往发生重特大自然灾害，主要由当地财政和中央财政解决，而针对汶川地震采取的"举国体制"是由省外地方财政和中央财政共同对汶川进行对口支援。提供受灾群众的临时住所，保障灾区群众的基本生活，协助灾区恢复重建，协助灾区恢复和发展经济，提供经济合作、技术指导等是对口支援的重要内容。这种举国救灾的方式在中国取得了较好的效果，但并不是长久之计。政府财政收入规模扩大，其支出也需要与社会的发展同步，现代社会各种风险的增加，社会保障领域突发事件增多，我国的社会保障还属于补缺性体制，政府当然应该建立制度合理、运行规范的社会保障应急管理专项基金与应急救援基金。一旦遭遇大灾大难，要完全靠财政收入建立社会保障应急管理基金的难度很大，需要政府协调好各部门的利益关系，利用多方基金来源抗灾、减灾、救灾。突发公共卫生基金投入是应急性的，往往突破常态性的预算管理。

第四节　社会保障全覆盖与偿付能力的悖论

在讨论公平与效率问题时，社会普遍认为社会保障全覆盖是社会公平问题，其宗旨是人人享有社会保障，也是建设和谐社会重要的政治指标。但在讨论效率问题时，就个人效率而言，并非人人都需要社会保障为其提供安全的港湾，比如富人或是一些自认为自身有效的基金投资管理强于政府的社会保障管理的人群；就全社会的经济效率而言，公平与效率始终是对立与统一的矛盾体，有公平可能缺失效率，有效率可能失去公平，难以做到有机统一。

西方学术界有三种观点：第一种是"效率优先、兼顾公平"；第二种是"公平优先、兼顾效率"；第三种是"公平与效率优化组合"。其实，公平与效率既是矛盾对立的，又是在本质上统一的。20世纪70年代以前西方国家多注重社会保障的公平问题，但是经历了20世纪70年代的石油危机之后，福利国家开始思考社会保障的效率问题，即从全民福利转向有选择性的社会福利。

出于建设和谐社会的需要，我国加强了社会保障覆盖面的建设，2020年已实现体制内全覆盖。从社会保险对象为原有的在职职工扩展为全体城乡居民，本身就是为了彰显社会公平，除此之外，政府在精准式扶贫方面对各类临时贫困人群等进行了全覆盖，实现了对特别困难人群的多种形式的救济。社会保障全覆盖最为突出的是社会保险制度全覆盖与城乡居民最低生活保障制度的全覆盖。从形式上看，全覆盖率是一个非常有价值的社会公平指标，事实上我们还需要考虑该指标所隐含的经济学意义，如从城乡居民养老保险的现状分析，其经济学价值并不被看好，权利与义务在经济学上并不对称。

其一，参保人尤其是农村居民普遍选择低档次投保，尽管缴费档次越高，政府补贴越多，但老年人经济能力有限，中青年群体对此事认可度较低。

其二，以2021年为例，参保人数与享受待遇人数之比为1:3.4，这在经济上是完全不对价的。

其三，财政补贴压力加大，中央财政对中西部地区与东部地区基础养老金最低标准补助比例为1:0.5。

其四，养老金待遇偏低是社会不稳定因素。中国老年社会追踪调查的报告显示，养老金待遇城乡差异大，尤其是农村养老金的待遇很低，而农村户口的老年人贫困率高于城市户口的老年人。

其五，基金收入严重小于基金支出，全部收入中个人缴费与财政补贴之比为1:4.08（集体经济分量基本上可以忽略不计），参保和退休后的财政双重补贴，财政压力大。

其六，最大的问题是相当比例的参保人选择每月缴费10元，我国城乡居民基础养老金长期维持在每月55元的水平。2020年，城乡居民基础养老金已经提高到每月平均发放174元的水平，有的省份远远高于174元。目前的缴费水平还总体较低，要大幅度提升待遇水平难度大、任务重。

以广东省为例，继 2013 年 1 月起城乡居民基础养老金由之前的每人每月 55 元提高到 65 元，2014 年 7 月提高到 95 元，2015 年 7 月又提高到 100 元后，2016 年 1 月起按不低于每人每月 110 元的标准发放基础养老金，7 月份全省各地区均落实到位，并补发了 6 个月的差额部分。调整后广东的基础养老金最低标准比国家统一规定的最低标准高出 40 元。2019 年广东省全省城乡居民基本养老保险基础养老金最低标准从每人每月 148 元提高到 170 元。

如果没有财政补贴，城乡居民养老保险制度的可持续性难以保证。以 2015 年为例，2015 年末城乡居民基本养老保险参保人数共 50472 万人，比 2014 年末增加 365 万人。2015 年，实际领取养老金人数为 14800 万人，全年城乡居民基本养老保险基金收入共 2855 亿元，比上年增长 23.6%，其中个人缴费 700 亿元，财政补贴 2155 亿元（包含少量利息），基金支出 2117 亿元，比 2014 年增长 34.7%[①]。在我们讨论养老保险制度双轨制的同时，社会上增加的另一种声音是养老保险多轨制。从现状来看，城镇职工养老保险待遇与机关事业单位养老保险待遇的差别大，城乡居民养老保险待遇过低，机关事业单位离退休职工养老保险待遇是城镇离退休职工养老保险待遇的 2 倍至 3 倍，是城乡居民养老保险待遇的 20 多倍。政府或事业单位养老金中位数是新农合养老金中位数的 33 倍[②]。从上述的月缴费 10 元，月待遇 110 元的现状来看，城乡居民养老保险收入与支出不平衡也是权利与义务不对等结果。

农村的人口老龄化程度远远高于城市，农村的养老保险问题比城市养老保险问题更加严重，不发达地区农村的养老问题比发达地区农村养老问题更加严重，未来政府将可能受困于现在扩张的城乡居民养老保险制度设计，低待遇问题引发的社会情绪会使财政陷入被动。这是因为"财政补贴""财政兜底"这些耳熟能详的现代名词已成为参保人固化的利益取向，他们并不考虑自己为何不为自己未来的养老保险选择较高档次的缴费率，而更多的是期待未来政府对他们养老保险待遇的"宽宏大量"，期待养老金待遇福利化。

从另一个角度看，扩大覆盖面的政策驱动带来的效果是基本实现了制度内的全覆盖，是在中国人口老龄化程度还不是那么严重的人口学背景下进行

---

① 参见《2015 年度人力资源和社会保障事业发展统计公报》。
② 郭立场：《城乡养老保障"双轨制"亟待改革》，《中华工商时报》2013 年 6 月 5 日。

的，基于社会保险制度的强制性，政府作为债权人吸引了大量的参保人加入城乡居民养老保险制度，财政的诱致性将本是自愿性的养老保险变成了强制性的养老保险，当如今的参保人群陆续进入退休阶段，届时政府将作为债务人向这些陆续进入退休阶段的参保人群按月发放养老保险金，面对未来数量庞大的老龄人口尤其是低待遇的城乡居民，其也会因养老待遇调整而面临更大的偿付能力考验。

在决定福利制度的政策轨道上，民主制度——利益代表制度、政体内部的正式决策结构以及福利制度结构本身——的重要性与以往任何时候相比都并不逊色[1]。社会保障制度作为维系社会稳定的民心工程，如何描绘社会保障的发展蓝图、如何进行公平与效率相结合的制度设计、如何运用社会保障的政策工具，以最大限度地减少制度摩擦与社会矛盾、降低制度成本与管理成本至关重要。构建社会保障全覆盖体系是构建合谐社会的关键，国家在社会保障体系可持续发展中负有不可推卸的责任。

---

① 〔英〕保罗·皮尔逊编《福利制度的新政治学》，汪淳波、苗正民译，商务印书馆，2004。

第二章　全国社会保障基金的形成与功能分析

2021 年 5 月，国家统计局局长宁吉喆在国新办举行的新闻发布会上正式通报了第七次全国人口普查数据。数据表明，中国 65 岁及以上老年人口占比已达 13.5%，与之相应的，是中国年轻人口所占比重的降低，适龄劳动力供给趋减。人口老龄化的深度发展以及劳动力人口减少所带来的老少抚养比上升，使得我国养老保险社会统筹基金面临着巨大的支付负担，个人账户"空账"问题进一步恶化，社保基金也因此面临巨大的"补缺口"的压力。同时，维持养老金替代率的增长趋势，也使参保人和社保基金都面临不小的压力。因此，实现社保基金的保值增值成为当务之急，需要尽快对基金实现高效的投资管理。

第一节　全国社会保障基金的投资分析

全国社会保障基金于 2000 年设立，发展至今，基金的资产总额和投资收益呈现增长的趋势。全国社会保障基金的充盈是社会保障制度发展的根基，基金管理水平关系着制度水平和可持续性。社保基金的保值增值有利于提升社会保障水平、缩小贫富差距、解决人口老龄化带来的养老金收支缺口问题、维护社会稳定。2016 年国务院颁布《全国社会保障基金条例》，称社会保障基金是整个社会保障制度的"蓄水池"和"压舱石"。此外，社会保障基金投资也有利于金融市场的发展完善和经济结构的调整。

全国社会保障基金投资一直以"安全"作为首要原则，强调谨慎投资、安全至上、严控风险、提高收益等理念，确保基金投资安全和保值增值。

2016 年在世界经济复苏乏力及资本市场相对低迷背景下，全国社会保障基金理事会采取积极防范风险的措施，努力实现基金保值增值①。

一　社会保障基金资产总额高速增长

社会保障基金 2000 年设立之初，中央财政划拨 200 亿元作为启动基金，发展至今，基金规模有了上百倍的增长。如图 2-1 所示，资产总额从 2005 年的 2117.87 亿元发展到 2021 年的 30198.10 亿元，增长了超过 12 倍，相较于建立之初的 200 亿元，增长了将近 150 倍。

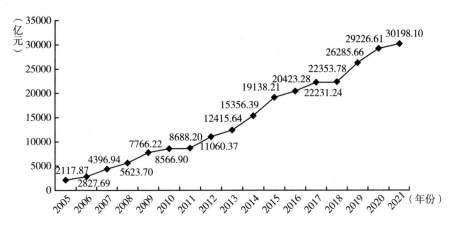

图 2-1　社保基金资产总额发展变化

资料来源：历年《全国社会保障基金理事会社保基金年度报告》。

金融市场的发展和基金监管制度的日益完善为社会保障基金提供了良好的投资环境，税收政策也为社会保障基金的保值增值提供了良好的支持。社会保障基金初始就是一个免税主体，使得社保基金不仅将原有的投资收益全部滚存到基金运行之中，而且这些收益在存款类配置之中产生的复利也都可以计入投资回报。如果没有减税和延税的政策优惠，社保基金的投资回报就不会那么高。国际上通行的养老金以及社保体系主要为三支柱模型，即基本养老保险、企业年金和个人商业养老保险。目前中国第一支柱已经足够大，甚至变成了供给侧结构性改革的主力支柱。

---

① 刘健：《全国社会保障基金投资困境和对策分析》，《石家庄学院学报》2018 年第 4 期。

2021 年末，社保基金资产总额达 30198.10 亿元。其中直接投资资产 10213.08 亿元，占社保基金资产总额的 33.82%；委托投资资产 19985.02 亿元，占社保基金资产总额的 66.18%。境内投资资产 27474.73 亿元，占社保基金资产总额的 90.98%；境外投资资产 2723.37 亿元，占社保基金资产总额的 9.02%。2021 年末，社保基金负债余额为 3193.06 亿元，主要是社保基金在投资运营中形成的短期负债，以及待返还部分委托省份做实个人账户中央补助资金和山东省企业职工基本养老保险资金到期结算的本息资金。2021 年末，社保基金权益总额为 27005.04 亿元，包括全国社保基金权益 25980.80 亿元，其中，累计财政性净拨入 10270.94 亿元，累计投资增值余额 15709.86 亿元（其中累计投资收益余额 15691.81 亿元，基金公积和报表折算差额合计 18.05 亿元）。个人账户基金权益为 1024.24 亿元，其中，委托本金余额 524.22 亿元，累计投资收益余额 500.02 亿元。[1]

二 委托投资比例超过直接投资比例

社会保障基金于 2001 年入市，头两年基金全部用于直接投资，投资领域主要为银行、债券等。2003 年开始有委托投资，并进入股票、证券市场。如表 2-1 所示，直接投资和委托投资的比例稳中有升，2015 年委托投资的金额占比超过了直接投资占比，2021 年委托投资金额为直接投资金额的将近 2 倍。

表 2-1　2005~2021 年直接投资、委托投资金额及其占比

年份	直接投资		委托投资	
	金额（亿元）	占比（%）	金额（亿元）	占比（%）
2005	1387.58	65.52	730.29	34.48
2006	1771.05	62.63	1056.64	37.37
2007	2327.54	52.94	2069.40	47.06
2008	3057.89	54.38	2565.81	45.62
2009	4145.07	53.37	3621.15	46.63
2010	4977.56	58.10	3589.34	41.90
2011	5041.12	58.02	3647.08	41.98

---

① 参见《全国社会保障基金理事会社保基金年度报告（2021 年度）》。

续表

年份	直接投资		委托投资	
	金额(亿元)	占比(%)	金额(亿元)	占比(%)
2012	6506.67	58.83	4553.70	41.17
2013	6697.74	53.95	5717.90	46.05
2014	7718.12	50.26	7638.27	49.74
2015	8781.77	45.89	10356.44	54.11
2016	9393.56	45.99	11029.72	54.01
2017	9414.91	42.35	12816.33	57.65
2018	9915.40	44.36	12438.38	55.64
2019	10410.17	39.60	15875.49	60.40
2020	10146.53	34.72	19080.08	65.28
2021	10213.08	33.82	19985.02	66.18

资料来源：历年《全国社会保障基金理事会社保基金年度报告》。

国有资本划拨是中央政府充实社会保障基金的重要方式，2017年开始国有资产存量的10%划拨给社会保障基金，这也改变了国企特别是央企资产计划使用的状态，转变为市场化的投资运营和管理，将来会有持续的国有资产划拨，并进入资本市场。全国社保基金运行至2017年，年化投资回报率为8.56%，这是市场化投资的结果，主要的收益来源是流动性的货币市场、债券市场和直接投资市场。社保基金40%的资产以组合投资形式配置固定收益市场，从各类固收工具中获取了一定的回报。

社会保障基金参与金融市场对投资工具和市场规则的建立起到重要的推动作用，随着市场主体身份的获得，其投资回报率获得了相对稳定的保障。在此过程中，社保基金的投资方式也在发生变化，正往母基金的角色转变。不仅如此，社保基金会也是中国市场化的私募股权基金的发起者与直接的投资者。社保基金会作为私募股权投资市场最早期的参与者，起到了规则制定，推动投资和市场发展的作用。通过母基金的方式，社保基金会与市场上各类投资机构对接，培育专业型市场机构，再去培育新的金融市场产品，增加金融市场产品种类。

社保基金会投资一直在寻找成熟、有潜力的服务者和合作者。一方面与境内外优秀的投资机构合作，确保稳定的投资收益；另一方面邀请一些境外成熟的私募股权基金为投资者服务，做好尽职调查的工作。在境内外竞争、合作的过程中，社保基金会本身的业务能力有了很大提升。基于安全性、收益性、流动性的原则，社保基金会采取直接投资与委托投资相结合的方式开展各类投资运作，直接投资由社保基金会直接管理运作，主要包括银行存款、信托贷款、股权投资、股权投资基金、转持国有股和指数化股票投资等。委托投资由社保基金会委托投资管理人管理运作，主要包括境内外股票、债券、证券投资基金，以及境外用于风险管理的掉期①、远期等衍生金融工具等，委托投资资产由社保基金会选择的托管人托管。在此过程中，不断调整和更换代理人及金融产品，优化投资组合，以提高投资回报率。

三　银行存款占直接投资的比重降低迅猛

全国社保基金自设立以来，一直以安全性作为第一原则。为了确保投资安全，社保基金在发展初期 70% 左右的投资用于银行存款，如图 2-2 所示。

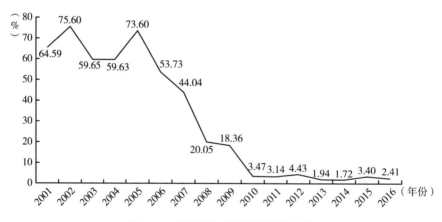

图 2-2　银行存款占直接投资的比重

资料来源：历年《全国社会保障基金理事会社保基金年度报告》。

---

① 掉期是指在外汇市场上买进即期外汇的同时又卖出同种货币的远期外汇，或者卖出即期外汇的同时又买进同种货币的远期外汇，也就是说在同一笔交易中将一笔即期和一笔远期业务合在一起做，或说在一笔业务中将借贷业务合在一起做。

然而随着基金投资管理的发展，银行存款类金融产品在直接投资中的占比明显下降，2007 年下降到 44.04%，2010 年银行存款投资占比仅为 3.47%。这也说明基金管理中到把鸡蛋放到一个篮子的做法并不是最安全的，相反有可能导致基金投资的严重亏损。因此投资产品要从单一化向多元化发展，以此来降低单一产品不稳定带来的基金贬值的风险。

目前，全国社会保障基金采取直接投资与委托投资相结合的方式展开投资运作。在投资范围方面，经批准的境内投资范围包括银行存款、债券、信托贷款、资产证券化产品、股票、证券投资基金、股权投资、股权投资基金等；经批准的境外投资范围包括银行存款、银行票据、大额可转让存单等货币市场产品、债券、股票、证券投资基金，以及用于风险管理的掉期、远期等衍生金融工具等。可见，全国社保基金投资朝着产品类型多元化的方向发展。

四　全国社会保障基金发展的困境

全国社保基金经过 20 多年的发展，基金规模和投资渠道呈增大、拓宽趋势。2021 年，面对世界百年未有之大变局和疫情全球大流行交织影响的局面，国内外宏观经济环境更趋严峻复杂，资本市场波动加剧，社保基金投资面临的风险挑战明显增多，管理运营难度不断加大。社保基金发展的困境主要有以下四点。

（一）社保基金投资项目狭窄

虽然社会保障基金投资的产品组合和领域较基金设立之初呈现多元化发展趋势，但是全国社会保障基金真正涉足并且投资占比不低的投资领域依旧不多。从 2017~2021 年全国社会保障基金理事会对外发布的《全国社会保障基金理事会社保基金年度报告》来看，持有至到期资产和交易类金融资产占比达 70%~80%，其余投资项目仅占 20%~30%，持有至到期投资通常指国债、企业债券、金融债券等，而交易类金融资产持有属于短期获利方式，不具有长远性。全国社保基金的主要投资范围为银行存款、债券、股票和基金投资，境外投资比例较小，2021 年的境外投资资产占比为 9.02%。项目狭窄是影响全国社保基金保值增值的关键因素，如何在确保安全的前提下，丰富投资项目，实现投资组合多元化，是社保基金突破瓶颈的必由之路。

（二） 管理体制有待进一步完善

全国社会保障基金理事会作为事业单位，是负责管理和运营全国社保基金的独立法人机构。该理事会实施人事编制和财政全额拨款的管理体制。这种管理体制影响了其工作效率，并可能影响社会保障基金的投资效率。第一，人事编制，我国事业单位采用的编制制度对人员内部稳定性起到了保障作用，然而编制制度也会使内部人员缺乏灵活性，与瞬息万变的资本市场缺乏匹配，基金规模迅速扩大，而人员规模的变化却不大；第二，薪酬体系，中央财政对全国社保基金理事会实行财政全额拨款，人员绩效与业绩不完全挂钩，薪酬水平远低于外部市场水平，十分打击员工的工作积极性，亦会影响人才招募，进而影响全国社保基金的投资收益水平。

（三） 风险防范不到位，投资收益率波动大

如果说社保基金是老百姓的"保命钱"，那么全国社保基金就相当于"保命钱"的风险储备金。其投资运营的首要原则当然是安全性，基金的安全稳健运行才足以使参保者的利益得到保障。风险防范工作是全国社会保障基金理事会的基础性工作，为此理事会专门设置风险管理委员会这个非常设机构，其重要性不言而喻。遗憾的是，风险管理委员会无法建立敏捷高速的风险防范决策反应机制，相对于瞬息万变的资本市场，其风险防范工作存在滞后性，前瞻性不足。在专业人员技能水平不足、事业单位性质等因素的作用下，风险防范体系薄弱。上述因素致使投资安全性受到了较大的影响。

（四） 监管体系仍然存在漏洞

基金挪用、流失的现象依然存在，威胁基金的安全。为了保障全国社保基金安全运行，需要建立一个强有力的监管体系，但是当前对全国社保基金的监管力度弱，监督体系存在漏洞，具体有以下表现。

1. 全国社会保障基金理事会内部监管薄弱

鉴于社会保障基金监管的专业性，相关监管人员需要具备会计、审计、金融、保险等多领域的专业知识，理事会组织结构也应严谨、高效。全国社会保障基金理事会内部职能部门众多，要形成有效的内部监管，需要有专业化的内

部监管部门。同时，过去较为传统单一的基金监管方式也难以准确把握项目的投资收益率，定量限制型监管方式急需变革。

2. 外部监管存在"失位"现象

因全国社会保障基金理事会自身的信息披露制度，广大群众不能及时准确获取相关信息，信息不对称问题长期存在，这造成了社会监管的缺位和理事会公信力的下降，也为不法分子的寻租性腐败行为提供了可乘之机。

内部监管的力度有待加强以及以社会监管为代表的外部监管的缺位，都说明全国社保基金的监管体系存在制度漏洞，致使监管效果未能达到预期，给全国社保基金的正常运行埋下了隐患。

五　全国社会保障基金投资对策

针对上述存在的问题，全国社会保障基金投资应做如下调整。

（一）拓宽投资渠道，优化投资组合

全国社保基金除了常规投资渠道（银行、国债、金融和企业债券）之外，还应拓宽其他的投资渠道，比如信托投资、实业投资、海外投资、资产支持证券、期指期货以及融资融券等。

1. 拓宽投资渠道

就实业投资来举例，基于安全性的考虑，全国社保基金尽量选择那些稳赚的行业。实业投资包含基础产业和基础设施建设、高科技领域不动产及其他优质项目产业等，这也算是公用事业投资，受益人是全体国民，即便亏损仍然有国家担保，在确保基金投资安全性的同时也确保了社会性和长期性。此外，目前基金实业投资的总体比例不足10%，这与20%的要求尚有不小差距，投资实业领域是个较为明智的选择。由于我国基金投资渠道狭窄，为了达到基金保值增值的目的，新型投资渠道同样不能忽视，要不断进行挑战，比较风险与收益，在符合全国社保基金投资管理要求的条件下，积极尝试新型投资渠道，选择既能回避风险又能获取收益的投资方式。

2. 优化投资组合

在遵循安全性原则的前提下，全国社会保障基金理事会应根据市场发展的态势及时调整投资渠道的比例，形成动态的投资组合渠道。优化投资组合，确

立多元化基金投资思路，将最佳的资产与最优项目有机结合起来，在保证对大类资产投资比例监管的前提下，全国社保基金投资对象在原有投资渠道的基础上可进一步扩展投资范围，如房地产信托基金、实业投资、海外投资、国家重大工程与项目投资、优先股投资等，通过多元化投资战略实现最优配置。

（二）管理体制变革

管理体制变革是全国社会保障基金理事会"去行政化"的必然之路。基于该理事会参与金融市场运作的主体身份，其运营方式需要符合市场化运营的要求，以最大化地提高投资收益。因此可以考虑改变全国社会保障基金理事会国务院直属事业单位的性质，让其能够充分参与市场竞争。随着理事会性质的转变，其内部的人事制度、投资战略、监管制度等需要进行一系列的改革。通过建立绩效考核机制、高效的风险预警机制以及扁平化的管理机制来应对市场化中的风险；通过招募高精尖人才，加强内部运行和监管的专业性；通过改革薪酬制度，增强对员工的激励；通过改革决策管理机制，提高投资决策的效率，并稳定基金收益。

（三）加强风险防范体系建设

资本市场充斥着各种风险，主要有系统性风险、非系统性风险、管理水平风险以及道德风险等。面对如此复杂多样的风险，风险防范体系的构建与完善显得异常重要。

（1）在应对系统性风险方面，全国社会保障基金理事会以及其委托投资的第三方在进行投资决策时要增强对系统性风险的警惕，不可掉以轻心，注意基金投资的比重，止盈止损决策要果断。

（2）在应对非系统性风险方面，根据资本市场的变化合理配置资源，综合运用分散投资、组合投资等手段，"不将鸡蛋放在同一篮子内"，通过多元化的投资组合将风险控制在可接受的限度，进而来规避风险。

（3）在应对管理水平风险方面，在投资之前要进行科学的调查与分析，在全面把握投资内外部环境后谨慎决策，强化风险辨别与规避能力，建立一支素质优良、专业化的风险防范团队。

（4）在应对道德风险方面，需要健全信息披露机制，全国社会保障基金理事会以及其委托机构务必及时充分地对外公布基金的投资结构、投资环境、投资收益等数据，实现内部监督机构与社会公众对其进行的双重监督，以规避道德风险的发生。

（5）在风险补偿机制构建方面，风险补偿机制是规避风险的"最后一道防线"，此机制的运行会使投资风险降低，显著减少基金亏损额。当前实行的风险补偿机制因为是提取社保基金管理费的 20%作为风险准备金，这样无法有效应对来自资本市场的更大风险的冲击。

（四）完善全国社保基金的监管体制

对全国社保基金的监管是一项繁重的任务，它需要各子系统协力配合，其中重点涉及立法层面、内部和外部监管体制的完善。

1. 立法层面

全国社保基金的运作需要以完善的法律法规作为支撑，早在 2010 年我国就颁布了社保基金相关法规，但是在社保基金监管方面依然没有专门的法律法规，仅仅是国务院发布的一些条例以及办法，如《社会保险基金行政监督办法》。以"办法""条例"作为监管的政策来源，立法层次较低，如遇特殊情况需要强制执行的时候执法力度也会不足，这也导致全国社保基金监管法制化建设的滞后。为此，需要加速完善基金管理立法，规范监管主体行为，发现有损基金利益的行为时有所能采取的惩罚措施，规定基金的筹集、运营、给付、结余等环节的具体操作细则并逐一落实，从源头上防止挪用、私吞、欺诈全国社保基金违法行为的发生，不给不法分子留下可乘之机。与此同时，确定相关的全国社保基金受益人诉讼制度，可以赋予全国社保基金受益人法律诉讼权，当受益人发现自身利益受到损害时，可以通过法律途径进行维权。基于这样的需求，国务院于 2016 年颁布了《全国社会保障基金条例》，更大力度地规范了基金的管理运营。

2. 内部监管

内部监管是监管体制的基础与核心，需要建立起有效的内部监管机制。作为理事会性质的机构，内部监管需要建立起决策机制、监督机制、激励约束机制、信息披露机制。这对全国社会保障基金理事会的内部治理能力提出了较高的要求，需要其优化治理方式，强化监管力度，提高监管水平。

在整个内部治理机制建立的过程中，全国社会保障基金理事会是核心，原因在于以下几个方面：一是全国社会保障基金理事会处在非营利组织双重委托代理链的中心，既是基金所有者的代理人，又是基金投资方的委托人；二是全国社会保障基金理事会是相关基金投资的决策机构，其重要职责为把握非营利组织的方向；三是全国社会保障基金理事会是非营利组织的领导机构，对执行层的所有活动负全面责任。

3. 外部监管

不断健全行政和社会形式的外部监管，充分发挥人民群众、大众传媒、社会组织的作用，拓宽民意反馈监管渠道，强化信息公开和信息披露，将这些主体纳入外部监管体制之中，享有基金运营基本情况的知情权、检举权等权利，可以监督全国社保基金的筹资收益、运营等多个环节，促进监管体制的全方位完善。

六　完善管理机制

内部监管可能因事业编制和监管人员素质方面的问题存在漏洞，实行第三方监管机制存在着一定程度上的合理性，引入利益不直接相关的第三方，既可以最大限度地减少内部监管的寻租行为，又可以实现"内部监管"、"社会监管"和"第三方监管"的三位一体，共同促进、协力保障监管工作的有效性与可及性。与此同时，第三方机构完全置身于市场经济中，在瞬息万变的资本市场中能够生存下来，因此自身也具有足够的竞争性。第三方机构能够招聘吸纳专业的、具有相当硬实力的高精尖员工，在当前全国社会保障基金理事会无法在短期改变事业编制性质的环境下，引入第三方监管机制可以在一定程度上保证监管的业务水平，从而提高基金监管的有效性。

（一）建立委托人联席会议机制，确保养老基金投资收益的最大化

全国社会保障基金理事会"改制"无论采取哪个方案，都需针对"缴费型"养老基金建立一个独立于"储备型"养老基金的管理机制和治理结构，建立一个相对独立的绩效评估与运行系统。因为各省（区市）社保基金结余的差异性，非常有必要建立一个各省（区市）参加的"委托人联席会议"协

调机制，旨在让各省（区市）委托人充分了解养老基金投资的机制运转情况，了解委托投资的规律性，同时，全国社会保障理事会也可了解各省（区市）的基金沉淀规模与收支趋势①。《全国社会保障基金理事会基本养老保险基金受托运营 2019 年年度报告》称，截至 2019 年底，各省份委托全国社会保障基金理事会投资运营的基本养老保险基金资产总额达 10767.8 亿元，当年投资收益额为 663.86 亿元，投资收益率为 9.03%。

除了投资以外，作为受托人的全国社会保障基金理事会仅知道各省（区市）的基金累计余额是远远不够的，还需了解其备付月数等细节，比如备付月数的变化趋势、导致备付月数变化的人口老龄化发展趋势、各省（区市）人口流入与流出的空间分布趋势、当地的财政收入状况及其往年的支持力度等。上述沉淀基金情况的复杂性是不同省份对委托投资的要求和期望值存在较大差异性的主要原因之一。例如，有的省（区市）可能会要求全国社会保障基金理事会不承诺保底收益，而有的省（区市）则要求给予承诺；有的省（区市）要求委托投资期限仅为 1 年，有的省（区市）则愿意委托 3 年或更长久一些。建立联席会议机制有助于全国社会保障基金理事会充分了解各省（区市）养老基金的累计余额和备付月数，了解它们对不同收益和风险的需求，以便分别设立保底、不保底、货币型、债券型等多个投资品种，供委托人与受托人在商谈合同时进行选择。备付月数将有可能成为直接影响委托期限的主要因素，而委托期限的长短对投资收益是有决定性意义的，它将直接关系到委托资金资产配置、投资收益水平等，委托期间一般不得抽回委托资金，委托期限应实现最大化，这是获得较好收益的一个重要条件。既要防止"长钱短跑"，也要防止"短钱长跑"；既要保证合同期限的最大化，又要确保大类资产配置的有效性；等等。再比如，对收益是否保底的规定与理解、保底模式与不保底模式的区别、信托与存款的差别等，委托人都应该了解。

（二）建立"点对点"的委托人沟通机制，以确保上解资金规模的最大化

现阶段基本养老保险基金统筹层级低，管理复杂。建立"点对点"的沟

———————
① 《郑秉文：养老金全国统筹　应推进中央层面大收大支》，搜狐财经，2016 年 12 月 29 日。

通机制可让各省（区市）深入理解养老保险基金的投资目标和风险政策，理解承担一定风险的重要性和必要性，各省（区市）风险承担过小可能就意味着全国社会保障基金理事会的风险政策过于严格，其投资策略过于保守，长期收益就有可能低于全国社会保障基金理事会的投资目标和各省（区市）的期望值。如果委托人期望承担的潜在风险高于其实际的风险容忍度，风险政策过于宽松，全国社会保障基金理事会的投资策略就有可能过于激进，最终失去委托人的信任，因此沟通机制的建立非常重要，它可让各委托人充分了解大类资产配置的基本情况，包括投资产品设计，投资运作制度流程、风险防控、信息系统支持、专业人才队伍的配备等。这个沟通机制也可成为全国社会保障基金理事会了解和制定政策的重要依据来源，成为养老基金增值保值和收益最大化的重要保障机制，成为委托人与受托人、中央与地方成功建立投资体制的一个"双车道"桥梁。

（三）建立养老基金投资研究院，促进投资科学化、精细化

社会保障制度的改革尤其是基金投资的完善和改革十分需要保险精算技术，党的十八届三中全会明确提出"坚持精算平衡原则"，并写入《中共中央关于全面深化改革若干重大问题的决定》，这足以说明最高决策层已充分认识到精算的重要性。各省人口发展预测和养老金未来收支预测方面的精算报告能够让各省对基金的流动和分布有预期，可以提高资金上解时间节点的精确度，还可最大限度地扩大委托规模，最大限度地延长委托合同期限，有益于提高收益率。

第二节 养老保险"双轨制"并轨改革与基金管理

20 世纪 90 年代初，单位保障制下的企业养老负担沉重，封闭的制度带来重重危机，政府开始进行基本养老保险制度的改革，打破单位保障制，建立社会保障制度。经过 20 多年的发展，养老保险方面形成了涵括机关事业单位养老保险、城镇企业职工基本养老保险、城乡居民基本养老保险以及新型农村养老保险的制度体系。这一体系的建立，使得我国基本养老保险实现了制度上的全覆盖。但是长期存在的"多轨制"及各类参保人群待遇不公平的问题，

导致参保人质疑的声音不断涌现，严重影响了养老保险制度的发展。随着改革的不断推进，养老保险体系需要进一步完善。按照党的十八大和党的十八届三中、四中全会精神，根据《中华人民共和国社会保险法》等的相关规定，为统筹城乡社会保障体系建设，建立更加公平、可持续的养老保险制度，2015年1月，国务院印发《关于机关事业单位工作人员养老保险制度改革的决定》（国发〔2015〕2号），将公职人员与企业职工基本养老保险制度"并轨"，取消了过去的"双轨制"，该政策被视为实现基本养老保险制度公平、化解社会矛盾、回应人们对制度公平迫切需求的"一剂良方"。

一　并轨改革对财政支出的影响

在取消基本养老保险双轨制，实现并轨改革的背景下，养老保险基金亦会受到影响，机关事业单位养老保险改革会影响养老金的财政支出[①]，主要体现在以下三个方面。

第一，养老金待遇水平的调整引起财政支出的变化。从单位保障制转变为社会保障制，从现收现付制转变为部分积累制，从机关事业单位养老保险和企业职工养老保险分离到"并轨"，财政不再是机关事业单位职工养老金的唯一支付主体，实行"老人"老办法，"新人"新办法，"中人"则发放过渡性的养老金[②]。采取统账结合的制度后，社会统筹账户为现收现付制，主要由20%的单位缴费构成[③]，个人账户为完全积累制，由8%的个人缴费构成。统筹账户主要用于支付当期"老人"的养老金、"新人"和"中人"的基础养老金以及"中人"的过渡性养老金。

第二，职业年金的建立对财政支出的影响。职业年金在我国养老保险体系中属于补充层面的项目，但却是多层次养老保险体系的重要组成部分。职业年金的费用由用人单位和职工个人共同承担。单位和个人的缴费比例分别为8%和4%。职工退休前，累计形成的职业年金基金依照规定进行市场化投资，按实际收益计息。退休后根据积累额及投资收益额获得职业年金给付。

---

① 曹园：《机关事业单位养老保险新政对财政支出影响的精算分析》，《保险研究》2015年第12期。
② "老人"指在1997年基本养老保险制度改制前已经退休的人；"中人"指在1997年基本养老保险制度改制前已经参加工作，改制时仍未退休的人。
③ 2019年，养老保险单位缴费比例逐步降低至16%。

第三，继续划拨国有资本充实全国社会保障基金。划转国有资本充实社会保障基金的政策过程，经历了三个阶段：2001~2009 年，减持部分国有股充实全国社会保障基金阶段；2009~2013 年，转持部分国有股充实全国社会保障基金阶段；2013 年至今，划转部分国有资本充实全国社会保障基金阶段①。中央提出划拨国有资本充实社会保障基金已有 20 多年的时间，划拨的力度还有待提高。在减税降费的政策背景下，国有资本的划拨对于社会保障基金收支平衡有重要的作用。因此要继续坚持这一划拨政策，加大划拨的力度。

党的十八届三中全会提出了"要稳步推动养老保险制度改革，划转部分国有资本充实社保基金"的明确要求，为国有资本充实全国社会保障基金指明了方向。2017 年 11 月 18 日，国务院正式对外公布了《划转部分国有资本充实社保基金实施方案》，这对于填补养老金缺口、实现社保基金的可持续发展有重要的支撑作用。但该方案只是提出划转部分国有资本。

二 划转分析

划拨国有资产充实社会保障基金是缓解社会保障基金给付压力、填补基金缺口的有力举措，有助于刺激消费、拉动内需，为经济发展提供动力。同时做好社会保障基金的财政兜底，偿付社会保障制度的历史债务也是政府理应承担的职责，是政府对参保人的承诺，因此划拨国有资产具有合理性和必要性。

（一）划拨国有资产的紧迫性

1. 人口老龄化的社会背景

国家统计局发布的第七次全国人口普查数据显示，全国总人口为 14.1178 亿人。其中，60 岁及以上人口为 2.6402 亿人，占比为 18.70%；65 岁及以上人口为 1.9064 亿人，占比为 13.50%。我国人口老龄化呈现规模大、程度深、速度快的特点，急需从政策层面进行风险应对。2022 年《政府工作报告》提出积极应对人口老龄化，加强养老服务保障，推动老龄事业和养老产业高质

---

① 陆解芬：《国有资本充实全国社会保障基金瓶颈分析》，《财会研究》2018 年第 1 期。

量发展，应对人口老龄化已上升为国家战略。2016 年起国家正式实施全面两孩政策，但从政策开始实施到新生代二孩发挥其代际养老支撑作用至少需要20 年，短期内人口结构趋势难以改变。因此在人口结构日趋老龄化形势下，当务之急是划转部分国有资本充实社会保障基金，提升中青年养老保障预期，保障老年生活质量。

2. 养老金缺口大

庞大的转制成本依然未得到有效解决，全国社会保障基金制度仍面临严峻的收支压力。从图 2-3 可以看出全国社会保障基金支出增速快于收入增速，此外支出占收入的比例逐年上升，均显示我国社会保障基金支付压力凸显。据中国社会科学院发布的研究报告，2015 年全国城镇职工基本养老保险个人账户"空账"达 4.7 万亿元，而当年基金累计结余额只有 3.5 万亿元，缺口已经比较明显。随着我国老龄化程度的加深以及养老金水平的提高，我国社会保障基金未来可能面临巨额支付的压力。

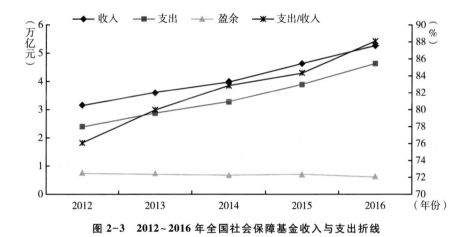

图 2-3　2012~2016 年全国社会保障基金收入与支出折线

（二）划转的瓶颈

1. 划转主体利益的博弈

（1）就政府部门而言，政府内部的部门会有利益博弈。在国有资本划转的过程中，财政部、国资委、全国社会保障基金理事会、国有企业职工及离退休人员、证监会等都会参与其中，这些主体间的博弈会影响划转的效率和效果。全国社会保障基金理事会是主要参与者，然而由于其部门属性，行政权力相对较弱，难以在博弈中获得优势。

（2）就划转对象而言，中国在推进供给侧结构性改革的过程中，出现经济发展新常态，经济增长的速度放缓，企业发展面临新的挑战。再加上国企改革的转制成本尚未完全消化，企业缴费压力大。在这个背景下，国有资本划转有一定阻力。虽然在中央层面，政府强调要做大做强国有企业，但目标与实际的改革措施有差距，甚至有一定的冲突，需要在实际的国有资产划转过程中予以克服。

（3）就推动力量而言，在民间未形成正面的舆论压力，除了相关专家学者的呼吁以外，外部推动力量有限。

2. 政策因素

国有资本划转社会保障基金面临许多现实问题，决策层有待达成共识，具体表现为以下两个方面。

（1）设置划转比例。国务院的政策是方向性的、原则性的纲领，10%的划转比例会受到非正常经济形态的影响，且缺乏刚性规定，这就为相关主体利益博弈留下了操作空间。

（2）划分划转责任。相关利益主体没有主导者，其关系只是相互影响、相互制衡，但是都没有绝对话语权。因此仅仅依靠相关条例、办法和部门自觉性难以推动国有资本划转。

3. 市场因素

国有资本划转与资本市场状况有密切联系，股市的波动容易影响划转的进程。此外，由于之前全国社会保障基金监管不严，管理存在较大漏洞，部分市场主体对于全国社会保障基金的运营能力和监管国有资本的能力也不是十分看好。

4. 历史因素

养老金账户"空账"和转制成本的问题未得到有效解决，日益增大的养老金缺口阻碍了我国社会保障制度改革。国有资本从减持到转持再到划转的过程也是一波三折。2001~2016年，国务院多次出台相关规定，相关官员也做过不少表态，但是推进过程中还是出现了许多困难。从历史来看，国有资本划转全国社会保障基金的政策举动往往伴随着股市的剧烈波动，国有资本充实全国社会保障基金需要在探索中前进，相机行事，择善而从。

（三）划转国有资产的建议

为了回应国有资本划转的紧迫性及突破划转瓶颈，深入推进划转部分国有资本补充全国社会保障基金的进程，促进划转方案落地生根，本书提出以下建议。

1. 政府做好顶层设计

政府做好顶层设计，组织、协调各方主体共同推进。以《全国社会保障基金条例》为依据，继续完善全国社会保障基金管理体制。在划转过程中，主要领导部门要设法打破部门间的利益藩篱，求同存异，树立共同目标，减少彼此矛盾，增进多方合作。全国社会保障基金理事会等要确保划转部分的国有资本专款专用，财政部和国资委要对全国社会保障基金的经营动态进行监管，证监会负责稳定股市。划转过程中还要注意防范国有资产流失的问题。

组织专家学者做好国有资产划转的权威论证，做好舆论宣传与引导工作，做好国有资本保护工作，争取和民众形成推进划转的合力。督促国有企业充分认识到划转国有资本充实全国社会保障基金的合理性和紧迫性，增强其责任主体意识，积极履行社会责任。

2. 做好国有资本划转责任和划转比例的划分

国有资本的划转比例要按照不同的企业类型进行划分，根据中央政府对不同类型的国有企业的定位和目标，制定不同的划转比例。目前对不同类型国有企业的划转比例的规定如下：商业类的国有企业在划转比例上相比较其他类型的企业要高一些，然而在商业类的国有企业中担任重大任务责任的那部分国有企业的划转比例低于一般的商业类国有企业；公益类国有企业以保障民生、服务社会为主要目标，划转比例又低于商业类国有企业；具有特别性质的其他国有企业在股份上不做划转。

3. 划转过程中做好认识和行动的协调统一

（1）在认识层面，既不把充实全国社会保障基金作为国有资本改革的主要目标，也不把国有股减持或转持作为充实全国社会保障基金的唯一途径。以国有股减持的方式来充实社会保障基金容易引起市场的震荡，而现在推行的划转方式在变现时间和规模上就相对简单灵活，更具操作自主性，同时也考虑到资本市场的容量，因此要重视国有资本的投资运营，选择合理的变现时机和变现规模，确保全国社会保障基金保值增值。

（2）在行动层面要鼓励试点和创新，在吸取教训的基础上总结经验进行推广。划转国有资本充实社会保障基金，应该循序渐进、稳步划转。改革开放以来，中国经济持续发展，国民财富增加，城乡差距日益缩小，经济投资环境越来越好。同时资产管理也日渐规范和成熟，资产管理公司的发展开拓了新局面。社会保障基金的管理和投资运营与资本市场有着密切联系，合理管理社会保障基金，有效投资并以市场化机制进行资产配置，既能实现社会保障基金偿付能力的提升，又能促进金融市场的发展，深化国际金融合作。自 2000 年全国社会保障基金设立以来，全国社会保障基金理事会一直在探索全球资产配置体系。社保总资产的 20% 可以投资于全球市场，保证收益的稳定性，目前全球化配置的年均回报率与境内年化回报率基本持平，意味着未来随着中国资本市场和金融市场的进一步变革，社保基金作为市场的"参与者"和"推动者"，依然可以在推动市场发展的过程中"获取改革的红利"。为实现更优化的资产配置，资产管理行业与监管层需要一起努力，推动中国金融市场有序开放，将中国金融市场和全球金融市场通过完善市场制度、增加机构投资者等市场主体、促进理性投资等有效手段进行有机对接，促进统一、有效的全球金融市场的形成，为社会保障基金投资创造更加安全、有序、成熟的金融市场环境。

第三章　地方政府债务与财政兜底机制
对偿付能力的影响

地方政府债务的发生与规模大小由地方政府根据其经济发展需要决定，包括地方政府和所属机构为地方项目建设直接借入、拖欠或因提供担保、回购等信用支持形成的全部债务，可以分为直接借入、拖欠形成的直接债务和提供担保、回购等信用支持而形成的担保债务。地方政府债务分为政府负有偿还责任的债务、政府负有担保责任的或有债务、政府可能承担一定救助责任的其他相关债务三大类，或称直接债务、担保债务和政策性挂账。这些提供基础性、公益性服务的直接任务性债务相加与地方政府综合财力相比，就是债务负担率。财政兜底是一种政策优惠，意即社会保险项目先自行支付，如果最后钱不够由政府买单。党的十九大报告提出了"兜底线、织密网、建机制"的要求，要求全面建成覆盖全民、城乡统筹、权责清晰、保障适度、可持续的多层次社会保障体系。

第一节　地方政府债务是否影响社会保障事业的
可持续发展

1993 年，我国开始实施分税制改革，中央财政财力有所加强，地方财政相对而言呈偏弱势状态。2013 年 12 月 30 日审计署发布的《全国政府性债务审计结果》显示：截至 2013 年 6 月底，全国各级政府负有偿还责任的债务 20.69 万亿元，负有担保责任的债务 2.93 万亿元，可能承担一定救助责任的债务 6.66 万亿元，三者合计达 30.28 万亿元。从负债率来看，截至 2012 年底，全国政府负有偿还责任的债务余额占当年 GDP 518942 亿元的 36.74%[①]。
2016 年中央和地方预算草案显示：2016 年地方政府一般债务余额限额为
107072.4 亿元。这也意味着，年内完成 5 万亿元的地方债券置换后，政府存
量债务置换已接近限额。政府负债的原因包括复杂的经济体制因素与政治制
度因素，比如分税制、转移支付制度、预算管理制度、政绩考核制度、债务
审计制度、地方政府竞争引起的非理性借债因素等相继引发高额的地方政府
债务和 2008 年美国金融危机时中国的 4 万亿投资造成的中国地方政府巨额债
务。地方政府债务率=地方政府债务余额/地方政府综合财力×100%。其中
70% 以下为低债务风险；70%～100% 为预警区间；大于 100% 为存在债务风
险。地方政府负债率=债务余额/国内生产总值×100%，60% 为警戒线。国际
货币基金组织确定的合理债务负担率为 90%～150%。目前我国很多地方政府
都面临负债比例偏高的问题，且负债规模呈现急剧扩张的趋势。2012 年我国
有 9 个省会城市本级政府负有偿还责任的债务率超过 100%，最高的达
188.95%，再加上政府负有担保责任的债务，债务率最高的达 219.57%[②]。
2015 年 8 月 29 日第十二届全国人大常委会第十六次会议批准了《国务院关于
提请审议批准 2015 年地方政府债务限额的议案》，确定 2015 年地方政府债务
限额为 16 万亿元，预计债务率为 86%。

2016 年末相关数据显示，地方政府专项债务余额限额 6.48 万亿元，地方
政府一般债务余额限额 10.7 万亿元，据此得出 2016 年末地方政府债务余额
限额接近 17.2 万亿。2016 年末国债余额限额 12.59 万亿元，亦即 2016 年末
我国中央政府和地方政府债务余额限额接近 30 万亿元[③]。2012 年与 2016 年地
方政府债务率对比如图 3-1 所示。

2013 年 11 月北京大学经济学院对中国养老保险基金使用的测算结果表
明：养老保险基金将在 2037 年出现收支缺口，频现支付危机，2048 年养老保
险基金将耗尽枯竭。2013 年 12 月中国社会科学院李扬团队做出的资产负债表
测算结果显示：2023 年城镇企业（含机关事业单位）基本养老保险将出现收

---

① 参见 2013 年《全国政府性债务审计结果》。

② 参见《审计署发布 36 个地方政府本级政府性债务审计结果》，http://www.gov.cn/gzdt/
2013-06/10/content_ 2424167. htm。

③ 赵婧：《今年中央预算增支加码凸显积极财政政策》，《经济参考报》2016 年 3 月 31 日。

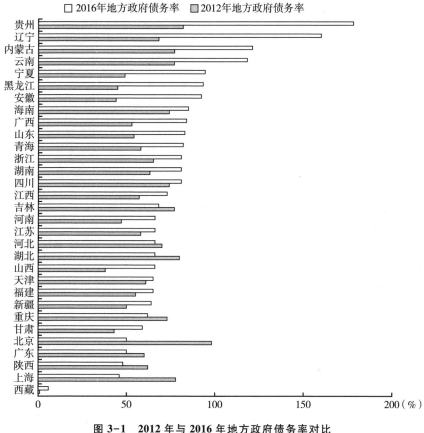

图 3-1　2012 年与 2016 年地方政府债务率对比

资料来源：兴业证券经济与金融研究院，2018 年 1 月 30 日。

不抵支，2029 年累计结余将消耗殆尽。未来养老保险的发展前景如何，基金是否出现支付问题，有待历史检验。

2016 年中国总债务，包括政府债务与个人债务，甚至超过 GDP 的 2.5 倍[①]。2000～2016 年，中国债务总规模平均增长速度达 19.64%，其总规模具体情况如图 3-2 所示。

我国一些地方政府过度依赖负债投资，地方政府债务率逼近甚至突破 100% 的警戒线，全国人大财经委辜胜阻在《人民日报》发文提出：地方政府

①《哈继铭：中国总债务超过 GDP 的 2.5 倍》，http：//finance. sina. com. cn/china/gncj/2016-
08-25/doc-ifxvixeq0471770. shtml。

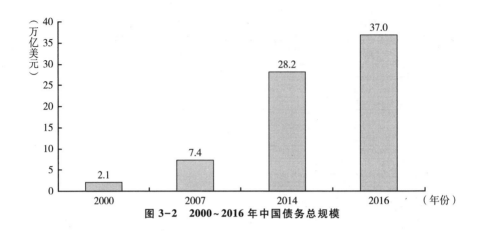

图3-2　2000~2016年中国债务总规模

债务风险是当前重点领域的金融风险和财政风险。地方政府财政刚性缺口情况如表3-1所示。

表3-1　地方政府财政刚性缺口情况

单位：亿元

地区	2014年	2015年	2016年	2017年上半年	发展状态
辽　宁	-1192	-1504	-1472	-560	连年亏损
吉　林	-1013	-1551	-1675	-738	连年亏损
黑龙江	-1357	-2213	-2433	-1277	连年亏损
山　东	37	255	-64	-387	由盈转亏
天　津	93	-299	-790	-258	由盈转亏
河　北	-1062	-2131	-3111	-1905	连年亏损
宁　夏	-508	-624	-732	-324	连年亏损
青　海	-995	-1147	-1225	-561	连年亏损
山　西	-673	-1498	-1517	-419	连年亏损
甘　肃	-1486	-1781	-1884	-1066	连年亏损
陕　西	-1225	-1704	-1962	-962	连年亏损
内蒙古	-1156	-2261	-2564	-1156	连年亏损
新　疆	-1403	-2035	-3162	-1333	连年亏损
海　南	-248	-343	-477	-212	连年亏损
安　徽	-1521	-1819	-1923	-1290	连年亏损

续表

地区	2014 年	2015 年	2016 年	2017 年上半年	发展状态
江　西	−1520	−1848	−1944	−1107	连年亏损
湖　北	−1279	−2168	−2252	−1049	连年亏损
湖　南	−2007	−2428	−3011	−1762	连年亏损
河　南	−2499	−3061	−3718	−2588	连年亏损
福　建	1408	848	644	241	连年盈利 势头下降
深　圳	2642	3030	2851	1196	连年盈利
江　苏	5075	5139	5178	2787	连年盈利
浙　江	5734	4915	5441	3553	连年盈利
北　京	7152	6765	6390	4776	连年盈利
上　海	7161	7798	7748	5930	连年盈利
广　东	9378	8415	9301	3832	连年盈利

注：财政刚性缺口＝国地税总收入−财政一般预算支出，其中，国税收入中含代征关税，仅有少数省区包括宁夏、青海、山西不含代征关税，地税收入中含非税收入。

在各统计地区中，辽宁不包括大连市、山东不包括青岛市、福建不包括厦门市、浙江不包括宁波市、广东不包括深圳市。我国仅有 6 省（市）1 市国地税总收入大于财政一般预算支出，但福建省盈利势头下降，已达危险边缘。

资料来源：《人大财经委辜胜阻警告：政府债务太高，31 省仅 6 省 1 市财政有盈余》，昆仑政策研究院（昆仑策网），2019 年 3 月 12 日。

希腊债务危机是典型的偿付危机，希腊是支出预期最高的国家之一，在未来 50 年里，其养老金支出占 GDP 的比例将从 11.6% 上升到 24.1%[①]。2010 年 5 月，国际货币基金组织和欧元区国家在对希腊的救助条款中提出了 13 项条件，其中有 5 项涉及养老金制度改革，要求希腊恢复对高额养老金课征所得税，平衡男性和女性领取养老金年龄的资格限制，领取养老金年龄要引入与寿命预期变化相联系的机制，公共部门领取养老金的年龄要从 61 岁提高到 65 岁，对第 13 个月和 14 个月养老金的领取额度要限定在 800 欧元之内。可以说养老金危机压垮了希腊经济，甚至成为欧洲债务危机的重要因素。

---

① 郑秉文：《下篇：欧债危机对养老金改革的启示——中国应如何深化改革养老保险制度》，《中国社会保障》2012 年第 2 期。

中国社会科学院郑秉文教授认为："如果说欧债危机是压垮四国总理的最后一根稻草,养老金就是引发债务危机的最后一个诱因。"① 希腊、意大利政府债务占 GDP 的比重超过 100%,其他几个国家的债务占 GDP 的比重也超过 80%。欧债危机与 2007 年以来的全球金融危机和经济衰退直接相关,但从根源上来说,实质是各国快速的人口老龄化以及由此引起的社会保障和社会福利财政危机②。

2013 年美国著名的"汽车之城"底特律申请破产,与底特律多年来的高福利制度密切相关,这些高福利制度造成产业利润减少,失业率快速上升,税收减少,福利保险增加。底特律地方政府为了维持底特律的运转,只能赤字高悬,积累了 180 亿美元的地方政府债务,最终被巨额的债务拖垮,让底特律陷入"绝境"。2013 年 7 月 18 日,这座"汽车之城"正式向美国联邦政府申请破产保护,从而成为美国历史上最大的破产城市。底特律所在的密歇根州州长斯奈德坦言,这也意味着底特律的债权人将面临血本无归的境地,其中就包括底特律的一些参保人的养老基金。

在我国的社会保障改革中,城镇职工养老保险、城乡居民养老保险、城乡居民医疗保险、城乡居民最低生活保障制度、各种贫困救济等,都存在大量的中央与地方财政补贴,在财政补贴中,补贴数额逐年扩大并出现提速迹象。和谐社会建设要求加大转型期各种社会保障支出,理想比例是社会保障支出占财政支出的 25% 左右,地方政府资金支付矛盾非常尖锐。许多社会保障项目要求中央和地方财政共同买单,中央财政与地方财政出资比例不一致,如在城乡居民养老保险项目中,中央财政对中西部地区与东部地区基础养老金的最低补助标准为 1∶0.5。对于全国各地区普遍亏损的城乡居民医疗保险,中央财政对地方政府的财政补贴也不一致,中西部地区的财政补贴高于东部发达地区。尽管如此,还是出现了一些不发达地区政府从银行贷款发放养老金或是最低生活保障费的报道,地方政府财政补贴有时出现的青黄不接的问题,也反映了地方政府债务问题影响了一些地区社会保障事业的可持

---

① 金辉:《欧债危机接连引政坛地震 养老金成危机最后诱因》,《经济参考报》2012 年 1 月 5 日。
② 张士斌、黎源:《欧洲债务危机与中国社会养老保险制度改革——基于公共养老金替代率视角的分析》,《浙江社会科学》2011 年第 11 期。

续发展。

在中国，对于严重的地方政府债务是否影响民生或是社会保障事业的发展，魏文彪撰文指出：当前地方政府背负的债务中还有部分实际上是被用于形象工程、政绩工程，而这样一些因为建设劳民伤财项目背负的巨额债务，其偿还显然也将会以用于改善民生的资金受到挤压与民生受到损害为代价①。中国的财政体制背景，不允许地方政府破产，"底特律现象"不会在中国出现。一旦地方政府无法自行承担沉重的债务压力，中央政府将动用财政资金帮助其解决债务危机。因此一些政府官员认为，中国强大的中央财政可以帮助地方政府摆脱债务危机，不会使民生和社会保障问题受到太大影响。

中国许多社会保障项目需要中央财政和地方财政共同补贴，在地方政府债务高企的情况下，一些地方爆发债务危机的风险仍在继续扩大，持续多年的地方政府负债，将会陆续到期，形成更大的本息支付压力，必然会对社会保障项目的可持续发展造成或大或小的影响，如最低生活保障待遇的增长速度受限或是不能按期支付、医疗保险报销比例受限甚至下降、地方政府扶贫基金匮乏、工资增长速度缓慢直接影响社会保险缴费基数的提升等，地方政府债务过高对社会保障的影响有些是直接的，有些是间接的。以城乡最低社会保障为例，2014 年起城市覆盖率逐年下降，农村覆盖率也呈下降趋势，低保金的发放本以地方财政为主，但多年来，中央财政占了大头（见表 3-2），这可能与地方政府债务过高有关，地方政府债务过高影响了地方政府对民生保障项目的支出，使地方政府对民生保障项目的支出变成为中央财政兜底。

表 3-2　2002~2020 年城市与农村低保发展状况

年份	低保人数（万人）		覆盖率（%）		低保支出（亿元）		中央财政占比（%）	
	城市	农村	城市	农村	城市	农村	城市	农村
2002	2065.0	407.8	4.11	0.52	108.7	7.1	41.8	—
2003	2247.0	367.1	4.29	0.48	150.5	9.3	61.1	—
2004	2205.0	488.0	4.06	0.64	172.7	16.2	58.2	—

---

① 魏文彪：《谨防地方政府债务过重影响民生》，《海南日报》2011 年 6 月 30 日。

年份	低保人数（万人）		覆盖率（%）		低保支出（亿元）		中央财政占比（%）	
	城市	农村	城市	农村	城市	农村	城市	农村
2005	2234.2	825.0	3.97	1.11	191.9	25.3	58.4	—
2006	2240.1	1593.1	3.84	2.18	224.1	43.5	60.7	—
2007	2272.1	3566.3	3.75	4.99	277.4	109.1	57.6	27.6
2008	2334.8	4305.5	3.74	6.12	393.4	228.7	68.5	24.0
2009	2345.6	4760.0	3.64	6.90	482.1	363.0	74.5	24.8
2010	2310.5	5214.0	3.45	7.77	524.7	445.0	69.3	60.4
2011	2276.8	5305.7	3.30	8.08	959.9	667.7	76.1	75.3
2012	2143.5	5344.5	3.00	8.32	674.3	718.0	65.1	60.1
2013	2064.2	5388.0	2.82	8.56	756.7	866.9	72.1	70.6
2014	1877.0	5207.2	2.51	8.42	721.7	870.3	71.9	66.9
2015	1701.0	4903.6	2.20	8.13	719.3	931.5	—	—
2016	1480.2	4586.5	1.87	7.78	687.9	1014.5	—	—
2017	1261.0	4045.2	1.55	7.02	640.5	1051.8	—	—
2018	1007.0	3519.1	1.21	6.24	575.2	1056.9	—	—
2019	860.9	3455.4	1.01	6.26	519.5	1127.2	—	—
2020	805.1	3620.8	0.89	7.10	537.3	1426.3	—	—

注："—"表示数据不可得。

资料来源：根据民政部历年统计资料整理。

地方政府依靠借债刺激经济发展，致使政府债务规模和债务率攀升，患上"政府性债务依赖症"，地方政府债务率指标超出自身承载能力，依赖中央财政来解决地方政府债务问题的作用是有限的，且地方政府更不可能大面积或是长时期地依赖中央财政的补贴，地方政府债务过重必然会挤压宏观经济管理的空间。

在社会保险项目统筹区间有限的情况下，中央政府和地方政府也应对地区社会保障的偿付能力进行科学精算，计算指标应该包括地方财政自给率、地方财政可用财力比率、地方债务依存度、地方债务负担率、地方债务偿还率、地方内外债比率，以及借新还旧债务额占债务总额比重等统计指标，形成地方政府经济景气监控指标体系，而不是依靠扩大社会保障覆盖面和银行贷款来解决社保基金偿付的问题。从经济层面考虑，不发达地区或是地方债务重的地区，社会保障覆盖面越大，中央和地方财政的补贴压力越大；从社会层面考虑，出于社会公平原则，中央财政有责任、有义务帮助不发达地区或是有潜力发展地方经济地区的社会保障事业的发展，因为这些地区为发达地区输送了大量的劳动力资源，牺牲了地方利益；从政治层面考虑，不发达地区各类资源相对匮乏，由于贫富差距偏小，社会保障的社会稳定功能可能强于发达地区，一定的中央财政转移支付尤其是社会保障覆盖面的扩大有利于不发达地区（也可能地方债务相对严重的地区）的社会稳定。

第二节　财政在城乡居民养老和医疗保险中的角色定位

财政部发布的《关于 2017 年全国社会保险基金决算的说明》显示，财政对于社保的补贴主要包括三项：一是对企业职工养老保险基金补贴 4955.13 亿元；二是对城乡居民养老保险基金补贴 2319.19 亿元；三是对城乡居民基本医疗保险基金补贴 4918.68 亿元。此三项总共 12193 亿元。这三项数据之和在 2016 年为 10995 亿元，在 2015 年为 10149 亿元。2018 年开始，财政不再单独对养老保险进行补贴，而是通过中央调剂基金支出。

一　养老与医疗保险对财政兜底或财政补贴的总依附居高不下

从上文的多路径分析数据看，企业职工养老保险基金、城乡居民养老保险基金、城乡居民医疗保险基金的平衡前景均不太乐观，新型农村合作医疗保险和城镇居民医疗保险的财政补助标准从 2010 年的每人每年 120 元提高到 2016 年的每人每年 420 元，增加了 300 元。2016 年全国财政医疗卫生支出 13154 亿元，是医改启动前的 4.1 倍，医疗卫生支出占财政支出的比重提高到 7%。2008~2015 年，中国卫生总费用从 14535 亿元上涨到 40975 亿元，年均增长率达 16%[①]。由于医保的筹资责任过度向中央与地方财政集中，加之报销比例出现一定程度的攀比现象，不仅与我国其他地区横向比，还与西方发达国家比，普遍高达 80%（一些地区城镇职工医疗保险甚至高达 90%）的报销比例显然使医疗保险制度很难长久保持，适度保障原则被忽视，社会保障的财政主导机制确实肩负重大的兜底责任与补助责任，以维系养老保险制度与

---

① 数据来源于 HC3I 中国数字医疗网，2017 年 2 月 23 日。

医疗保险制度的运行。

据人社部 2018 年 1 月至 8 月的统计数据，城镇职工基本养老保险基金支出、医疗保险基金支出、失业保险基金支出、工伤保险基金支出、生育保险基金支出、城乡居民基本养老保险基金支出分别为 27507.8 亿元、10406.2 亿元、525.0 亿元、457.9 亿元、486.8 亿元、1752.6 亿元，总支出 41136.3 亿元，相对 2017 年 1 月至 8 月的 34689.3 亿元增长了 18.6%，相对 2016 年 1 月至 8 月的 26911.0 亿元增长了 52.9%[①]。2018 年 11 月财政部网站公布的 2017 年社会保险基金决算数据显示，一年来各级财政补贴各类社会保险达到 12000 亿元，增长速度越来越快。

转变政府社会保障职能，提高政府社会保障行政管理效率，降低社会保障管理成本，提高社保基金偿付能力，是当今世界各国社会保障发展与变革的一大主题，出于"让财政的阳光照耀农村"与和谐社会建设的政治考量，中央与地方财政对城乡居民养老保险和医疗保险的大规模财政补助，促进了这两项社保制度的稳健发展。中央政府与地方政府对城乡居民养老保险与医疗保险财政补助已多少有一点发展至强弩之末阶段了，但非政府组织与市场的力量还远没有发挥出来，民众对社会保障的预期仍旧偏低，储蓄愿望仍比较强烈。

社会保障与政府职能研究，事实上就是要解决在社会保障可持续发展过程中，政府基于什么管理理念来发展社会保障事业、提供什么社会保障公共产品、如何提高社会保障抗风险能力的问题[②]。2020 年我国已经明确实现社会保障全覆盖的主基调，政府在未来社会保障中的主导作用将更加突出，对于城镇职工养老保险与医疗保险及城乡居民养老保险与医疗保险的财政补贴力度或是财政兜底责任将更加凸显，政府的社会保障行政管理职能始终要在不断提高行政效率、完善公共均等化服务、改进公共政策、顺应民意诉求上做文章。事实证明应急型、滞后型的政府社会保障只会陷入被动，社会保障责任政府的理念应是积极研究社会保障的发展变化规律，顺应经济发展规律、人口发展规律、社会价值规律，化被动为主动，化消极为积

---

① 根据人社部发布的统计月报计算整理。
② 林毓铭：《社会保障与政府职能研究》，人民出版社，2008。

极，寻求各种财政途径与其他非财政途径努力解决城镇职工养老保险和医疗保险及城乡居民养老保险与医疗保险基金不足的问题。

当然，为"保养老金发放"，由财政兜底机制补缺，为使城乡居民养老保险和医疗保险可持续发展，财政补助幅度越来越大，政府实际上处于被动状态。预算执行期间，财政兜底机制有比较浓重的应急色彩，如临时应急补助、突出公共事件或突发自然灾难性补助等，但这样的"兜底"机制只能救一时之急，从长期来看潜在风险更大，由于养老金每年缴费多少、领取多少、需要财政补贴多少，涉及多个因素，若没有养老保险和医疗保险精算，差多少补多少、走一步算一步，不但让财政难以兜底，也让公众心里"没底"，致使参保人期望指数下降。

以深圳为例，新医改以来，财政在医保方面的支出占公共财政医疗卫生支出的比例基本保持在50%左右，其中绝大部分流向了公立医院。公立医院的收入事实上很大部分来自政府的直接或间接投入。深圳市政府在取消药品加成后，由医保基金补偿医院的部分损失，并通过阶梯式医保报销激励的方式鼓励居民到基层社区康复中心进行首诊，但这也需要政府的财政兜底。

政府在养老保险中的角色定位颇有争议，数十年的计划经济时期，大量的国有企业利税上缴了中央财政，尤其是在作为重工业基地的东北三省地区，却忽略了储存相应的养老保险基金，改革开放后，大量的国企职工陆续进入退休年龄，养老保险基金短缺的问题凸显，面对巨额的养老金隐性债务问题，有学者主张中央财政应该拿出巨额资金作为计划经济时期养老保险基金的补偿。其实从财政补贴数据来看，2000年之前，弥补养老保险基金的主体责任者是地方政府，2000年之后，中央财政成为主体责任者（可参阅人社部发布的历年统计公报）。由于社会统筹与个人账户相结合的养老保险制度与财政兜底机制的建立，国有企业养老保险基金不足的问题得以缓解，但地区间养老保险基金短缺的差别非常大，东北三省地区因大量的国企职工退休金短缺成为中央财政补贴最多的地区。

养老保险和医疗保险是社会保险项目中的两个主要项目，据《2021年度人力资源和社会保障事业发展统计公报》和《2021年医疗保障事业发展统计快报》，2021年城镇职工基本养老保险期末参保人数为48074万人，基本医疗保险期末参保人数为136424万人，城乡居民基本养老保险期末参保人数为

54797 万人。在这两个项目中实施社会统筹与个人账户相结合的养老保险制度和医疗保险制度及财政兜底机制或财政补贴制度。

在养老保险问题上，政府的财政兜底机制已经发挥了巨大的作用，全国入不敷出的地区占据了半数左右，主要是不发达地区，养老保险基金滚存积累比例偏低，而广东、浙江、江苏、山东等省市养老保险基金滚存积累基金占比偏高，不发达地区大量的劳动力流动到发达地区就业，为这些地区创造了大量的社会财富，由于跨越统筹地区就业发生的反复退保，也在一定程度上为发达地区养老保险基金的滚存积累做出了贡献。不发达地区就业机会偏少，就业质量不高，社会保障覆盖面相对偏低，老龄化程度偏高，中央财政对不发达地区养老保险基金的补贴比例偏高。2005～2015 年中国城镇职工基本养老保险基金年累计结存越来越多（见图 3-3）。

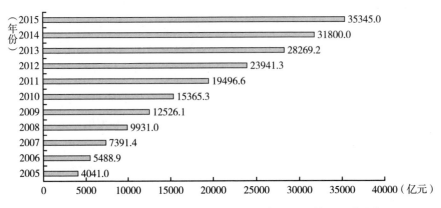

图 3-3　2005～2015 年中国城镇职工基本养老保险基金累计结存

资料来源：根据人社部发布的历年统计公报资料整理。

《中国社会保险发展年度报告 2015》显示："2012 年以来，全国企业职工养老保险基金滚存结余不断扩大，但是可支付保障月份数由 2012 年的 19.7 个月下降至 2015 年的 17.7 个月，3 年内减少了 2 个月。其中黑龙江的企业职工养老保险金仅可支付 1 个月，2016 年将降为负数。城镇企业职工养老保险基金当期'入不敷出'的省份在快速增加，由 2014 年的 3 个扩大到了 2015 年的 6 个，分别是黑龙江、辽宁、吉林、河北、陕西和青海。"2015 年全国的养老保险基金财政补贴达 4716 亿元，列入各地民生问题的城乡居民基础养老金为每人每月 110 元，由政府全额支付，所需资金由各级财政分担，一旦贴上"民生"这一政治标签，城乡居民养老保险待遇利益固化的增长趋向还将继续。也可以预计，随着人口老龄化加速的势头不减，城镇职工养老保险基金入不敷出的地区还可能增加，其中，黑龙江、吉林、青海、河北、辽宁、陕西、天津、湖北 8 个省市的可支付月数在安全线（10 个月）以下。这些省市滚存积累基金已经接近"安全线"边沿。"从 1998 年以来，中央财政累计对企业养老保险基金投入 2.57 万亿元，其中 2016 年超过 4000 亿元，同比增长 12.9%，同时地方财政也在加大投入，2016 年各省市县级财政投入合计 668 亿元，同比增长 79.6%。"[①] 全国社会保障基金理事会理事长楼继伟 2018 年 11 月 18 日在财新峰会上称：中国的社会保险体系呈现高度碎片化特征，是不可持续的，每年都要靠财政补贴，在老龄化加剧的情况下，无论是养老保险还是医疗保险，基金偿付压力都非常大。

在医疗保险问题上，《中国社会保险发展年度报告 2015》披露：截至 2015 年底，全国 28893 万职工参保城镇职工基本医疗保险，其中参加职工医保的在职人数 21362 万人，占参保总人数的 73.9%，而退休人员总数为 7531 万人，占比 26.1%。2015 年医疗保险职工退休比（职工人数与退休人员人数之比）为 2.84，连续第四年下降。一般来说，离退休职工使用的医疗保险基金是在职职工的 2 倍至 3 倍，离退休职工占比太高，医疗费用支出速度加快。据报道，2014 年城镇职工基本医疗保险结余 5000 多亿元，减去个人账户、冠缴等，剩下也就 2000 多亿元，不够支付 2 个月，远低于 10 个月的"安全线"[②]。2016 年，财政部中央预算数据显示，城乡居民医疗保险的财政补助由每人每年 380 元提高到 420 元，中央财政安排城乡医疗救助补助资金 160 亿元，比 2015 年增长 9.6%。为了保证城乡居民医疗保险的可持续发展，这种增长态势还将继续下去。

养老保险和医疗保险两个项目基金的使用性质与使用方式不同，养老保险基金是单个个体参保者退休之后每月必须定期足额领取的货币数量，且每年保证一定程度的待遇增长，直至个体死亡为止，中央政府的"两个确保"

---

①《我国养老保险基金运行总体平稳》，http：//www.mohrss.gov.cn/SYrlzyhshbzb/dongtaixinwen/buneiyaowen/201706/t20170623_272990.html。

②李彪：《专家：两年内须解决中国养老金制度转型》，《每日经济新闻》2016 年 8 月 15 日。

政策中，其中之一就是确保离退休职工养老保险金的足额定期发放；医疗保险基金的使用是不确定的和随机的，人口老龄化越严重，医疗保险基金的使用概率越大，它与每个具体的参保者的身体素质关系密切。

二　城乡居民养老保险之财政补贴问题

随着财政对城乡居民养老保险的补贴的逐年提升，于"十二五"规划末期全国基本实现了新型农村养老保险和城市居民养老保险制度的整合，并开辟了与城镇职工基本养老保险制度相衔接的通道。2018年全国享受城乡居民养老保险待遇的贫困老人达2195万人，各级政府为2741万特贫人员代缴城乡居民基本养老保险费28.3亿元，近5000万特困人员直接受益。2018年，城乡居民个人账户基金总额达6563亿元，有9个省（区、市）将773亿元城乡居民养老保险基金委托全国社会保障基金理事会投资运营①。国务院要求在2020年前全面建成公平、统一、规范的城乡居民养老保险制度（见表3-3）。

表 3-3　城乡居民养老保险制度缴费与财政补贴一览

单位：元

构成	内容											
个人缴费	100	200	300	400	500	600	700	800	900	1000	1500	2000
集体补助	有条件的村集体经济组织应当对参保人缴费给予一定的补助，补助标准由村民委员会召开村民会议民主协商确定，鼓励有条件的城乡社区将集体补助纳入公益事业资金的筹集范围。鼓励其他的社会经济组织、公益慈善组织、个人为有需要的参保人缴费提供资助。资助金额不超过当地设定的最高缴费档次标准											
财政补贴	对选择最低档次标准缴费的参保人，财政补贴标准不低于每人每年30元；对选择较高档次标准缴费的参保人，适当增加补贴金额；对选择500元及以上档次标准缴费的参保人，财政补贴标准不低于每人每年60元											
备注	中央财政对中西部地区所有省(区、市)按中央确定的基础养老金标准给予全额补助，对东部地区所有省(区、市)给予50%的补助											

资料来源：《国务院关于建立统一的城乡居民基本养老保险制度的意见》（国发〔2014〕8号）。

---

① 刘长龙：《建立城乡居民养老保险待遇确定和基础养老金正常调整机制》，第五届全国社会保障学术大会，2019年。

在参保覆盖过程中,低档次缴费人次偏多,逆向选择明显,参保人主要为中老年城乡居民,特别是领取补助的中老年参保人增加迅速,基金支出年增长率偏高。还有一种倾向是个人缴费比例递减、集体补助比例递减、财政补贴比例增加,以广东省 2010~2015 年城乡居民养老保险为例,其构成情况如表 3-4、图 3-4 所示。

表 3-4　广东省 2010~2015 年城乡居民养老保险基金收入构成统计

单位:%

构成情况	2010 年	2011 年	2012 年	2013 年	2014 年	2015 年
个人缴费比例	46.4	36.2	29.5	26.8	27.1	27.2
集体补助比例	20.8	9.2	5.6	5.7	6.1	2.5
财政补助比例	30.4	52.6	61.0	62.9	62.4	68.1
利息及其他比例	2.4	2.0	3.8	4.6	4.3	2.2

资料来源:《广东省社会保险白皮书 2015》。

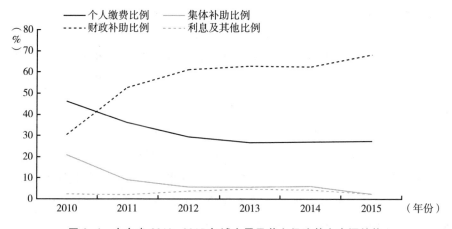

图 3-4　广东省 2010~2015 年城乡居民养老保险基金来源结构

从图 3-4 可见,在个人缴费比例递减的情况下,财政补助比例递增趋势明显,政府在支持城乡居民养老保险制度可持续发展中的角色越来越重要。如果这种趋势延续下去,在人口老龄化程度持续加深的状态下,领取养老金人数越来越多,政府财政补助包括中央财政补助与地方财政补助如果还要继续保持一定的增幅,负担将越来越重。

再以广州市为例,2018 年广州市每月城乡居民缴费及财政补贴情况如表 3-5 所示。

表 3-5　2018 年广州市每月城乡居民缴费及财政补贴情况

缴费档次	个人缴费（元）	与个人缴费对应的财政补贴（元）	集体补助（元）	与集体补助对应的财政补贴（元）	缴费人数（人）	占比（%）	累计占比（%）
第一档	10	15	5	5	46464	14.36	14.36
第二档	30	35	10	10	30588	9.45	23.81
第三档	50	50	20	20	11820	3.65	27.47
第四档	70	60	30	25	5082	1.57	29.04
第五档	90	70	40	30	32786	10.13	39.17
第六档	110	75	50	35	45851	14.17	53.34
第七档	130	80	60	40	150962	46.66	100.00
合计					323553		

注：2018 年广州市共有 5152342 人参保缴费，其中历史趸缴人数以及原居民养老系统未标识档次的人数共 191681 人。

资料来源：广州市社会保险基金管理中心。

从可以标识缴费档次的人口数据中，选择最高档次（第六档、第七档）的比例为 60.83%，这与一个城市的发达程度有关，多缴多得机制得以体现其吸引力。

广东省公共事务与社会治理研究会与华南农业大学社会保障与福利治理研究中心的合作课题"广州市居民基本养老保险制度绩效评估与发展对策研究"对 539 份问卷所反映的不同缴费人群对养老待遇期望值情况进行了汇总分析，计算得到的城乡居民基本养老保险月平均缴费数为 75.27 元，养老待遇月平均期望值为 2469.39 元（见表 3-6）。

表 3-6　城乡居民基本养老保险缴费档次与对应期望月养老待遇人数对照

缴费档次	对应每月缴费数（元）	期望月养老待遇								合计（人）
		低于500元（人）	500~1000元（人）	1000~1500元（人）	1500~2000元（人）	2000~3000元（人）	3000~4000元（人）	4000~6000元（人）	6000元及以上（人）	
一档	10	0	22	22	15	8	2	4	4	77
二档	30	2	10	26	20	19	8	7	9	101
三档	50	1	3	7	9	16	9	10	3	58

续表

缴费档次	对应每月缴费数（元）	期望月养老待遇								合计（人）
		低于500元（人）	500~1000元（人）	1000~1500元（人）	1500~2000元（人）	2000~3000元（人）	3000~4000元（人）	4000~6000元（人）	6000元及以上（人）	
四档	70	2	3	4	10	5	5	4	0	33
五档	90	1	7	8	6	6	3	2	2	35
六档	110	2	8	7	18	33	28	8	3	107
七档	130	4	10	20	19	28	37	4	6	128
合计		12	63	94	97	115	92	39	27	539

调查过程中问卷数量虽然不足，也可能不足以作为代表性样本，但足以从一个侧面说明，参保人缴费档次不高，但对养老待遇的期望值却非常高，差别特别大。对广州市而言，选择高档次缴费人数的比例相对全国其他城市偏高，他们对于养老待遇的期望值也是最高的。从心理学角度分析，城乡居民缴费程度低，而对于养老待遇的期望值却严重偏高，未来政府可能面临巨大的待遇支付压力与支付风险。

再以江西省为例，2018年对城乡居民的养老保险补贴也进行了一次新的调整（见表3-7），积极鼓励多缴费，建立"多缴多补"机制，实现有效缴费。

表3-7 2018年江西省城乡居民养老保险缴费档次及对应财政补贴

单位：元

项目	第一档	第二档	第三档	第四档	第五档	第六档	第七档	第八档	第九档	第十档	第十一档
每年缴费数	300	400	500	600	700	800	900	1000	1500	2000	3000
财政补贴	40	50	60	65	70	75	80	85	90	95	100

再以河南省为例，2018年河南省城乡居民养老保险缴费档次及对应财政补贴情况如表3-8所示。

表3-8　2018年河南省城乡居民养老保险缴费档次及对应财政补贴

单位：元

项目	第一档	第二档	第三档	第四档	第五档	第六档	第七档	第八档
每年缴费数	200	300	400	500	600	700	800	900
财政补贴	30	40	50	60	80	100	120	140

项目	第九档	第十档	第十一档	第十二档	第十三档	第十四档	第十五档	
每年缴费数	1000	1500	2000	2500	3000	4000	5000	
财政补贴	160	190	220	250	280	310	340	

注：财政补贴所需基金，西部政策延伸县由省、县（市、区）财政按8：2的比例负担，其他县（市、区）由省、县（市、区）财政按6：4的比例负担。

河南省对城乡建档立卡的贫困户，特别是对困难人群、城乡重度残疾人等群体，暂时财政资助维持原有的每人每年100元的最低缴费档次不变，由县（市、区）财政为其代缴最低标准的养老保险每人每年100元，缴费补贴标准30元。在养老待遇上，对高龄参保老人采取关爱政策，即对年龄在65~80岁的老年人，增加不低于3元的基础养老金，其中城乡居民普惠的基础养老金为每人每月105元；对年龄大于等于80岁的老年人，增加不低于6元的基础养老金。缴费年限超过15年的，每多缴1年，领取待遇时每月增发基础养老金2%，多缴多得、长缴多得。

从全国情况看，城乡居民缴费档次标准普遍偏低，年缴100元的人数占据较高比例，养老保障水平不高。2018年，全国城乡居民参保人数达5.24亿人，领取待遇人数达1.59亿人，人均缴费数达297元。2018年统一提高全国城乡居民基本养老金最低标准18元，达每人每月88元，22个省（区、市）在全国最低标准之上提高了基础养老金，2018年城乡居民月人均养老金达150元，较2017年提高了25元，全年支付养老金2836亿元[①]。城乡居民养老保险基金个人账户缺口到底有多大？北京化工大学刘昌平教授通过一些城市的缴费档次计算得出各缴费档次个人账户基金累计缺口预测（见表3-9）。

---

① 刘长龙：《建立城乡居民养老保险待遇确定和基础养老金正常调整机制》，第五届全国社会保障学术大会，2019年。

表 3-9　2014~2058 年各缴费档次个人账户基金累计缺口预测

缴费档次（元/年）	缴费档次逐期增长		个人账户累计缺口（万亿元）	个人账户累计缺口增量		累计缺口增量的缴费档次增长弹性
	一次差（元/年）	环比增速（%）		一次差（万亿元）	环比增速（%）	
100			1.10			
200	100	100.00	2.12	1.02	92.73	0.93
300	100	50.00	3.14	1.02	48.11	0.96
400	100	33.33	4.16	1.02	32.48	0.97
500	100	25.00	5.18	1.02	24.52	0.98
600	100	20.00	6.13	0.95	18.32	0.92
700	100	16.67	7.08	0.95	15.48	0.93
800	100	14.29	8.02	0.95	13.41	0.94
900	100	12.50	8.97	0.95	11.82	0.95
1000	100	11.11	9.92	0.95	10.57	0.95
1500	500	8.45	14.67	4.75	8.13	0.96
2000	500	5.92	19.41	4.74	5.76	0.97

资料来源：刘昌平《城乡居民基本养老保险制度可持续发展研究》，2019 年大数据在社会保障中的应用国际研讨会，2019 年 5 月 31 日至 6 月 1 日。

在缴费档次偏低的情况下，相应的财政补贴同时记入个人账户，而在未来相对应的养老待遇高于相应缴费数（养老权益大于缴费义务）的情况下，必然出现个人账户累计缺口。引导城乡居民选择高档次标准缴费，对冲未来偏高的养老待遇，是一个更好的政策方向。

基础养老金包括中央财政补贴和地方财政补贴，从各省（区、市）基础养老金标准看，差距非常大（见表 3-10）。

表 3-10　2017 年我国各省（区、市）城乡居民养老保险基础养老金标准对照

单位：元/月

序号	省（区、市）	基础养老金	序号	省（区、市）	基础养老金
1	上　海	850	7	浙　江	135
2	北　京	610	8	宁　夏	120
3	天　津	277	9	广　东	120
4	青　海	155	10	新　疆	115
5	海　南	145	11	江　苏	115
6	西　藏	140	12	内蒙古	110

序号	省(区、市)	基础养老金	序号	省(区、市)	基础养老金
13	山　东	100	23	河　南	80
14	福　建	100	24	黑龙江	80
15	重　庆	95	25	吉　林	80
16	广　西	90	26	江　西	80
17	河　北	90	27	陕　西	75
18	甘　肃	85	28	四　川	75
19	云　南	85	29	贵　州	70
20	湖　南	85	30	安　徽	70
21	辽　宁	85	31	湖　北	70
22	山　西	80	平均值		144

资料来源：各省（区、市）人社网。

从表3-10可见，排名前二的上海、北京的基础养老金分别为850元/月和610元/月，分别是排在后3位的贵州、安徽和湖北70元/月的12.14倍和8.71倍。即使GDP排名第一的广东省，每人每月基础养老金也只有120元，分别比上海、北京每月少730元和490元。

2016年国家基础养老金年最低标准为每人每年840元，低于当年国家贫困线标准（农民人均纯收入3000元/年），没有实现"保基本"目标。

三　城乡居民医疗保险财政补贴问题

2016年初，《国务院关于整合城乡居民基本医疗保险制度的意见》（国发〔2016〕3号）要求2007年建立的城市居民医疗保险制度与2003年建立的新型农村合作医疗保险制度实行归并整合，建立统一的城乡居民基本医疗保险制度，之后各省（区、市）纷纷出台了地方城乡居民医疗保险办法，实施对象范围、筹资标准、待遇水平、经办服务的"四个统一"的合并，在门诊方面，取消农村居民门诊支付报销封顶线，不设最高支付限额，降低城镇居民的门诊报销起付标准，无论是对城镇居民还是农村居民而言，门诊费用负担均有所减轻，农村居民与城镇居民政策范围内住院费用的实际报销比例都超过了75%。以上海市城乡居民医疗保险为例，其高比例的医保报销为居民提供了切实的保障（见表3-11）。

表 3-11　上海市城乡居民医疗保险报销一览

参保人员年龄		0~18 岁	19~59 岁	60~69 岁	70 岁及以上
个人缴费金额(元)		100	680	500	340
门诊急诊待遇	起付线(元/年)	300	500	300	300
	村卫生室报销比例(%)(不计入起付标准)	80	80	80	80
	一级医院报销比例(%)	70	70	70	70
	二级医院报销比例(%)	60	60	60	60
	三级医院报销比例(%)	50	50	50	50
住院待遇	医院级别　起付标准(元/次)	医保报销比例(%)			
	一级医院　50	80	80	80	80
	二级医院　100	75	75	75	75
	三级医院　300	60	60	60	60

　　城乡居民医疗保险个人缴费与财政补助相比，有比较大的差距，又以广东省为例，2015 年，城乡居民医疗保险人均筹资 526 元，其中人均个人缴费仅 135 元，占人均筹资的 25.7%；人均财政补助 391 元，占人均筹资的 74.3%。财政补助中包括中央财政补助、省级财政补助、市级及市级以下财政补助三项（见图 3-5）。

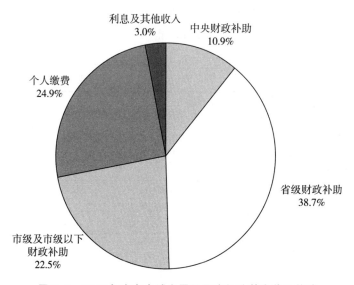

图 3-5　2015 年广东省城乡居民医疗保险基金收入构成

2010~2015 年，从城乡居民医疗保险基金收入年均增长率看，财政补助年均增长率大大高于个人缴费年均增长率，仍用广东省数据进行分析（见表3-12）。

表 3-12　广东省城乡居民医疗保险缴费基本情况

单位：亿元，%

基金构成	2010 年		2015 年		2015 年较 2011 年基金收入年均增长率
	缴费	比例	缴费	比例	
个人缴费	16.5	40.34	86.7	24.86	39.35
财政补助	23.0	56.23	252.3	72.33	61.45
其中：中央财政补助	1.1	4.78	38.0	15.06	103.09
省级财政补助	7.1	30.87	135.0	53.51	80.22
市级及市级以下财政补助	14.3	62.17	78.4	31.07	40.54
利息及其他收入	1.4	3.42	9.8	2.81	47.58
合　计	40.9	100.0	348.8	100.0	53.52

资料来源：根据《广东省社会保险白皮书 2015》相关资料整理计算。

从表 3-12 中可知，2010~2015 年财政补助年均增长率远远高于个人缴费年均增长率，在财政补助中，中央财政补助年均增长率高于省级财政补助年均增长率，省级财政补助年均增长率又高于市级及市级以下财政补助年均增长率。财政补助在发展城乡居民医疗保险中起着至关重要的作用，财政的主体责任角色十分明显。随着医保报销比例的增长，财政负担将可能越来越重。表 3-13 为各省（区、市）大病医疗保险报销比例情况。

表 3-13　各省（区、市）大病医疗保险报销比例

内容	报销比例	地区
规定具体比例标准	起付线 5 万元(含)报销 50%；超过 5 万元报销 60%	北京
	起付线以上至 5 万元(含)报销 55%；5 万~10 万元(含)报销 65%；10 万~20 万元(含)报销 75%；20 万~30 万元(含)报销 80%；30 万元以上报销 85%(有二次补偿)	山西
	起付线以上 0~1 万元(含 1 万元)报销 50%；1 万~5 万元(含 5 万元)每增加 1 万报销比例增加 1%；5 万~10 万元(含 10 万元)报销 65%；10 万元以上报销 80%	吉林
	无起付线，均报销 50%	上海
	1.2 万~3 万元(含)部分赔付 55%；3 万~10 万元(含)部分赔付 65%；10 万元以上部分赔付 75%	湖北

续表

内容	报销比例	地区
规定具体比例标准	起付线 10 万元(含)以内报销 40%;10 万~20 万元(含)报销 50%;20 万元以上报销 60%	重庆
	起付线 1 万元报销 70%;1 万~2 万元报销 80%;2 万~4 万元报销 85%;4 万元至封顶线报销 90%	西藏
	起付线以上 0~1 万元(含)报销 50%;1 万~2 万元(含)报销 55%;2 万~5 万元(含)报销 60%;5 万以上报销 65%	甘肃
未规定具体比例	按医疗费用高低分段制定支付比例,医疗费用越高支付比例越高,实际支付比例不低于 50%	河北、内蒙古、辽宁、黑龙江、江苏、浙江、安徽、福建、河南、山东、江西、湖南、广东、广西、海南、四川、贵州、云南、陕西、青海、宁夏、新疆、天津

资料来源：根据 31 个省（区、市）城乡居民大病医疗保险实施方案整理得出。

　　世界上任何国家都不存在万能的政府，也不存在万能的市场，要求政府在不完善的政府与不完善的市场之间进行利弊权衡。政府在社会保险领域的治道变革，要更加注重经济效率与社会效率，注重社会保障政策的公平性与社会保障政策的可操作性，政府在社会保障相关领域的角色要灵活转换。不论是城乡居民养老保险制度还是城乡居民医疗保险制度，政府都是重要的主角，参保者个人的逆向选择，与政府的意向并不在同一个频道上，如果在经济持续下行或是国家面临重大风险情况下，缺失财政补助，这两项制度都将难以为继。

第三节　中国财政补贴负荷之重与西方国家财政"分崩离析"论

　　1973 年和 1979 年爆发的两次世界石油危机，使西方福利国家普遍陷入了经济滞胀的困境，极大地动摇了支撑社会保障制度可持续发展的经济基础与社会基础，频繁的经济危机直接导致社会保障收入紧缩，社会保障制度的运行面临着入不敷出的财政预算危机与财政支付危机。以瑞典为例，社会保险费用主要由雇主和政府财政支付。这种"从摇篮到坟墓"式的保障体系在20世纪70年代两次石油危机以后，巨额的公共开支增长、财政赤字迅速扩大、劳动力成本上升最终导致瑞典陷入严重的滞胀困境中而不得不采取改革措施，通过紧缩社会保障支出、实施社会保障制度地方化改革和社会保障项目私营化改革来缓解财政压力[①]。

从20世纪90年代中期开始，欧洲国家普遍进入了人口老龄化社会，一时国家财政"分崩离析"论成为主基调，人们对欧洲社会福利经济社会发展的趋势普遍感到担忧。据美国人口普查局的预测，意大利65岁及以上的退休人员数量占主要工作年龄（25~64岁）人员数量的比例从2009年的36%上升至2040年的69%。如果今天每个纳税人供养一个退休人员，到2040年就将增加到两个。在其他国家，这一比例也会有急剧增长，西班牙达65%，德国和奥地利达64%[②]。《全球经济12大趋势》一书提出，一些国家在未来几十年将会面临更加严重的人口老龄化问题。年青一代将负担更多退休人口的养老金和福利，想缩小该缺口并不容易，退休年龄必须延迟，福利必须减少，税收必须增加，政府必须借更多债，更可能的是上述一些组合会同时发生。这些国家的社会将变得更加不稳定。下一代人为上一代人负担退休金，养老金制度的基础将会崩溃，退休者期望政府信守承诺，但年轻人在自身养老没有保障的情况下开始厌恶纳税[③]。

由于人口老龄化对西方福利国家的冲击，20世纪90年代之后，西方国家的福利体系从全面福利变为有选择性的福利，在政府主导性社会保障管理中引入市场竞争性的社会保障管理机制，允许社会组织参与社会保障的管理，以减轻财政负担。OECD数据显示：从2001年到2015年的15年间，加拿大、智利、丹麦和芬兰等国的养老基金占GDP的比重均呈持续上升状态，加拿大比重由50.989%上升到83.439%，智利比重由51.271%上升到69.645%，丹

---

① 吕学静编著《现代各国社会保障制度》，中国劳动社会保障出版社，2006。
② 〔美〕丹尼尔·阿尔特曼：《全球经济12大趋势》，陈杰、王玮玮译，中信出版社，2012。
③ 〔美〕丹尼尔·阿尔特曼：《全球经济12大趋势》，陈杰、王玮玮译，中信出版社，2012。

麦比重由 26.475% 上升到 44.858%，芬兰比重由 47.910% 上升到 49.411%[1]。

与日本类似，美国的社保系统也被称为美国政治的"高压轨道"，出于公共选择的政治动机，"任何人亵渎它必然会导致政治死亡"，美国前总统克林顿曾认为美国社保系统在 2034 年之后将面临全线崩溃；皮斯卡曾在 2004 年预测美国养老金隐性债务相当于美国 GDP 的 464%。2014 年 10 月，民主党与共和党因医疗救助法案意见不一致，美国财政年度预算首日起中央联邦政府工作停摆十几天。"如果不进行改革，美国的社会保险制度 15 年后将入不敷出，出现赤字，到 2037 年，美国政府将无力支付养老金。"[2] 面对严峻的形势，美国前总统布什改革计划的核心内容是允许社会保险制度的受益者利用设立的社会保险税部分投资于金融市场，以获得较高的投资回报率，弥补社会保险基金未来开支的不足。帕拉柯斯（Palacios）以现行人口发展态势和现行老年保障制度不改变为前提，做了 1990~2050 年分地区的公共养老金支出预测，提出到 2050 年整个 OECD 成员国公共养老支出将占 GDP 的 16% 以上，而中国这一比例将达 13%~14%[3]。

美国财政部 2016 年财政年度财务报告显示：截至 2016 年 9 月 30 日最终休止日，美国政府持有的资产约为 3.5 万亿美元，负债 22.8 万亿美元，后者是前者的 6.51 倍。美国债务占 GDP 的比重被持续推高，2015 年为 73.8%，2016 年升至 77%，接近 1950 年的水平，处于二战后的高位水平，同时面向公众的那部分债务与 GDP 之比升至 77%。由于医疗和社保持续增长，2016 财政年度美国政府净运营成本比 2015 财政年度增加了 5332 亿美元，突破 1 万亿美元大关，其中医疗卫生部门、社会保障部门和退伍军人事务部三个部门在 2016 年财政年度的净运营成本占了 61%[4]（见图 3-6）。按照中国计算口径，美国的社会保障事务负担其实十分沉重。

日本学习院大学的铃木亘教授运用 OSU 的数理计算模式得出的结论是厚

---

① 资料来源：OECD, Funded Pension Indicators, http//stats. oecd. org/。
② 胡晓明：《美国社会保障制度面临改革》，新华网，2001 年 9 月 6 日。
③ 〔美〕科林·吉列恩、约翰·特纳、克列夫·贝恩、丹尼斯·拉图利普编《全球养老保障——改革与发展》，杨燕绥等译，中国劳动和社会保障出版社，2002。
④ 资料来源：美国财政部官网，2016 年。

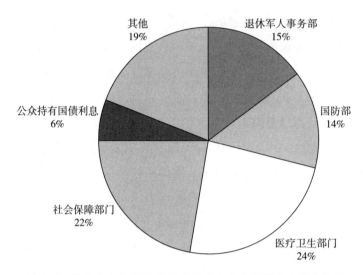

图 3-6　美国政府各部门 2016 年财政年度净运营成本所占比例

生年金的积金到 2033 年，国民年金积金到 2037 年就将枯竭殆尽[1]。目前，中国的财政补贴制度受到人口老龄化的巨大挑战，在人口老龄化程度日益加深、劳动人口抚养率迅速提高的现实背景以及 2020 年建立社会保障全覆盖制度的背景下，财政对于社会保障基金的补贴与兜底压力会增大。人口老龄化严重不是社会保险基金短缺的唯一因素，经济因素亦不可忽视。2019 年 3 月 5 日，国务院总理李克强在做政府工作报告时说，2018 年国内经济下行压力加大，消费增速减慢，有效投资增长乏力。受阶段性经济持续下行、产能过剩、经济转型等因素的影响，中国社会保障制度实现全覆盖的任务非常艰巨。党的十七大报告提出了"加快建立覆盖城乡居民的社会保障体系"，人人享有社会保障成为党和政府对人民庄严的政治承诺。人民诉求更为强烈，财政兜底或财政补贴负担更重，社会保障基金的偿付能力可能遭遇更大的挑战。

全国社会保障基金理事会原副理事长王忠民以新农保为例提出，新农保面临着昨天的欠缴、今天的结存和补贴及明天养老需求之间的重组。现在每年财政补贴养老 2000 亿元，而年累计额结余是 2 万亿元。目前 1 万亿元的社保基金还太少，没有 10 万亿元不足以满足未来年补贴额的需求[2]。财政补贴

---

① 河野太郎：《20 年后养老积金就会枯竭殆尽》，《南方周末》2011 年 11 月 26 日。
② 《"社保基金需扩至十万亿解决养老问题"》，《新京报》2013 年 3 月 1 日。

是支撑城镇职工和城市居民养老保险与医疗保险可持续发展的重要资源，在未来的发展周期内，这种支持的作用会越来越明显，养老与医疗保险制度本身的基金偿付风险也会越来越显性化，做好社会保障基金风险的预防工作刻不容缓。

第四节　社会保障风险控制与偿付能力管理

公共政策风险包括政策的环境风险、政策的制度风险、政策的选择性风险、政策的执行风险和政策的伦理风险等。社会保障政策是公共政策最重要的组成部分，社会保障政策是指当今世界政府在一定的社会价值观和价值理念的指导下，为了达成某些既定的社会目标而制定的针对社会保障各方面的一系列方略、法令、办法、条例的总和，旨在对政策覆盖人群的各类生存风险进行干预，并提供一定程度的安全保障。威廉姆森和帕姆佩尔认为：社会保障政策的制定起决定性作用的因素是多样化的，包括民主水平、发展水平、国家结构、道德规范同质性以及文化渊源等因素，其中某些非阶级性因素的影响远远超过了阶级性因素[①]。目前我国社会保障工作归属于多个部门，包括人社部、民政部、应急管理部、财政部、退役军人事务部、国家医疗保障局、中华全国总工会等，公共政策的协同性要求各个部门在社会保障政策的制定中共同携手，预防政策风险。

一　社会保障政策风险评估

制定社会保障政策是当今世界任何一个国家的必然行为，社会保障政策可以起到稳定社会的作用，但社会保障政策措施的执行过程也不可避免地伴有政策执行风险，尤其是偿付能力的管理风险。

（一）社会保障政策的环境风险

社会保障政策涉及大量的民生问题与社会问题，要求在更为广泛的政治、

---

① 〔美〕约翰·B. 威廉姆森、费雷德·C. 帕姆佩尔著：《养老保险比较分析》，马胜杰、刘艳红、赵陵译，法律出版社，2002。

社会与经济环境下落实，执行部门与其所处的政策环境不断地相互作用，出现问题时以政治的方式去解决，并做出新的政治反应。在整个社会保障政策的实施过程中，环境并非确定的而是充满变数的，政策环境一旦发生变化，政策的实施过程就难免会受到影响，政策执行的重心在执行周期内就可能发生位移。2009 年初，广东、浙江、山西、上海、重庆 5 个省市被确定为首批事业单位养老保险制度改革试点地区，由于引发强烈的社会情绪及高校大面积人群申请退休，"试水性"改革反而最后推动了行政与事业单位全部进行养老保险改革。

外部环境的变迁对社会保障的影响越来越大，国有企业改革、金融危机、自然灾害、生态环境、社会矛盾、人口流动等都会对社会保障政策的实施造成影响，突发地震、突发公共卫生事件、突发生产事故灾难及突发其他各种社会事件，都会直接或间接地对社会保障造成显性或隐性的影响。建立各类社会保障预案，应对突发事件对社会保障产生的重大影响，正在各级各类重大决策中发挥效用。拓展社会保障的政策视野，包括政策的长远规划和宏观视野，注重政策矩阵的相关研究，建立一定的政策弹性空间，应对各类突发事件与环境变迁，成为现代条件下各国政府的必然选择。

（二）社会保障政策的制度风险

公共政策的评价标准主要是公平公正与可操作性，对于社会保障政策而言，除了公平公正与可操作性之外，其效率应该被提高到更高的社会层面，西方社会福利国家改革转型的一个关键点是在 20 世纪 70 年代石油危机后从全面福利转向有选择性的社会福利。社会保障政策的制度风险主要表现为政策制定和执行的过程中存在的政策公平性不足或是可操作性不足的潜在可能性风险。

制度的碎片化是公众对当今社会保障制度评论最多的一个话题，社会保障政策的顶层设计成为非常时兴的一句官方话语，政策设计可能带来一些制度隐患与利益摩擦，做好顶层设计困扰因素众多，需要决策者拥有极高的智慧与社会理性。中国国家主席习近平在 2014 年 2 月接受俄罗斯电视台《星期六新闻》节目主持人谢尔盖·布里廖夫专访时表示，中国改革"已进入深水区，可以说，容易的、皆大欢喜的改革已经完成了，好吃的肉都吃掉了，剩下的都是难啃的硬骨头……改革再难也要向前推进"，要把改革推向前进，必须加强顶层设计。

顶层设计需要以系统工程为基础，站在宏观的角度高瞻远瞩地做出政策安排，其基本思想是把研究和处理的社会保障对象看作一个整体系统，主要任务就是以社会保障体系为对象，从整体、全局出发来研究系统整体和组成系统整体各要素的相互关系，从本质上说明社会保障体系的结构、功能、行为和动态，以把握系统整体权能配置状态，实现最优的目标，需要关注的是：①各子系统政策是否互相之间存在潜在的政策冲突；②政策的权能配置是否合理，是否产生功能效应；③政策产生的程序是否合法。韦伯将社会保障政策体系看作"混合福利经济"，要实施社会保障改革，如节约行政开支、阶段性延迟退休年龄、打破养老待遇双轨制等，就需要打破"混合福利经济"中各种利益之间的平衡，对要出台的政策实施审查制度与率先的试点试错制度。

社会保障政策制定过程首先来自是否属于社会问题的判断，社会保障涉及多方面的社会问题，当这些社会问题上升为政治议题的时候，就要考虑针对这些议题出台社会保障政策。在中国的改革浪潮中，也有过不少的补缺性社会保障政策，如针对 20 世纪国有企业买断工龄的改革，由于这些职工失去了养老、医疗等保险支持，随后地方政府不得不对他们社会保险缺失的问题进行政策补救，并用财政资金对其欠缴的社会保险费进行补偿。

社会保障政策的制定与政策执行及政策评估是三个相互衔接的系统，由不同的主体来实施，应加强政策的一致性试验，以保证政策实施的公平性与可操作性，社会保障政策执行过程中，针对不同层次的风险深度和风险烈度，地方政府事实上要承担更多相应的社会保障综合风险的社会治理责任，否则容易导致公共政策制定中的集团主义或本位主义，加剧各方利益纷争，也容易导致政策执行上的现实冲突和执行障碍，最终导致政策风险的发生。

在人口老龄化等复杂背景下，巴克莱集团曾经发布的一份报告称，中国政府的总负债占国内生产总值的 62%~97%，其中蕴含了巨大的财政风险，长期来看最大的财政风险是养老金缺口。人口老龄化将进一步扩大养老金缺口，而目前的养老保险制度正在严重损害财政的可持续性[①]。机关事业单位职工养

[①] 《报告称中国总负债或达 50 万亿　最大风险是养老金缺口》，中财网，2013 年 2 月 20 日。

老保险较城镇职工养老保险与城乡居民养老保险待遇之间的差距有两三倍或是20多倍，也正在造成社会利益分裂，政策间的调整有待加强，以逐步消除因政策设计而产生的社会裂痕。

在设计社会保障政策议程时，一是要清楚界定政策问题涉及哪些利益相关者；二是要明确政策设定的边界所涉及的问题发生的地点、时间，问题缘由的影响和相关变量，由谁分担负责；三是政策问题发生的极值与发生区间如何。近几年来，社会保障覆盖面越来越广，对社会稳定的贡献率也越来越大，但我们也要看到，当前各种各样的群体性事件或突发事件在一定程度上削弱或对冲了社会保障对社会的稳定功能。社会保障政策的议程设定更为复杂，风险社会中整个政策关系和过程可能发生变异，如在城乡居民养老保险中，参保者对待遇的期望值会越来越高，在城乡居民医疗保险中，参保者对报销比例的要求也会越来越高，社会保障的刚性与利益固化作用会进一步发酵。社会保障的"三低原则"（低起点、低标准、低增长）一旦被冲破，会造成利益相关者裹挟政府政策的局面，政策选择和制度安排需要慎重考量，否则直接影响政府偿付社会保障基金的可持续性。

当今社会保障制度改革在取得成效的同时，还存在制度不完善，如一些社会保险项目覆盖面较窄、统筹层次偏低、整体待遇水平不高、待遇倒挂、公共服务能力不足甚至逆向分配等，群众的社会保障需求增长与社会保障发展不足的矛盾仍将长期存在。站在新的历史起点，社会保障体系建设面临诸多新要求和新挑战。在刚性原则的推动下，社会保障全覆盖体系的持续发展，必须辅以建立社会保障风险管理矩阵，运用公共危机管理理论与方法，对社会保障风险进行积极的风险防范、管理与控制，制定不同阶段的应对策略及应急策略，加强政策制定与执行的多方监督与评估，防止政策执行过程趋向人格化。

（三）社会保障政策的选择性风险

出台的社会政策最终要在实践过程中具体实施，英国社会政策专家迈克尔·希尔（Michael Hill）称，"很多政策的概括性、条理性都很强，因此其实际影响取决于人们在政策执行阶段对它们的理解与实施效果"。政策选择性风险是指决策者对政策议程、类型、理念等把握不当或有误，导致政策执行拖延或执行不力甚至失败等。

首先，有可能不是一个政策问题或这个问题不太可能被解决却被列入了政策设计，不切实际，在实践中可能无法实施，如2009年初，广东、山西、浙江、上海、重庆五个省市进行的事业单位养老保险的"试水性"改革，最后无疾而终，最大的问题是养老保险政策的制定者没有将行政单位列入养老保险改革的行列，为此，政策议程的选择必须充分考虑政策的可操作性与公平性，否则政策难以落地。

其次，政府面临的政策环境是十分复杂的，社会保障问题尤其如此，大多数社会保障政策是一个由各种不同矩阵组成的复杂政策组合，并包含多种政策工具和实施办法在内，难免产生各政策之间的冲突。如现收现付式与部分积累式的政策选择、城乡居民养老保险的自愿性选择或是财政诱致性选择、采取补缺性养老保险制度还是制度性养老保险制度、实施剩余性福利制度还是制度性福利制度等。转移性支付政策有时也可能没有减小贫富差距反而导致逆向式转移支付，如福利性分房制度、最低生活保障制度与住房限购政策导致离婚率的增加。这些直接和间接的政策效果，值得我们反思政策选择的问题。

最后，社会保障政策的指导思想是以人民为中心，党的十九大已经明确这一政策理念，政策的标准包括政治标准、经济标准与技术标准，要权衡好社会保障政策的政治价值、经济价值和技术价值，如城乡居民养老保险制度，从权利与义务相对称的角度，缴费所得与待遇的发放是不对称的，国家财政与地方财政进行了巨额的补贴，但从政治价值看，让公民享受改革开放成果，这是一种政治选择。对于农民而言，农民所缴纳的公粮，现应通过养老津贴的方式给农民以养老补偿。当然，社会保障政策也要讲求经济成本与偿付能力的平衡，三者孰轻孰重是由政策环境与当时的政策理念决定的，如若选择失误，会导致政策自身的内部风险和更大的政策牵延性风险。

二　风险控制目标是要保障社保基金偿付能力的可持续发展

《中国社会保险发展年度报告2015》显示，参保人员的缴费情况不容乐

观，2006~2015 年，企业部门缴费人数占参保职工人数的比例不断下降，从
89.98%下降至 80.3%，每 5 个参保职工中约有 1 人没有缴费①。从近些年情
况看，年度养老保险基金收入小于养老保险基金支出，2017 年，我国职工基
本养老保险总支出 38052 亿元，比 2016 年增长了 19.5%，与 2013 年养老保险
基金总支出 18470 亿元相比，增长了 106%，养老保险基金总支出翻倍。养老
保险制度对财政补助资金依赖度不断上升，同时对滚动积累养老保险基金的
消耗也在增加，2013 年累计结余支出可支付月数超过 18 个月，2017 年全国
养老保险基金可支付月数不足 14 个月②，在城镇职工养老保险中，2017 年各
级财政补贴 8004 亿元，较 2013 年增长 165.12%，占 2017 年养老保险基金收
入的 18.48%③。

非足额缴费在全国是一个普遍性的问题，易直接造成缴费基金不足的经
济风险，以广州市为例，2018 年养老保险缴费基数下限为 3469 元；2018 年
医疗保险、生育保险缴费基数下限为 2017 年该市在岗职工月平均工资 8218
元的 60%，即 4931 元；2018 年工伤保险、失业保险缴费基数下限为广州市企
业职工月最低工资标准，即 2100 元。在珠三角地区，许多企业以最低标准缴
费，有的企业甚至仅投保 2~3 个险种，并没有五险同缴，直接减少了社会保
险基金的收入，这些企业中甚至有省市共建劳动和谐试验区深圳坪山区的部
分中小企业。

政策制定风险、政策执行风险、政策评估风险等可能降低社会保障的效
率，直接影响社会保障基金的偿付能力，影响社会保障的可持续发展。站在
经济学的视角，社会保障基金偿付能力是核心指标，站在宏观层面，我们有
时要反思一些政策设计与政策理念问题对社会保障基金偿付能力所产生的影
响，在 2045 年前后的人口老龄化高原期，政策覆盖面的扩大与人口预期寿命
的持续增长、慢性病患者剧增与疾病谱系的快速变化及人口红利期的过早结
束，会对中国的养老、医疗带来一定的社会风险与财政风险，现全国建立了
城镇职工养老保险制度、城市居民养老保险制度与医疗保险制度，较多城市

---

① 参见《中国社会保险发展年度报告 2015》。

② 班娟娟：《养老保险支出四年激增一倍多　财政补助依赖度攀升》，《经济参考报》2018 年 5
月 23 日。

③ 根据人社部发布的历年《人力资源和社会保障事业发展统计公报》计算。

实现了制度并轨，外来务工人员更多地被纳入城镇职工养老保险制度，广覆盖是一项政治任务，现时的人口老龄化还不算太严重，可以增加一些缴费收入。未来人口老龄化向深度发展之时，很多债务人变为债权人，政府将要偿付更多的养老金。公共危机管理是社会保障常规性管理体制的重要内容，多年来中国社会保障管理的积弊是责任不明晰，表现在中央政府与地方政府之间、部门与部门之间、政府与企业之间缺乏风险成本分担的法律框架，各级政府的财权、事权与物权不统一，一些社会保障公共服务项目是中央政府请客，地方政府买单，一定程度上造成地方政府财政赤字。除此之外，还存在如下问题：过于追求形式而不注重内容，过于追求社会保障覆盖面的扩张而不注重内在的社会保障质量，过于追求新增劳动力"五险一金"的缴纳而不注重重复保险的发生与新入职员工的主观感受，过于追求出台各类社会保障政策而疏于注重社会保障政策的可执行率与操作性。在发生社会保障公共风险的情况下，"风险大锅饭"现象很容易出现，如何分担中央与地方政府各自的风险成本，如失业成本的分摊、养老保险隐性债务的弥补、特大自然灾害成本的分摊、制度性腐败成本与骗保成本的分摊、政府的失败成本与沉没成本的分摊等，各级政府谁也不知道在社会保障全覆盖持续的状态下，自己应该承担多大的社会保障全覆盖的风险，这些问题都将影响政府对于社会保障基金的偿付能力。随着人口老龄化程度的加深，不久的将来，现时广覆盖的相对轻度老龄化的人口结构会过渡到未来更深度的老龄化结构，引起更巨额的退休金支付，刺激退休政策的改革。城乡居民养老保险和城乡居民医疗保险已出现了覆盖面越大、财政补贴越多的问题，加大了地方财政补亏压力。城镇职工养老保险中个人账户"空账"率也越来越大，如曾任全国社会保障基金理事会理事长的楼继伟所言：现有社保体系不可持续，每年都要靠财政补贴，2017年各级财政对各类社会保险财政收支补贴达到12000亿元①。

　　各级财政收支的补贴能力的大小，成为社会保障基金偿付能力大小的关键，国有企业划转股份能力的大小，也成为"中人"补偿机制能力大小的关键，这显然要对各级财政与国有企业的偿付或承受能力做出评估。政府财政

---

① 《楼继伟：现有社保体系不可持续　每年都要靠财政补贴》，新浪财经，2018年11月18日。

不承担无限责任，"政府在社会保障某些领域的职能要充分考虑民众的诉求，在社会保障领域准确定位政府与市场的均衡机制，尤其是社会保障制度自身基金相对均衡机制与保障政府财政供给能力均衡机制的协调，从而明确政府在不同时期与不同条件下的责任"①。未来要实现养老保险全国统筹，以养老保险调剂基金来解决不发达省份养老保险基金短缺的补偿问题，有一定作用但不可能彻底解决地区间不均衡的问题。需要调剂基金、财政补贴基金、国企利润或股份等共同发挥作用，上述任何一项能力太弱或"单兵作战"都不足以满足中国庞大的养老保险与医疗保险事业对基金的发展需求，需要多种偿付能力的共同支撑。社会保障基金偿付能力的支撑体系涵盖以下内容。

（1）社会保障制度自身的缴费体系，财政部门曾希望建立社会保障制度的自主平衡机制。

（2）中央与地方政府对养老、医疗等社保项目的财政补贴或财政兜底机制。

（3）全国社会保障基金理事会创建的全国社会保障基金总规模及未来的承受能力。

（4）建立在养老保险全国统筹基础上的调剂基金的增量及增长率。

（5）全国现存的社会保障各项目的滚存积累基金存量、未来增量及发放月数的变化。

（6）国有企业划转养老保险制度的股份及可以划拨的实际比例。

（7）各级财政各年度可用于社会救助、救灾等的预算基金与应急基金潜力。

（8）其他社会捐助基金等。

社会保障基金来自多个渠道，政府、企业、个人、社会组织等都有义务为社会保障基金的筹集与规模的扩大出力。国家在社会保障基金可持续发展中负有不可推卸的责任，社会保障模式不同于国家保障模式，国家在社会经济发展过程中负有社会保障的责任，国家责任不明确，社会保障基金制度就无从建立，更无法实现社会保障基金制度的可持续发展。国家责任要明晰，

---

① 林毓铭：《政府社会保障职能与角色转换机制研究》，《政治学研究》2006 年第 2 期。

但不是担当无限责任，国家是社会保障的最后出资人，但需要以社会保障制度的安全设计与承载能力以及责任政府的可持续性为首要前提，并需要国家之外的社会组织、市场与个人来共同承担社会保障基金偿付的责任。超出国家经济所能承受的范围，不切实际地认为国家要为社会保障基金支出全额买单，最终会导致社会保障基金制度的崩溃。受生育率大幅下降、社保费发放不断膨胀的困扰，日本政府打算进一步进行养老金发放改革，即推迟领取养老金的年龄：若是在 65 岁以后领取养老金，每推迟一个月，增加养老金 0.7%，若是在 70 岁以后领取养老金，会比原本增加 42%，若是在 75 岁以后领取养老金，会比 65 岁增加 84%，比 65 岁领取时增领 2 倍的养老金[1]。我国在未来延迟退休年龄制度设计中的奖惩机制也需要建立起来，以鼓励延长工作年限。

社会保障基金偿付风险的控制涉及多个因素，养老和医疗保险是风险控制的重点，针对养老保险问题的政策设计过多出于政治考量，如将城乡居民养老保险与医疗保险的进口和出口都当成财政的福利津贴来办理，增量逐年增大或过若干年后增大（城乡居民养老保险的基础养老金从每人每月 55 元、70 元增加到 88 元），随着参保人群的增加，中央与地方财政的补贴乘数将会越来越大。2018 年全国城乡居民医疗保险财政补贴在 2017 年的基础上人均提高 40 元（新增财政补助中的一半，即人均 20 元用于大病保险），达到每人每年不低于 490 元，人均缴费标准在 2018 年也同步新增 40 元，达到每人每年 220 元。在医保缴费收入中个人缴费与财政补贴之比为 2.23：1。随着医疗费用的快速增长，财政补贴与个人缴费还可能同时增加。

楼继伟曾直言：财政持续补贴养老金，这样不可持续[2]。由于政策使然，城乡居民养老保险、城乡居民医疗保险、城镇职工养老保险在 2017 年的财政补贴相加超过了 12000 亿元人民币。在老龄化加剧的情况之下，无论是社会

---

[1] 《日拟修订高龄政策，鼓励国民到 75 岁再领养老金》，新加坡《联合早报》2019 年 1 月 30 日。

[2] 周潇枭：《楼继伟：财政不能是过家家　养老保险改革费劲费大了》，《21 世纪报道》2017 年 4 月 22 日。

养老保险还是社会医疗保险的压力都非常大①。

社会保障基金偿付能力的可持续发展与多层面的因素有关。

（1）政策层面：前文已述及偿付风险的控制在于执政者政策的设计、政策的理念、责任政府的可持续性，以及各级财政在不同时期和不同条件下的补贴能力，除此之外，还包括在养老保险全国统筹的情况下，政府进行的调剂基金的正常上缴、滚存积累基金的平均发放月数与各级财政持续的滚动补贴能力等各方面的政策设计。

（2）经济层面：国有企业对社会保障基金划拨股份的持续能力、征缴体制改革中税务部门依法征缴社会保险费后的基金增长情况、经济运行情况与企业缴费能力的升降程度、养老待遇中发放的养老金应对通货膨胀的能力与对参保人生存的保障能力、全国社会保障基金理事会的基金增量与增值能力。

（3）社会层面：城乡居民选择养老保险缴费档次有实质性的升级换档及对社会保险的认知能力的提升、参保者对养老待遇期望的刚性上扬对政府构成的固化增长压力、社会保障基金的保值增值能力的提升、对骗取医保基金的预防与控制能力、对社会保障成本管理的风险控制能力等。

就养老保险基金投资而言，投资风险大，成为风控的重要风险点，中国A股上证综指2018年累计跌幅达到24.59%，深成指全年跌超34%。中登公司统计数据显示，2018年A股期末投资者数量为1.45亿人，以市值计算减少14.39万亿元。主要有三大因素对股指构成拖累：一是中美贸易摩擦，基本面堪忧；二是美股"慢牛"节奏被打破，对A股产生负面溢出效应；三是在资金面相对稳定的条件下，情绪面波动较大，风险偏好大幅下滑②。2019年在国际风险变幻更为复杂的情况下，中国股市仍旧表现欠佳，养老保险基金要在股票市场保值增值难度加大。

---

① 《楼继伟：财政一年补贴上万亿 现有社保体系不可持续》，第一财经，2018年11月19日。
② 张玮：《"长恨歌"不再 资管业有望否极泰来》，网易财经，2019年1月21日。

第四章　社保部门偿付能力与解读

社会保险权利与义务的统一要求企业单位与个人缴费,建立养老保险与医疗保险的社会统筹账户与个人账户。社保部门偿付能力是指社保部门按月支付退休者的养老保险费用或是兑现参保者的医疗保险费用和失业保险费用及对企业缴费与个人不缴费的工伤保险和生育保险支付相应费用的能力。在社保基金入不敷出时,财政履行一定的兜底责任或是财政补助责任。在非正常极端情况下,社保部门和政府财政的偿付能力要接受重要考验。

第一节　社保部门偿付能力的分类

社会保险分为五大险种,"十三五"期间,将生育保险并入医疗保险,在社会保险项目中,由于各个险种独立运行,经办机构独立管理,养老保险基本实现了省级统筹并向全国统筹过渡,其他险种还在市县级统筹的范围之内并向省级统筹过渡,有些地区在尝试医疗保险的省级统筹,五大险种各自的偿付能力如何,需要进行独立评价。城乡居民最低生活保障制度、社会救济制度、优抚制度等,涉及财政部门、民政部门和退役军人事务部门的偿付能力。

从理论上对社保基金偿付能力风险进行研究,提出相关风险偿付能力指标体系并结合社保基金收入与支出的时间序列建立 ARMA 模型（Auto-Regressive and Moving Average Model）对社保基金的偿付能力风险进行预测与监控具有重要的现实意义。由于偿付能力是一个长期的过程,加之目前偿付能力还没有出现重大问题,我国在理论上和实践上对社会保障基金偿付风险管理的重视度较低。因此,我国应该在理论上设立相关的指标体系,并建立

社会保障基金偿付能力管理研究

社会保障基金偿付能力管理的应对机制。社保基金偿付能力风险的长期高位运行将最终减少参保人的社会福利回报[1]。在中国人口老龄化还不是十分严重的情况下，不及时对社会保障基金偿付能力进行严格管理，将导致财政作为兜底体系的负债危机，由于历史上已经形成了社会保障基金巨大的隐性债务，随着隐性债务的显性化速度越来越快，在职人口的未来负担将越来越重，政府及时推出的减持国有股变现部分国有资产支持社会保险制度与养老保险全国统筹的政策具有重要意义。

自 2013 年起，我国社会保险基金就出现了支出增长比例大于收入增长比例的趋势，如果某年度社会保障基金的总负债超过了可供支配的总资产，那么社会保障基金偿付能力风险就发生了。借鉴保险公司偿付能力的一些指标设计：

$$保险公司偿付能力充足率 = 保险公司的实际资本 / 最低资本 \times 100\%$$

上式中，根据监管机构的要求，保险公司的最低资本是保险公司为吸收资产风险、承受风险等有关风险对偿付能力的不利影响而应当具有的资本数额；保险公司的实际资本指认可资产与认可负债之间的差额；中国保监会可将偿付能力充足率小于 100% 的保险公司列为重点监管对象并采取监管措施。

依据社会保险基金运行情况，积极应对人口老龄化，将来可能面临着偿付风险过高的巨大压力，偿付能力指标可以确定为：

$$当年社会保险基金偿付能力保障率 = 当年社会保险基金收入总额 / 当年社会保险基金支出总额 \times 100\%$$

$$当年社会保险基金结余率 = 当年社会保险基金结余额 / 当年社会保险基金收入总额 \times 100\%$$

$$历年社会保险基金累计结余率 = 社会保险基金年结余额 / 社会保险基金年筹集额 \times 100\%$$

$$社会保险基金偿付保障倍数 = 社会保险基金收入总额 / 社会保险基金支出总额 \times 100\%$$

养老保险的偿付能力是一个十分复杂的问题，人口老龄化社会负担系数越重，偿付债务越大。我国目前养老保险分为城镇职工养老保险、城乡居民养老保险、行政事业单位养老保险三种类型。城镇职工养老保险实行社会统筹与个人账户相结合，个人账户"空账"现象严重，2015 年已达 4 万多亿元，隐性债

---

[1] T. Jappelli, "Does Social Security Reduce the Accumulation of Private Wealth? Evidence from Italian Survey Data," *Ricerche Economiche* 1 (1995).

— 082 —

务越来越显性化，政府要面对的债务除了依据养老年金计发公式兑现所承诺的待遇之外，还要负担每年享受改革开放成果的待遇支出费用，我国已连续 17 年增加养老保险费，前 11 年每年平均增长 10%。由于养老保险目前实施的还是省级统筹体制，有的地区养老保险已入不敷出，依靠中央与地方财政进行养老保险补贴；有的地区养老保险滚存积累基金支付月数已接近 9 个月的风险控制线；而发达地区如广东、浙江、山东、江苏等地有大量的养老保险滚存积累基金。各地区债务负担率不一致，养老保险全国统筹通过调剂金制度试图部分缓解中西部各省畸轻畸重的债务负担问题。Jappelli 认为，社保基金偿付能力风险的长期高位运行将最终减少参保人的社会福利回报[①]。

医疗保险的偿付能力不像养老保险那么直接，参保者的门诊率、住院率、大病概率等决定了债务的高低。取消药品价格加成、实行药品价格可追溯机制及提高医疗服务价格、实行药事服务管理加价机制、实行医药分家等政府实施的这些新的"三医联动改革"对医疗保险的偿付能力都可能产生影响。医疗保险的结算涉及医保部门、患者与保险公司，异地结算涉及不同地域医疗部门。医疗保险的偿付能力也包括参保者对自身医疗费用自付部分的偿付能力，一些非处方用药或是超越了报销范围内的用药，需要患者自己付费，这又涉及一系列关于"看病贵、看病难"的考量指标，如周末就诊患者比例、自我治疗患者比例、未采取任何治疗患者比例、应住院而未住院的患者比例、住院病人自己要求出院的患者比例等考核指标。人口老龄化社会的到来，人口预期寿命越来越长，各种慢性病患者、特殊病患者越来越多，疾病谱系越来越复杂，对未来不管是医保部门还是个人的偿付能力的要求都越来越高。

工伤保险的偿付能力针对在工作或劳动过程中遭遇工伤事故或是职业病的参保人群的医疗、补偿及职业康复等。工伤保险属于个人非缴费项目，主要由企业负责缴费。工伤纠纷因工伤而起，如今不服从工伤鉴定等级的个案越来越多，在劳资关系中已属于矛盾较为集中、处理难度较大、诉讼时间较长的劳资纠纷，往往诉诸法院解决问题。《工伤保险条例》作为典型的以生存权保障为理念并付诸工业生产过程的社会保障法规之一，体现了对受害人生存权与健康权的保障，

---

① T. Jappelli, " Does Social Security Reduce the Accumulation of Private Wealth? Evidence from Italian Survey Date," *Ricerche Economics* 1 （1995）.

可以保证个体不因劳动能力的丧失而被社会所遗弃。工伤保险有严格的偿付标准。如深圳市工伤偿付标准中，因工致残，按表4-1所示进行伤残补助和发放伤残津贴。

表 4-1　一次性伤残补助金、伤残津贴（按月支付）

伤残等级	一次性伤残补助金	伤残津贴
一级	本人工资×24	本人工资×90%
二级	本人工资×22	本人工资×85%
三级	本人工资×20	本人工资×80%
四级	本人工资×18	本人工资×75%
五级	本人工资×16	—
六级	本人工资×14	—
七级	本人工资×12	—
八级	本人工资×10	—
九级	本人工资×8	—
十级	本人工资×6	—

以上等级均可报销医疗费，住院期间由所在单位按本单位因公出差伙食补助标准的70%发给住院伙食补助费

注：本人工资指工伤职工伤残前12个月的月平均缴费工资；五级至十级伤残没有伤残津贴。

工伤保险对于因工负伤未致残、因工死亡均有明确的偿付标准，包括医疗费、伙食费、护理费、丧葬费、供养亲属抚恤金等。工伤认定产生纠纷的主要原因包括：一是矛盾双方认识上的分歧和利益上的冲突或是在法律条文上难以界定；二是用人单位认为受伤者违章作业；三是工伤认定已不在时效性期间内；四是用人单位因没有按时足额为劳动者缴纳社会保险费，导致劳动者无法享受工伤待遇。失业保险要求单位与个人共同缴费，是对登记失业人员按照政策规定给予失业救助的制度。失业保险金标准根据登记失业人员的累计缴费年限和年龄确定（见表4-2），其基本规定是不高于本地当年最低工资标准，也不低于本地当年城镇居民最低生活保障标准，即本地当年城镇居民最低生活保障标准<本地当年失业保险金标准<本地当年最低工资标准。

表 4-2　累计缴费年限与领取失业保险期限对照

用人单位和本人累计缴费年限（年）	领取失业保险金的期限（月）
$1 \leqslant X < 5$	12
$5 \leqslant X < 10$	18
$X \geqslant 10$	24

以上海市 2016 年失业保险赔偿标准为例，上海市失业保险金标准根据失业人员的累计缴费年限和年龄确定，划分为三档。调整后第 1 年失业保险金三档标准每档增加 190 元，第一档由 1065 元/月提高到 1255 元/月，第二档由 1120 元/月提高到 1310 元/月，第三档由 1170 元/月提高到 1360 元/月；第 2 年的失业保险金标准为第 1 年的失业保险金标准的 80%，并按照高于本市城镇居民最低生活保障标准 10 元左右确定托底标准[①]。

从目前五大险种的偿付能力看，失业保险的偿付能力最充足，因为各地财政部门均设立了就业专项基金，加上"全民创业、万众创新"的浓烈氛围及人为地对登记失业率的控制，失业保险基金滚存积累率相对偏高。

生育保险属于市级统筹项目，生育补贴大部分地方是以当事人的缴费基数为基准计算，也有部分城市会根据上一年度的平均社保基数来调整。生育保险的偿付能力基于生育津贴、生育医疗费、一次性分娩生育营养补助费、一次性补贴进行计算。

第二节　影响社保部门偿付能力的因素

保险公司偿付能力充足率是保险公司的实际资本除以最低资本，而社会保障部门社保基金偿付能力的充足率取决于多重因素：一是缴费的稳定状况和经办管理水平；二是政府财政的补偿能力；三是社会保障覆盖面的高低；四是人口老龄化的发展现状和人均预期寿命的高低。

一　缴费的稳定状况与经办管理水平

社保第三方机构"51 社保"发布的《中国企业社保白皮书 2015》显示：

---

① 参见《上海市失业保险条例实施细则 2016》。

"有近 62% 的企业未按照实际核定缴费基数缴纳社保。其中统一按照最低缴费基数缴纳社保的仅占到 24.01%，按内部分档缴费基数缴纳，占到 17.96%，按固定工资部分不算奖金，占到 15.20%。从单位性质看，缴费基数合规问题较为严重的大部分是民营企业，这意味着民营企业员工社保普遍被降低缴费标准，直接影响了他们未来的养老金退休待遇。调查表明，2015 年参保缴费基数的合规性为 38.34%，缴费基数不合规问题较为严重的是民营企业以及 50 人以下的小规模企业。"[①] 中国中小微企业所占比例高，平均寿命极短，管理难度大。非足额缴费直接动摇了社会保险制度的经济基础。进城务工农民缴费也很不稳定，虽然有"五险一金"的规定，参保人数占比仍不到 1/5，中小微企业的就业人员、灵活就业人员和建筑工地工人等职业不稳定、流动性较大的群体断保率偏高。2013 年"我国大概有 3 亿多人参加城镇职工养老保险，2013 年累计 3800 万人中断养老保险缴费，占城镇参保职工 10% 以上"[②]。

目前缴费状况的不稳定显然会影响未来社会保险基金的偿付。面对偿付却出现了心理上的社会分裂，群际的层级对比包括养老保险领域中事业单位与行政人员养老待遇的对比、国有企业与事业单位养老待遇的对比、民营企业与国有企业养老待遇的对比、城乡居民与民营企业养老待遇的对比，以及层级间的跨层对比及不同地区养老保险待遇的对比。医疗保险领域也是如此，在职职工与离退休职工所花费医疗费用的对比及一般参保人群与领导干部医疗费用的对比，也在一定程度上形成了医疗保险待遇的双轨制。医疗保险中女性缴费缴够 20 年，男性缴费缴够 25 年，就可以享受终身医保，但一旦养老保险中断缴费，医疗保险便可能中断缴费，这些都可能会影响一些人在工作地买房、购车。

经办管理水平也与缴费水平相联系，缴费水平的高低与企业的经济状况、认知状况有关，因此部分企业会出现欠缴、非足额缴费或是瞒缴等问题，在劳动用工上，表现为一部分企业回避劳动合同的签订、实施短期用工等。经办管理问题一方面涉及经办管理人员的数量与服务质量问题，另一方面也涉及经办管理的监管问题。2015 年，广东经办管理人员人均服务参保人次为

---

① 《中国企业社保白皮书 2015》。
② 《3800 万人断保：是问题也是答案》，《城市晚报》2013 年 11 月 29 日。

22138 人，重庆为 20213 人，上海为 20084 人，从全国情况看，社保机构经办管理人员有 184469 人，经办管理人员的工作负荷沉重，如表 4-3 所示。

表 4-3　社保经办机构人员负担情况

2015 年全国社保机构经办管理人员共 184469 人	基金收入	人均收缴
	46013 亿元	2755 万元
	基金支出	人均支付
	38989 亿元	2335 万元
	服务人次	人均服务人次
	18 亿人	10778 人

资料来源：根据唐霁松在 2016 年全国 MPA 培训工作会上的讲话整理。

在五大险种中，养老保险工作任务最繁杂，相关社保机构工作人员数量也最多，工伤保险领域专业技术人员比重最大，如表 4-4 所示。

表 4-4　各险种经办人员岗位分布情况统计

单位：%，人

项目	管理人员占比	业务人员占比	专业技术人员占比	其他人员占比	人员合计
养老保险	19.0	39.8	29.4	11.8	135453
医疗保险	19.2	34.0	36.7	10.1	45073
工伤保险	21.1	23.6	43.4	11.9	3185
其他	21.1	31.8	27.2	19.9	758
合计	19.1	38.1	31.4	11.4	184469

资料来源：根据唐霁松在 2016 年全国 MPA 培训工作会上的讲话整理。

从社会保险覆盖面与服务方式、服务内容与服务层次的要求看，社会保险经办机构队伍建设的规模和步伐还不能完全满足社会保险事业发展的刚性需求，迫切要求经办机构在完善经办服务模式与服务手段、提高专业化水平上多做文章。

2019 年之前，缴费主体在全国比较混乱，17 个省（区、市）是地税部门全责征收或税务代征，15 个省（区、市）是人社部门全责征收，目前分立的二元征收体制并不利于社会保险费征缴和相关机构经办服务水平的提升，主要是部门间的沟通协调成本高，表现为两个方面。一是信息交流不通畅，由于税务代征模式增加了社保部门与税务部门之间的信息交换和对账等多个环节，加上两大部门之间的信息化处理水平、数据集中度存在一定的差距，容易造成数据衔接与交换不流畅等一系列问题。二是部门之间的行政协调成本增加，通过税务征收社会保险费之后，税务、财政与社保机构三者之间的管理自成体系，在一定程度上造成征收管理和基金管理相互脱节，造成资源浪费①。根据人社部门对多年来两种征收体制的优劣度统计情况看，"进入经济新常态以来，2012年至2016年间，社保征收省份企业养老保险征缴收入平均增长11%。高于税务部门征收省份1.2个百分点。社保征收体制下一站式服务和资金信息无缝连接的模式更加符合服务需求"②。税务代征或是地税部门全责征收，都存在一个人社部门与地税部门间的信息传递与链接问题，由于不同部门间的利益摩擦，或多或少地存在制度隔离，对缴费水平有现实影响。从2019年开始，由税务部门统一征收社会保险费，这解决了体制阻滞的问题，但效果如何还需要进一步考察。一些省（区、市）在2019年初税务部门并没有开始接管缴费工作。

二 政府财政的补偿能力

1993年分税制度改革后，中央财政实力有所增强。2013年全面实行营改增改革试点以后，业内人士认为：全面实行营改增改革试点将直接导致地方税收失去主体税种，地税收入总量大幅度下降。自2016年5月1日起营改增全面推开后连续3个月出现地税收入大幅度下降的状况，并且下降幅度逐月扩大。2016年7月起改征增值税与营业税两项收入合计同比下降10.9%，8月同比下降17.6%。财政部认为这主要是政策性减收效应的进一步显现以及前期清缴营业税后部分后期收入来源减少等导致的结果。③

分税制改革与营改增改革是否会对社会保障造成影响？1993年分税制改革后，中央与地方财力和支出责任的不匹配的问题曾较为突出，改革的重点是调整中央政府和地方政府支出责任，适当增加中央政府的支出责任，事权

---

① 吴敏：《全国政协委员孙洁：社会保费应统一由社会保险经办机构征收》，《华夏时报》2017年3月6日。

② 唐霁松：《社会保险费统一征收应早落地》，《中国社会保障》2017年第5期。

③ 《专家：受营改增减收效益影响　8月财政收入增速创新低》，央广网，2016年9月13日。

划分主要集中在社会保障、基本公共服务等领域。

社会保险离不开中央财政与地方财政的支持，城镇职工养老保险实施社会统筹与个人账户相结合的缴费体制，不足部分由财政兜底，多年来，财政补贴兜底主要发生在经济不发达地区，且呈现财政补贴逐年增长的态势，尤其是2015年以来，补贴力度明显加大。在财政补贴中，既包括中央财政补贴，也包括地方财政补贴。而在发达地区，养老保险滚存积累基金数额庞大，2016年末，部分地区基金可支付月数多于17个月，可支付月数少于10个月的省区也多达11个，有的省区可支付月数则少于安全支付月数9个月，中央财政与地方财政补贴事权多年来界定并不清晰，有的年份以地方财政为主，有的年份以中央财政为主。中西部地区社会保障以中央财政补贴为主，东部地区社会保障补贴主要由地方财政负责或中央与地方财政共同负责。

城乡居民养老保险对财政的依赖度较高，2014年中央确定的城乡居民基础养老金标准为每人每月55元，地方政府可以根据地方财政的实际承受能力适当提高基础养老金标准，对于长期缴费的城镇居民可适当加发基础养老金，提高和加发部分的基础养老金由地方财政负担。财政的投入责任体现在"补入口"及"补出口"两个实操环节上。

2017年城乡居民养老保险的缴费标准设12个档次，每年100元、200元、300元、400元、500元、600元、700元、800元、900元、1000元，每100元为一个台阶，1000元之后增加1500元、2000元2个档次。"补入口"是在对城镇居民参保缴费各档次缴费都给予一定的财政补助，补贴标准为每人每年不少于30元，对选择较高档次标准缴费的参保人可给予适当鼓励，对城乡重度残疾人等缴费困难的人群，地方政府为其代缴部分或全部最低档次的养老保险费。"补出口"是在养老金待遇支付环节中考虑物价上涨等因素，为避免养老待遇过低的问题给参保人适当的财政补贴。如果城乡居民缴费始终按最低档次缴费，不可避免地会出现养老待遇低的问题，财政补贴出口会演化成一个经济问题或是城乡居民养老保险可持续发展的问题。

根据经济社会发展和CPI变动等因素，政府建立了城乡居民养老保险基础养老金最低标准的正常调整机制，适时动态调整基础养老金的最低标准。如 2014 年人社部、财政部发布的《关于提高全国城乡居民基本养老保险基础养老金最低标准的通知》要求从 2014 年 7 月 1 日起，全国城乡居民养老保险基础养老金最低标准提高至每人每月 70 元，即在 2009 年原定每人每月 55 元的基础上增加 15 元。中央财政对中西部地区参保的城乡居民给予全额补助，对东部地区参保的城乡居民给予 50% 的补助。该通知希望城乡居民自觉提高个人缴费档次，长期缴费，提高养老保险水平。人社部和财政部发布的《关于 2018 年提高全国城乡居民基本养老保险基础养老金最低标准的通知》（人社部规〔2018〕3 号），决定从 2018 年 1 月 1 日起，城乡居民养老保险基础养老金最低标准提高至每人每月 88 元，时隔 3 年半，在 2014 年 7 月 1 日起每人每月 70 元的基础上提高了 18 元，中西部地区由中央财政全额补贴，东部地区由中央财政补贴 50%。

社会保障的财政补偿包括多个项目：城乡居民最低生活保障、特困人员供养、临时救助在内的生活救助；各种自然灾害救助与灾后重建、失业救助；住房救助、教育救助、法律援助、殡葬救助在内的专项救助；对失业人员、因病致贫人员等的城乡医疗救助。各地财政补偿能力并不一致，一些项目如城乡居民基本养老保险，中西部地区可以享受中央财政的全额补助，东部地区享受中央财政 50% 的补助。

城乡居民医疗保险实行个人缴费、集体补助与政府补助相结合的筹资方式，政府补助标准逐年提高，集体补助基本上可以忽略不计。2016 年城乡居民医保财政补助由每人每年 380 元提高到 420 元，2017 年，城乡居民医保财政补助由 2016 年每人每年的 420 元提高到 450 元，并要求同步提高个人缴费标准。在财政补助中，视地区经济状况不同而有所区别，如 2016 年广东省每人每年各级财政补助达 420 元，"其中，中央财政补助广东省 66 元/人。其余部分，珠江三角洲地区由市、县（市、区）财政负担；粤东西北地区（含江门恩平、台山市）由省财政补助 273 元/人，中央和省补助以外部分由市、县（市、区）财政共同负担"①。其他各省（区、市）的城乡居民医保财政补助也都有各自的各级财政补助标准。

---

① 罗仕：《城乡居民医保财政补助标准提高到 420 元/人》，《羊城晚报》2016 年 7 月 16 日。

三　社会保险覆盖面与人口结构

扩大社会保险覆盖面是当前中国政府的重要任务，也曾作为建立和谐社会的最重要的指标。现行的社会保险分为五大险种，参保人数不同，覆盖面也各有不同（见表4-5）。

表4-5　2012~2021年全国社会保险险种参保人数统计

单位：万人，%

年份	养老保险	医疗保险	失业保险	工伤保险	生育保险
2012	78796	53641	15225	19010	15429
2013	81968	57073	16417	19917	16392
2014	84232	59747	17043	20639	17039
2015	85833	66582	17326	21432	17771
2016	88777	74392	18089	21889	18451
2017	91548	117681	18784	22724	19300
2018	94293	134459	19643	23874	20434
2019	96754	135407	20543	25478	21417
2020	99865	136131	21689	26763	23567
2021	—	136424	—	—	23851
平均增长率	3.01	10.93	4.52	4.37	4.96

资料来源：人社部发布的历年《人力资源和社会保障事业发展统计公报》。

出于社会公平的考量，养老保险与医疗保险的覆盖面由在职职工扩大到城乡居民，部分地区要求城市务工农民在签订劳动合同的同时，五个险种与住房公积金一个也不能少，即"五险一金"制度加签订劳动合同。这事实上抬高了企业劳动力成本，新招聘员工有相当一部分因不愿意缴纳社会保险费而选择离职，造成招工难的问题。课题组在珠三角地区的调查中发现，一些企业在招聘过程中，一些新员工因要参加社会保险而拒绝入职，尤其年龄偏小的员工很难接受在其月薪中扣除数百元的社会保险费。课题组在对广东广益科技实业有限公司的调查中发现，因春节后"返工难"的问题，该公司招聘男女员工的年龄均放宽到18岁至50岁以下，入职后企业迅速与新员工签订劳动合同与社保协议，一些新入职员工因参保需要个人缴费产生畏难情绪甚至很快离职，企业承受参保损失。

因社会保险参保问题引发的劳资纠纷逐渐增多。随着社保跨市、跨省转移政策的实行，越来越多接近退休年龄的员工对参保问题更加重视，维权意识也越来越高。课题组调研结果显示，目前企业职工未参加职工养老保险，缴费年限和缴费基数不足等问题仍普遍存在，劳动者日益提高的法律维权意识与保险意识与部分中小企业薄弱的依法参保意识之间存在矛盾，中老年劳动者在具有社保足额缴费诉求的同时可能附带提出诸如住房公积金、加班费、经济补偿费、企业更名补偿等诉求。

社会保险覆盖面成为政治指标和社会公平指标，被重视程度前所未有，若与人口结构变化（见图4-1）联系起来，现在的在职职工或参保的城乡居民达到退休年龄后都要从缴费者转变为待遇享受者。

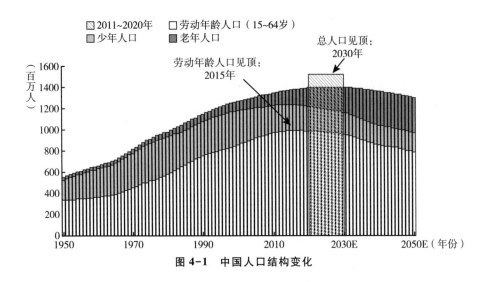

图4-1 中国人口结构变化

扩大覆盖面的目的是建立公平有效的社会保险制度，人人参与养老保险既可以提高缴费总数，又能体现社会公平，有利于在一定时期内解决基金不足的问题，也有利于社会保险制度的可持续发展。在中国人口老龄化还不是非常严重的情况下，扩大社会保险覆盖面有利于聚集更多的基金，但随着人口结构的变化，越来越多的参保人群进入老年退休者行列，越来越多的参保者为养老金享受者，由履行义务者转型为享受权利者，由债务人变身为债权人，不断扩大社会保险覆盖面的累积效应会导致政府在深度人口老龄化社会负担沉重。也就是说，扩大养老保险覆盖面有其政治学的意义，但在经济学的考量上，前期政府收缴的养老保险费可能会成为其后期的养老金负担。

以城乡居民养老保险制度为例，缴费过程中个人缴费、财政补贴（集体补贴在很多地区基本可以忽略不计）全部计入了个人账户。2009年制度初建时规定财政每月向个人发放不低于55元的基础养老金加上个人账户的法定月平均额，2014年时隔5年后将基础养老金调整为70元再加上个人账户法定月平均额，作为退休人群的个人养老保险待遇。缴费过程中实施财政诱致性保险，以提高缴费积极性；养老金发放过程中，财政补贴与个人缴费之间没有太多的权利与义务制约关系，演变为纯粹的养老保险福利，并衍生了一种期望值越来越高且与城镇职工养老保险待遇的攀比行为，这些都将可能演化为基金偿付风险。

因此，王雯在《城乡居民基本养老保险财政补贴机制研究》一文中提出：建立普惠制老年津贴制度可以避免现有制度下的自愿参保与财政补贴机制下的逆向选择、逆向再分配等问题，有助于减少制度成本，实施普惠制老年津贴制度，干脆将财政补贴直接发放给老年城乡居民，避免个人账户积累基金的贬值与低效，增加即期消费，提高财政资金的使用效率[①]。这样也可以减少城乡居民养老保险机构的管理成本。

医疗保险覆盖面迅速扩大，从城镇职工扩大到城乡居民，医疗保险缴费数量也在不断攀升，国家对城乡居民的医疗保险费财政补贴数量也在不断上升。近几年来，各地医疗费报销比例逐年上升，大大地减轻了参保者的个人负担，同时我们也看到，在人均预期寿命不断上升的同时，慢性病患病率加速上扬。"目前中国明确诊断的慢性病患者超过2.6亿人。世界银行预测：2030年中国人口迅速老龄化可致使中国的慢性病负担增加40%、慢性病占疾病负担的69%"，"未来五年肥胖、癌症、高血糖、高血压、高血脂等非传染性疾病的用药市场将迎来快速增长，影响慢性病的主要社会决定因素包括工业化、城镇化和老龄化"。[②] 现时医疗保险覆盖面越高，未来老龄化、高龄化社会的基金偿付风险可能越大。2016年我国各年龄段人均年医疗费用如表4-6所示。

---

① 王雯：《城乡居民基本养老保险财政补贴机制研究》，《社会保障研究》2017年第5期。
② 《2016年中国医药行业大数据：慢性病患者超过2.6亿人》，中商情报网，2016年7月17日。

表 4-6 2016 年我国各年龄段人均年医疗费用

单位：元

	0~4 岁	5~14 岁	15~24 岁	25~34 岁	35~44 岁	45~54 岁	55~64 岁	65 岁及以上
人均年医疗费用	247.2	245.3	190.2	325.6	385.5	478.9	735.3	1072.3

资料来源：《2016 年中国医药行业大数据：慢性病患者超过 2.6 亿人》，中商情报网，2016 年 7 月 17 日。

健康大数据显示：中国一年用于心脑血管疾病的治疗经费达 3000 亿元人民币；因疾病导致生产力下降，2005~2015 年经济损失达 5500 亿美元；肝炎造成的直接经济损失达 3600 亿元人民币。保险行业的数据显示，重大疾病平均索赔年龄为 42 岁，呈年轻化[1]。2040 年我国 60 岁及以上老年人口的比例预计将达 28%，从表 4-6 可以看出，65 岁以上老年人的年人均医疗费用是青壮年人均医疗费用的 2~3 倍，老龄化、高龄化社会对医疗资源的需求量将十分惊人。显见，进入深度人口老龄化社会后，初期人口老龄化社会超高的医疗保险覆盖率带来的是巨大的体制内医疗负担。不仅财政可能难以承受，大多数高龄家庭也可能难以承受。

失业保险、工伤保险、生育保险三个险种的平均增长率都比较低，扩大覆盖面的动力不足，进城务工农民中参加失业保险和生育保险的比例极低。这三个险种都有一定程度的滚存积累基金，出现基金偿付风险的概率不大。

四 人口老龄化的发展现状和人均预期寿命的高低

我国人口老龄化状态的时间表，对于养老和医疗两个保险险种而言，都是非常敏感的，当人口老龄化进入中度及以上状态时，缴费人口减少，享受养老待遇人口增多，疾病群人口同时大量增加。这也要求社会保障基金偿付成比例增加。2018 年 2 月 26 日，全国老龄办召开的国情教育新闻发布会告知，截至 2017 年底，我国 60 岁及以上老年人口达 2.41 亿人，占总人口的 17.3%[2]。预计

---

[1] 《值得反思：中国人的健康大数据》，医学进展，2019 年 7 月 23 日。

[2] 罗争光：《中国 60 岁及以上老年人口 2.41 亿 占总人口 17.3%》，http://politics.people.com.cn/n1/2018/0227/c1001-29836554.html。

到 2053 年，老年人口将达 4.82 亿人[1]。人口老龄化程度进一步加深意味着未来一段时期人口长期均衡发展的压力将持续存在。国务院印发的《国家人口发展规划（2016—2030 年）》提出，未来十几年特别是 2021~2030 年，我国人口发展进入关键转折期。民政部发布的《2017 年社会服务发展统计公报》显示：截至 2017 年底，全国 60 周岁及以上老年人口占总人口的 17.3%，其中 65 周岁及以上老年人口占总人口的 11.4%。

根据《国家人口发展规划（2016—2030 年）》，我国人口总量将在 2030 年前后达到峰值，劳动年龄人口波动率下降，老龄化程度向深度发展，人口流动仍然趋向非常活跃（见表 4-7）。

表 4-7　中国人口 2015~2030 年主要指标预测

主要指标	2015 年	2020 年	2030 年
全国总人口（亿人）	13.75	14.2	14.5
总和生育率	1.5~1.6	1.8	1.8
出生人口性别比	113.5	≤112	107
人均预期寿命（岁）	76.3	77.3	79
劳动年龄人口平均受教育所限（年）	10.23	10.8	11.8
常住人口城镇化率（%）	56.1	60.0	70.0

资料来源：根据《国家人口发展规划（2016—2030 年）》整理。

2020~2050 年我国 60 岁及以上老年人口占比将会大幅提升，如表 4-8 所示。

表 4-8　中国老年人口比重预测

单位：亿人，%

年份	总人口	60 岁及以上		65 岁及以上	
		人数	比重	人数	比重
2020	14.34	2.55	17.80	1.81	12.60
2025	14.58	3.08	21.10	2.09	14.30

---

[1]　翟振武、陈佳鞠、李龙：《2015~2100 年中国人口与老龄化变动趋势》，《人口研究》2017 年第 4 期。

年份	总人口	60 岁及以上		65 岁及以上	
		人数	比重	人数	比重
2030	14.62	3.71	25.30	2.54	17.40
2035	14.56	4.18	28.70	3.08	21.20
2040	14.46	4.37	30.20	3.46	23.90
2050	14.17	4.83	34.10	3.63	25.60

根据"国家应对人口老龄化战略研究"课题组的预测，我国 60 岁及以上老年人口将于 2053 年达到峰值约 4.9 亿人，占总人口的 35%；65 岁及以上老年人口将于 2057 年达到峰值约 3.9 亿人，占总人口的 29%；80 岁及以上老龄人口将于 2055 年达到峰值 1.18 亿人，占老年人口的 24%。2050 年，我国将继日本、意大利、德国之后，成为老龄化程度最高的国家之一。

我国人口老龄化程度的加深与人均预期寿命的延长可能使养老保险基金和医疗保险基金在未来都面临巨大的偿付压力。

其一，第七次全国人口普查数据显示：截至 2020 年 11 月 1 日，我国 60 岁及以上老年人口数达 2.6402 亿人，占总人口的 18.7%；65 岁及以上老年人口数达 1.9064 亿人，占总人口的 13.5%。依此增长速度预测，我国老龄人口将以平均每十年增长 1 亿人的速度发展，至 2055 年老龄人口可能激增到 4.87 亿人[①]。老龄人口的大量增加，显然对养老保险基金与医疗保险基金而言都是一个巨大的挑战。

由表 4-9 可知，2016 年以后，职工养老保险待遇调整平均水平均在 6.0 以下且呈下降趋势，一方面是由于历年基数越来越大，另一方面这也与养老保险基金逐年增大的偿付压力有关。

表 4-9　职工基本养老保险待遇调整平均水平

	2005~2014 年	2015 年	2016 年	2017 年	2018 年	2019 年	2020 年	2021 年
平均水平	10.0	10.0	6.0	5.5	5.0	5.0	5.0	4.5

---

① 国家统计局：《中华人民共和国 2016 年国民经济和社会发展统计公报》，《人民日报》2017 年 3 月 1 日。

　　其二，人口预期寿命是一个影响养老保险待遇提高的变量，反映了一个国家的综合实力。全国人口平均预期寿命是指当前的分年龄死亡率如果保持不变，同一时期出生的人群预期能继续生存的平均年数。它并非一个实际数据，而是一个基于人口生命表来衡量特定国家和地区人口健康状况的重要指标，人口预期寿命和出生率、死亡率有着密切的关系。中共中央、国务院印发的《"健康中国 2030"规划纲要》指出：到 2030 年，"人民身体素质明显增强，2030 年人均预期寿命达到 79.0 岁，人均健康预期寿命将显著提高"。2016 年中国各省（区、市）人均预期寿命排行如表 4-10 所示。

表 4-10　2016 年中国各省（区、市）人均预期寿命排行

单位：岁

省（区、市）	人均预期寿命	省（区、市）	人均预期寿命
上海	80.26	山西	74.92
北京	80.18	湖北	74.87
天津	78.89	四川	74.75
浙江	77.73	湖南	74.70
江苏	76.63	陕西	74.68
广东	76.49	河南	74.57
山东	76.46	内蒙古	74.44
辽宁	76.38	江西	74.33
海南	76.30	宁夏	73.38
吉林	76.18	新疆	72.35
黑龙江	75.98	甘肃	72.23
福建	75.76	贵州	71.10
重庆	75.70	青海	69.96
广西	75.11	云南	69.54
安徽	75.08	西藏	68.17
河北	74.97	国民人均预期寿命	74.90

资料来源：中国产业信息网。

医疗卫生条件、生活质量、污染问题、社会治安问题、文化素养等多重因素，都会影响人均寿命。2018年，我国人口的平均寿命达76.4岁，全球排名第52位。到2030年，我国居民人均预期寿命将达79岁，人均预期寿命大幅度延长，这对于养老保险基金和医疗保险基金而言，均是一个巨大的挑战。越接近人口老龄化高峰期，人均预期寿命越长，高龄老人越多，疾病谱系越复杂，社会公众对养老与医疗基金的需求越大。

第五章　国有资本划转社保基金的
支付能力

　　鉴于"中人"缴费不足的问题，党的十八届三中全会、十八届五中全会和近年来的《政府工作报告》多次提到"划转部分国有资本充实社会保障基金"的重大战略安排。2016年国务院公布的《全国社会保障基金条例》明确提出养老保险基金来源中包括"国有资本划转"的部分。划转国有资本以解社会保障基金短缺之困是一个大事件。2017年《划转部分国有资本充实社保基金实施方案》如期出台，社保基金将可得到更大程度上的保障。该方案指出，划转部分国有资本的基本目标是弥补因"中人"视同缴费年限政策而形成的养老保险基金缺口，促进建立更加公平和更加可持续的城镇职工养老保险制度，并明确指出从中央国有企业和地方国有企业集团的股权中划转部分国有资本充实社保基金，一般不涉及上市企业。

第一节　股票市场国有股划转社会保障基金的
历史回顾

　　由于计划经济时期国有企业的大部分利润上缴给了中央财政，而中央财政又对国有企业的发展给予了大量支持，因此，对计划经济时期遗留的养老保险隐性成本由国家承担一部分费用充实社会保障基金的另一种做法是从国有资产或土地批租收入中划出部分资产转入社保基金，即在国有企业进行股份合作制改革、股份制重组以及组建有限责任公司的改革大潮中，随着职工参股融资股份制改革的进行，一部分国有资产转归社会保险机构，以此偿还养老保险的部分隐性债务；或是在国有企业兼并、拍卖或是资产转让的过程中，按职工人均应负担的隐性债务作为第一债务的优先顺序率先付给社会保险经办管理机构，作为偿还养老保险债务的基金来源。郑秉文教授在接受记者采访时指出：如果划拨国有资产充实全国社保基金，似乎又显得远水不解近渴，这是因为全国社保基金是一个独立的资金池，从成立到现在，始终处于收入阶段。

我国 20 世纪在股票市场曾实施国有股减持方案，据统计，"自 2001 年 6 月 14 日至 2001 年 10 月 22 日出台国有股减持办法，共有 17 家企业通过新发或增发减持部分国有股，共筹集社保基金 23.15 亿元，加上 2000 年海外上市减持筹集的 100 亿元基金，通过国有股减持归集的社保基金约 120 亿元左右"[1]。国有股变现社保基金政策过程在 2001 年股市运作中遭遇股市的持续下跌，最后不得不放弃了股市融资。"2002 年 6 月 23 日，国务院决定除了企业海外股票发行上市以外，对国内上市公司停止执行《减持国有股筹集社会保障资金管理暂行办法》中关于利用证券市场减持国有股的规定，并不再出台具体实施办法"[2]。上市公司的股市融资从此中断。1999 年 11 月 1 日，我国开始在居民储蓄存款利息中征收 20% 的个人收入所得税，作为社会保障基金的补充，2008 年 10 月 9 日终止[3]。

早期证券市场减持国有股份 10% 支持社保的做法导致了中国早期股市的持续下跌，依靠证券市场的平台无法实现社保基金融资，其负面效应更是直接挫伤了证券市场。一些破产国企因社会保险负债问题，将土地拍卖或是出租转让，为企业职工补缴作为第一债务的社会保险费，取得了直接成效。

---

① 林毓铭：《充分认识养老保险个人账户从"空账"向"实账"转化的长期性》，《市场与人口分析》2004 年第 3 期。
② 林毓铭：《充分认识养老保险个人账户从"空账"向"实账"转化的长期性》，《市场与人口分析》2004 年第 10 期。
③ 林毓铭：《社会保险经办管理与服务》，社会科学文献出版社，2019。

第二节　国有股减持划转社保基金对国企的影响

党的十八届三中全会和五中全会均明确提出了"划转部分国有资本充实社保基金"具体要求，党的十九大进一步明确资金划转的问题。《关于深化国有企业改革的指导意见》和《关于改革和完善国有资产管理体制的若干意见》又分别对划转部分国有资本充实社保基金的具体事项做出了详细规定。这些文件指出：针对养老保险入不敷出的问题，划转部分国有资产或是国有企业利润支持社保事业被认定为是一个较为有效的解决办法，一个理由是计划经济时期中央财政大力支持了国有企业的发展，不断壮大的国有企业理应回报社会；另一个理由是降低企业社会保险缴费率有可能引发社保基金后劲不足的问题，划转部分国企利润支持社保事业理所当然。

一　国有股补差 4 万亿元的客观依据

从 2001 年开始，"减持国有股筹集全国社保基金"对股市造成十分明显的影响，2001 年股市狂跌，2009 年开始实施"转持国有股充实全国社保基金"，2009 年由于规定了转持禁售期，再加转持总量不大，并没有对股市造成太明显的影响。截至 2016 年末，财政性拨入全国社保基金资金和股份累计 7979.97 亿元，其中，中央财政预算拨款 2898.36 亿元，国有股减转持资金和股份 2748.16 亿元（减持资金 922.80 亿元，境内转持股票 997.85 亿元，境外转持股票 827.51 亿元），彩票公益金 2333.45 亿元[①]。《2016 年全国社会保障基金理事会社保基金年度报告》显示：扣除实业投资项目上市时社保基金会作为国有股东履行减持义务累计减少国有股 13.56 亿元，以及用于四川地震灾区工伤保险金补助财政调回 6.80 亿元，财政性净拨入全国社保基金累计达 7959.61 亿元。与养老金可能出现的短缺相比，这些资金还略显不足。

---

① 金海燕：《财政性拨入全国社保基金资金和股份的 45.04% 出自彩票公益金》，山东体彩网，2017 年 6 月 19 日。

财政资金持续不断地划入全国社会保障基金理事会成为常态，2016年《经济观察报》报道：经简单测算中央企业国有资本在本轮划转的规模可能在4万亿元左右[①]，这是出于对城镇职工养老保险"中人"缴费不足造成的基金短缺弥补的目的。又有相关数据统计显示：国有资本收益中划入公共财政的比例已经在2014年提高到13%，此后每年提高3%，2016年已提高到19%，未来每年都会根据实际情况做出调整[②]。2016年国有股减持累计额占财政性拨入全国社保基金累计额的比例仅为34.44%，2016年需要国有股减转持资金和股份2748.16亿元，离国有企业第一轮提供4万亿元的理论目标还差37251.84万亿元，实际上2016年国有股减转持资金和股份仅有185.00亿元。要达到4万亿元的目标（假定4万亿元是一个不变的静态数据），若按国有股减持资金和股份划拨给社保基金的速度（每年提高3%）计算，从2016年开始，以国务院发布的一系列国有资本划转文件作为参照，国有资本第一轮支持社保事业累计达4万亿元，进行粗略的对称性计算，仍以平均增幅为3%计算，需要花费的补差时间约为90年；若以平均增幅为10%计算，需要的时间约为28年。

$$\sqrt[n]{\frac{40000}{2748.16}} = 103\% \quad n \approx 90 \text{ 年}$$

$$\sqrt[n]{\frac{40000}{2748.16}} = 110\% \quad n \approx 28 \text{ 年}$$

在2017年7月的一次养老政策研讨会上，中国劳动和社会保障科学研究院院长金维刚表示，到21世纪中叶（2052年前后），我国老龄化人口会达到峰值，预测老龄人口将达4.87亿人，占总人口的比例为35%。到我国人口老龄化最高峰时期，将出现1.5名在职职工供养1名退休职工的高赡养率，届时养老保险基金的发放以及医疗保险基金的支付都会面临非常大的压力[③]。以年均10%的增幅划转国有股份，需要28年左右的时间，与达到中国人口老龄化高峰期的时间周期基本吻合。国务院要求统一划转国有

---

① 王雅洁：《国资终于确定要划给社保基金 规模在4万亿左右》，《经济观察报》2016年8月14日。
② 《新国资改革思路曝光 更倾向于在公共服务领域布局》，《经济观察报》2016年10月8日。
③ 《国资填充养老金缺口：2015年个人账户空账4.71万亿》，网易财经，2017年11月20日。

企业 10% 的股权充实社保基金，划转范围包括中央和地方国有企业以及国有控股大中型企业和金融机构。诚然，这还要保证国有企业在良性经济运行的基础上，营业收入与利润率增幅稳定，为社会保障基金源源不断地提供红利。

国务院规定每年划转国有股份的 10%，上述计算以 10% 的平均增幅划转国有股份，2021 年距 2050 年还有 29 年的时间，按固定比例划转 10% 与按平均增幅为 10% 划转，两者的计算结果基本一致。

二　养老保险基金的缺口与国有企业的承载能力

社保基金的缺口尤其是养老保险的基金缺口到底有多大，有太多的国内外计算版本，让管理界无所适从，中国社会科学院财经战略研究院发布的数据显示社保基金缺口有 10 万亿元人民币，社保基金缺口仍然体现了其在或有和隐性负债结构中的重要地位，并且，社保基金缺口以隐性养老金负债为主，随着中国逐渐进入人口老龄化社会，可以预见社会保基金缺口的规模将呈扩大趋势，未来给政府财政带来的负担也将愈加沉重。可以说，社保基金缺口是未来中国政府最需要重视的风险因素。[1] 悲观论者与乐观论者各有说辞，但总体而言，社保基金缺口将不利于政策的制定，也不利于国有资本经营的预算和国有资本划转方案的具体制定和执行，即不利于将国有资本经营预算调入一般公共预算，再划转进入社保基金。

目前各省（区、市）养老保险基金缺口不一致，13 个省区养老金支付能力不足一年，黑龙江已经亏空，在养老保险还没有全国统筹的情况下，截至 2016 年末，国有股减转持资金和股份只有 2748.16 亿元[2]，与 4 万亿元相比，着实还有很大的差距。近几年来我国经济运行不够稳定，产能过剩与经济结构调整压力不减，国企利润率有升有降，甚至一些国有企业缴纳社会保险费用都出现了不足的问题，以 2016 年为例，2016 年 1~12 月全国国有及国有控股企业经济运行情况如表 5-1 所示。

---

[1]　杨志勇、张斌主编《中国政府资产负债表（2019）》，社会科学文献出版社，2019。
[2]　参见《2016 年全国社会保障基金理事会社保基金年度报告》。

表 5-1　2016 年 1~12 月全国国有及国有控股企业经济运行情况

单位：亿元，%

经济效益指标	金额	同比增长	经济效益指标	金额	同比增长
营业总收入	458978.0	2.6	资产总额	1317174.5	9.7
其中:中央企业	276783.6	2.0	其中:中央企业	694788.7	7.7
地方国企	182194.4	3.5	地方国企	622385.8	12.0
营业总成本	449885.0	2.5	负债总额	870377.3	10.0
其中:中央企业	268039.9	2.2	其中:中央企业	476526.0	8.2
地方国企	181845.1	3.0	地方国企	393851.3	12.1
利润总额	23157.8	1.7			
其中:中央企业	15259.1	-4.7			
地方国企	7898.7	16.9			

资料来源：根据财政部资产管理司发布的《2016 年 1—12 月全国国有及国有控股企业经济运行情况》整理。

2016 年国有企业负债同比增长速度超过了利润总额的同比增长速度，资产总额中负债贡献率偏高，营业总收入同比增长速度也不快，地方国有企业稍好于中央企业，这是一个不好的信号。再从过去 10 年来看，国有企业的资产总额和负债膨胀的速度，远远超过其利润总额的增长速度，这实际上反映出国有企业转移部分资产弥补基本养老保险基金缺口的能力还有待进一步加强。

根据财政部发布的统计数据，截至 2017 年 11 月末，国有企业负债总额达 100.08 万亿元，首次突破百万亿元大关。2007~2017 年国企资产总额和负债总额的增长速度分别为 116.84% 和 118.30%，远超过营业总收入和利润总额的增长速度 110.90% 和 105.70%（见表 5-2），负债总额增长速度过快，已超过 2007 年的 5 倍①，投资回报率呈下降趋势，一些国有企业出现了一些没有多少利润回报的无效投资。

---

①　悦涛：《国企负债突破百万亿大关》，《南方都市报》2017 年 12 月 25 日。

表 5-2　2007～2017 年国有企业重要指标增长速度

单位：万亿元，%

指标	2007 年	2017 年 1～11 月	2017 年（推算）	增长速度（推算）
资产总额	34.7	151.8300	164.4825	116.84
负债总额	20.2	100.0776	108.4174	118.30
营业总收入	18.0	46.7398	50.6347	110.90
利润总额	1.62	2.60081	2.8175	105.70

注：由于 2017 年 12 月数据未公布，第 4、5 列为推算数据。
资料来源：根据财政部数据整理。

到 2019 年末，据财政部网站的消息，全国国有及国有控股企业利润总额达 35961.0 亿元，同比增长 4.7%。其中，中央企业利润总额为 22652.7 亿元，同比增长 8.7%；地方国有企业利润总额为 13308.3 亿元，同比下降 1.5%。2019 年 1～12 月，国有企业税后净利润 26318.4 亿元，同比增长 5.2%，归属于母公司所有者的净利润 15496.0 亿元。其中，中央企业净利润 16539.9 亿元，同比增长 10.4%，归属于母公司所有者的净利润 9644.2 亿元；地方国有企业净利润 9778.5 亿元，同比下降 2.7%，归属于母公司所有者的净利润 5851.9 亿元。

到 2020 年这个特殊的年份，1～12 月全国国有及国有控股企业利润总额为 34222.7 亿元，同比下降 4.5%，较 1～11 月降幅收窄 1.6 个百分点，其中中央企业利润总额为 21557.3 亿元，同比下降 5.0%，地方国有企业利润总额为 12665.4 亿元，同比下降 3.6%。类似这样的特殊年份，国有企业对社会保障基金的支持也会出现供给不稳定的问题。

因此在具体的执行过程中，由于国有企业本身的问题，国有资本划转社保基金的进展比较缓慢，与社会期待存在一定的差距。"国资委希望稳妥适度地推进这一工作，一是不能影响国有资本的发展后劲，国有企业也要创新发展，不能过度损伤国有企业自身的发展潜力；二是国有企业要为解除自身背负的历史包袱留出空间，如国企办社会等历史问题。"[①] 由此看来，社会期待

① 夏旭田、何长涓：《缺具体方案　国资划转社保基金存难题》，《21 世纪报道》2016 年 8 月 24 日。

与国资委的表态有一定的偏差，中央企业和地方国有企业的国有资本各自划转社保，将是参保人在社保体制内实现经济利益分享的可行通道和制度安排，有利于应对人口老龄化势态下社会保障基金不足的问题。截至 2018 年 10 月，据国资委发布的消息，国资委划转社保基金试点的 3 家企业已划转 200 多亿元[①]，并已着手研究扩大划转企业名单，将有更多的国有企业列入划转企业名单，如此正常运转，有利于减轻国家和地方财政对养老保险越来越高的财政补贴压力，养老金支付压力将有所好转。

现行社会保障管理体制将社会保障基金从地域上划分为全国社会保障基金和地方社会保障基金两部分，也从类别上将国有企业划分为中央国有企业与地方国有企业。由于中央国有企业与地方国有企业分布的极度不平衡，加上在改革开放的大潮中，大量地方国有企业被拍卖，造成了国有资产的损失，加剧了国有企业总量、资产总额与资产持有结构的不平衡。现在全国社会保障基金理事会已承接了中央企业的划转工作，地方国有企业的划转工作的承接主体并未完全确立，山东省首开先河，成立了省级社会保障基金理事会，迈出了历史性的第一步。地方国有企业社会保障基金划转的工作可以归属省级社会保障基金理事会。

在我国，国有企业的地区分布很不均衡（见表 5-3），发达地区中央级国有企业比例较高，如 2014 年，中国 500 强企业中，排名前 37 位的都是国有企业，其中北京的企业总部最多，131 家企业的营业收入超过 1000亿元（表 5-4 中前 30 强企业，北京市占了 19 家，上海市占了 6 家）。2014 年中国企业 500 强的营业收入总额达 56.68 万亿元，资产总额达176.4 万亿元。钢铁与煤炭企业作为昔日的"纳税大户"，如今风光不再，制造业与银行之间的利润鸿沟越来越大。17 家银行净利润为 1.23 万亿元，是 260 家制造业企业净利润额 4623 亿元的 2 倍多，近 1/4 上榜企业净资产收益率赶不上 1 年期存款利率[②]。

---

① 祝嫣然：《国资委回应国资划转社保基金试点：已划转 200 多亿元》，《第一财经日报》2018年 10 月 16 日。

② 《2014 年中国 500 强企业排行榜》，《财富》（中文版）2014 年第 7 期。

表 5-3 全国上市国有企业分布情况

单位：家

地区	北京	上海	广东	江苏	山东	安徽	浙江	湖北	湖南	四川	福建
数量	132	113	102	58	58	43	42	42	38	37	35
地区	河南	辽宁	天津	陕西	新疆	山西	河北	重庆	吉林	云南	江西
数量	32	31	30	28	28	24	23	22	21	21	19
地区	黑龙江	广西	贵州	甘肃	海南	内蒙古	宁夏	青海	西藏		
数量	18	17	15	15	11	9	6	6	4		

资料来源：根据 2017 年东方财富 Choice 数据整理。

表 5-4 2014 年中国 500 强企业前 50 强排行榜

单位：百万元

2014 年排名	2013 年排名	公司名称	营业收入	净利润	城市
1	1	中国石油化工股份有限公司	2880311	67179	北京市
2	2	中国石油天然气股份有限公司	2258124	129577	北京市
3	3	中国建筑股份有限公司	681048	20399	北京市
4	4	中国移动有限公司	630177	121692	香港
5	5	中国工商银行股份有限公司	589637	262649	北京市
6	6	中国铁建股份有限公司	586790	10345	北京市
7	8	上海汽车集团股份有限公司	565807	24804	上海市
8	7	中国中铁股份有限公司	560444	9375	北京市
9	9	中国建设银行股份有限公司	508608	214657	北京市
10	10	中国农业银行股份有限公司	462625	166315	北京市
11	11	中国人寿保险股份有限公司	423613	24765	北京市
12	12	中国银行股份有限公司	407508	156911	北京市
13	13	中国平安保险(集团)股份有限公司	362631	28154	深圳市
14	14	中国交通建设股份有限公司	332487	12139	北京市
15	15	中国电信股份有限公司	321584	17545	北京市
16	16	中国人民保险集团股份有限公司	304738	8121	北京市
17	17	中国联合网络通信股份有限公司	303727	3443	上海市
18	19	中国海洋石油有限公司	285857	56461	香港
19	18	中国神华能源股份有限公司	283797	45678	北京市
20	21	联想集团有限公司	235993	4983	香港
21	24	中国人民财产保险股份有限公司	223525	10558	北京市
22	27	五矿发展股份有限公司	203259	280	北京市
23	20	中国冶金科工股份有限公司	202690	2981	北京市
24	23	中国太平洋保险(集团)股份有限公司	193137	9261	上海市
25	22	宝山钢铁股份有限公司	190026	5818	上海市

2014 年排名	2013 年排名	公司名称	营业收入	净利润	城市
26	25	江西铜业股份有限公司	175890	3565	贵溪市
27	26	中国铝业股份有限公司	173038	948	北京市
28	29	国药控股股份有限公司	166866	2250	上海市
29	28	交通银行股份有限公司	164435	62295	上海市
30	31	中国电力建设股份有限公司	144837	4556	北京市
31	38	万科企业股份有限公司	135419	15119	深圳市
32	30	华能国际电力股份有限公司	133833	10520	北京市
33	34	招商银行股份有限公司	132604	51743	深圳市
34	33	新华人寿保险股份有限公司	129594	4422	北京市
35	114	美的集团股份有限公司	121265	5317	佛山市
36	41	珠海格力电器股份有限公司	120043	10871	珠海市
37	54	中国建材股份有限公司	117688	5762	北京市
38	39	中国民生银行股份有限公司	115886	42278	北京市
39	48	中国石化上海石油化工股份有限公司	115540	2004	上海市
40	37	华润创业有限公司	115114	1500	香港
41	35	河北钢铁股份有限公司	110255	116	石家庄市
42	55	兴业银行股份有限公司	109287	41211	福州市
43	43	苏宁云商集团股份有限公司	105292	372	南京市
44	36	山西太钢不锈钢股份有限公司	105020	630	太原市
45	53	中信银行股份有限公司	104558	39175	北京市
46	51	厦门建发股份有限公司	102068	2693	厦门市
47	47	上海建工集团股份有限公司	102036	1618	上海市
48	59	上海浦东发展银行股份有限公司	100015	40922	上海市
49	40	中国南方航空股份有限公司	98130	1895	广州市
50	52	中国南车股份有限公司	97886	4140	北京市

注：据《财富》（中文版）于北京时间 2016 年 7 月 13 日发布的《2016 年中国企业 500 强排行榜》，500 家上榜企业的营业总收入约为 30.77 万亿元，较 2015 年增长 1.2%；净利润达 2.74 万亿元，增长约 1.5%；营业总收入和净利润增幅较 2015 年的营业总收入增幅 5%和净利润增幅 6%均出现明显下滑。

资料来源：《2014 年中国 500 强企业排行榜》，《财富》（中文版）2014 年第 7 期。

　　由于地区之间中央国有企业与地方国有企业发展的不平衡，如在以重工业为主导的东北三省地区，存在中央国有企业经济不景气的状况，军工企业转型困难，部分大型国有企业国有资本划转社会保障基金的额度有限，国有资本划转社会保障基金如果各省"分灶吃饭"，支持力度将大小有别。国务院规定，"对国有资本的划转工作将在中央国有企业和地方国有企业两个层面分别实施两步走的划转路径，三年左右的时间完成本轮划转"。中央国有企业地域分布不均，地方国有企业获利能力各不相同。从养老金结余能力看，广东省 2016 年养老金累计结余 7258 亿元，北京市 2016 年养老金累计结余 3524 亿元，结余省市国有资本划转养老保险基金的压力较小，而东北三省尤其是黑龙江省大量的人口外流，抚养比急剧上升，通过国有资本划转养老保险基金的压力偏大，需要依靠调剂金制度加以解决。

剔除 2017 年以来的新上市公司，截至 2019 年 11 月，3000 多家公司扣除非经常性损益后的利润增幅，已经连续 15 个月负增长，且幅度惊人。净资产收益率 ROE（Rate of Return on Common Stockholders' Equity）水平在 25% 以上的绩优公司增幅明显收窄，且低于 GDP 增速[①]。国有企业作为全民所有制的经济基础，其利润或股份的一部分用于充实社保基金，就要求国有企业要有坚实的发展基础与发展后劲，否则就会导致"杀鸡取卵、竭泽而渔"的后果。

三　划转国有企业股份不确定因素复杂

党的十八届三中全会通过的《中共中央关于全面深化改革若干重大问题的决定》明确提出划转部分国有资本充实社会保障基金。2015 年 11 月国务院印发的《关于改革和完善国有资产管理体制的若干意见》又明确提出，国家根据需要将部分国有股权划转至社会保障基金管理机构，分红和转让收益用于弥补养老金等社会保障资金缺口。2019 年开始全面推开将中央和地方国有及国有控股大中型企业与金融机构 10% 的国有股权划转至社保基金会及其各地相关的承接主体，社保机构作为财务投资者，依照规定享有收益权等权利以此充实社保基金。

国有资本划转社保基金会需要以城镇职工养老保险的全国统筹为基础，党的十九大报告中已经提出"尽快实现养老保险全国统筹"（在此之前提出的是基础养老金全国统筹），这也需要三年或更长的时间，国有资本划转工作与养老保险全国统筹改革的时间若能保持同步，下一步就可以在全国范围内针对中央国有企业与地方国有企业不均衡的问题实行国有资本经营预算基金的调剂制度。

---

① 余云辉：《中国经济如何避免"百慕大"？》，财经世界，2019 年 11 月 25 日。

由于去产能与经济结构转型，近年来部分国有企业营业收入与利润增幅收窄，着实使国有资本对养老保险事业的支持受限。分割部分国企股权划转社保基金的目的不是要削弱国有企业实力，反而是要通过完善国有企业的内外部治理结构，做强、做优和做大国有企业，保持国有资本控制力。尽管中国经济已逐步走出下行轨道，但只有继续加快去产能和有实际价值的转型升级，增加营业收入和提升利润增幅，做好国有资本经营预算和资本划转方案，将分红和转让收益用于弥补养老等社会保障资金缺口，才能切实为养老保险制度提供源源不断的基金。中金公司曾测算：如果把国有企业股权每 5 年划拨 10% 给社保基金，至 2030 年划拨至 40% 后保持不变，需要划转的资金总规模将达 16 万亿元①。如果在第一轮划转中，国有企业能够提供 4 万亿元的国有资本经营预算调入一般公共预算再划转进入社保基金或是划转国有上市公司或非上市公司股权进入财产权交易市场挂牌转让，养老保险改革中的"中人"视同缴费就可以得到一定程度的兑现。

2017 年实施"划转部分国有资本充实社保基金"，《划转部分国有资本充实社保基金实施方案》规定的划转比例统一为企业国有股权的 10%，并提出今后结合基本养老保险制度改革及可持续发展要求，若需要进一步划转再作研究。该方案已明确了将中央和地方国有及国有控股大中型企业、金融机构纳入划转范围，将 10% 的国有股权划转，养老保险改革中有了一笔比较稳定的固定收益，其制度改革中的视同缴费从政策上可以得到一定程度上的保障，但并不能得到完全保障。2002 年中央财政对养老金的补助为 408.2 亿元，2016 年各级财政补贴已经达 6511 亿元，年均增长率已达 21.87%，远超 GDP 的增长速度，中央与地方财政负担很重。"国资股份划转社保基金会着重解决养老保险制度当年收支资金流的平衡，未来养老金巨额债务仅靠国资股份划拨是解决不了平衡问题的，养老保险全国统筹改革、延迟退休年龄等综合配套改革终将出台，如果制度改革不配套，对养老债务的责任分担，还是没有从根本上解决。"②

根据国务院发布的《关于 2017 年度国有资产管理情况的综合报告》，

---

① 王雅洁：《国资终于确定要划给社保基金 规模在 4 万亿左右》，《经济观察报》2016 年 8 月 14 日。

② 郭晋晖：《巨额国资划转社保：缓解养老金缺口"第一步"》，《第一财经日报》2017 年 11 月 20 日。

2017 年，包括国有企业国有资产、金融企业国有资产和行政事业性国有资产在内，全国国有资产总额共为 454.4 万亿元（当然我们也要密切关注负债总额 473.3 亿元的问题）（见表 5-5）。

表 5-5　2017 年国有资产分布情况

单位：万亿元，%

资产分布	资产总额	负债总额	国有资本及权益总额	资产负债率	境外总资产	国有资产	净资产
中央国有企业	76.2	51.9	16.2	68.1			
地方国有企业	107.3	66.6	34.1	62.0			
小计	183.5	118.5	50.3		16.7		
中央行政事业单位	4.2	0.9					3.3
地方行政事业单位	25.7	8.6					17.1
小计	29.9	9.5					20.4
金融企业	241.0	217.3			18.1	16.2	
总计	454.4	345.3			34.8	16.2	20.4

注：国有资本及权益总额指企业所有者权益中，国有实收资本及其享有的权益额。属于合资、合作、股份制等多元投资主体性质的企业，国有资本享有的权益年初、年末余额＝（资本公积金+盈余公积金+未分配利润-国有独享部分）×（国有实收资本/实收资本）+国有独享部分。其中国有独享部分包括国家专项拨款、各项基金转入、土地估价入账、税收返还或专项减免、国家拨付流动资本等政策因素形成的国家独享权益数额。

资料来源：根据国务院发布的《关于 2017 年度国有资产管理情况的综合报告》整理。

2017 年 11 月 18 日，国务院印发的《划转部分国有资本充实社保基金实施方案》明确了国有资本划转的路线图和具体的时间表。依据实施方案政府将划转国有企业 10% 的股权充实到养老保险基金中以解决"中人"视同缴费基金不足的问题，划转范围包括中央和地方国有企业及国有控股大中型企业和金融机构。

根据全部国有股权的 10% 计算，划拨社保基金的规模将达数万亿元，这对养老保险将是一个极有力的支持。截至 2018 年 10 月，3 家划转试点企业已经划转了国有资本 200 多亿元。国资委披露，2018 年底已完成 18 家中央企业股权划转，划转资金达 750 亿元，划转提速对于弥补养老保险基金缺口具有重大的意义。改革与时间赛跑，提速成为全国各地省级政府急需认真对待的关键问题，山东省率先成立了省级社会保障基金理事会，四川省率先公布了划转部分国有资本 10% 充实社保基金的实施方案。

"中人"视同缴费涉及的是"中人"问题，而且"中人"的年龄很分散，人口老龄化问题严重的地区，需要更多的基金补缺。这一群体在各自退休之前，工资增长率、剩余工作年限、领取退休金时间与死亡时间等涉及统计精算的指标千差万异。各地在"保低限高"的原则下设计的方案都需要保证广大"中人"的退休待遇基本不降低，这样需要多少国有企业划转资金才能满足发放需要是一个巨大的未知数，"再作研究"会成为一个常态。个人账户"空账"规模到底有多大？人社部发布的《中国社会保险发展年度报告 2015》显示，全国养老金个人账户"空账"率已超九成，其规模已经超过了 4 万亿元。2016 年末郑秉文教授执笔的《中国养老金发展报告 2016》指出，2015 年城镇职工养老保险个人账户"空账"达 4.71 万亿元。个人账户"空账"基本上可以说是对"中人"养老保险基金缴费不足的数字象征。

20 世纪国有资产的流失、拍卖造成了大量的损失。在国有股权划转社保基金后，由于对冲的影响，企业负债率有可能上升，是否影响企业生产经营还需要做进一步深入研究。现阶段只有做强、做大、做优、做实国有企业，壮大国有企业和国有经济方能为养老保险基金提供源源不断的资金支持。根据财政部统计数据，2016 年全国共发行销售彩票 3946 亿元，筹集彩票公益金 1085 亿元，中央财政安排使用公益金 473 亿元，其中有 315 亿元用于补充全国社会保障基金，有 105 亿元为中央专项彩票公益金，用于国务院批准的医疗、养老、文化、扶贫等 14 项社会公益事业项目[1]。坚持这一政策方向，并顺利推行延迟退休年龄改革，有利于缓解国有企业股份转养老保险基金的压力。

《2019 年全国社会保障基金理事会社保基金年度报告》显示，2019 年末，社保基金资产总额为 26285.66 亿元。2019 年，社保基金权益投资收益额为 2917.18 亿元，投资收益率为 14.06%。截至 2020 年末，符合条件的中央企业和中央金融机构划转工作全面完成，共划转 93 家中央企业和中央金融机构国有资本总额 1.68 万亿元。

在未来的工作中，中央国有企业与地方国有企业对社会保障基金的划转

---

① 王世让：《财政部公告 2016 年彩票公益金筹集分配使用情况》，人民网，2017 年 9 月 6 日。

工作都要有明确和规范的划转程序，做好股权的确定和股权变更登记工作，出台具体的划转细则，保障划转的公开性、透明性与可持续性，让全体参保者能够共享改革开放的成果。国有企业健康发展，保持一定的经济增长活力，是划转工作平稳有序开展的根本保证，在目前中美贸易摩擦加剧，经济发展受到较大影响的情况下，为使划转工作不影响国有企业的发展活力，要做好以下几个方面的工作。

其一，我国养老保险基金的缺口到底有多大，尤其是视同缴费年限的"中人"的养老金缺口多大，其变化情况如何，要使隐性债务显性化，针对其建立相关的动态监测模型，做好数据定位，以适时确定需要划转的比例，以当年收支平衡为原则，不要影响国有企业的正常发展。

其二，我国国有企业分布不均衡，大型国有企业、中央国有企业大都分布在发达地区，不发达地区的养老金缺口大于发达地区，划转国有企业的范围需要扩大，仅依靠少数国有企业是无法有力支持养老保险事业发展的，试点过程中增加划转国有企业数量，考察划转企业支持养老保险基金的实际效果，如果养老保险全国统筹，中央国有企业资本划转对不发达地区养老金的再分配效果更佳，更能体现社会公平。

其三，仅仅依靠国企利润划拨不可能完全解决"中人"视同缴费问题，且周期过长，需要拓展多元化资金的筹集渠道，如2016年全国共发行销售彩票3946亿元，其中315亿元用于补充养老基金，多于截至2018年10月第一批试点国企拨付的200亿。养老基金投资、降低养老保险制度的管理成本、延迟退休年限等政策多管齐下，可以大大缩短"中人"视同缴费的财政负债周期。

第六章　社会保险基金收支平衡分析

　　无论是采取现收现付制还是积累制的国家，社会保险基金的收支平衡都是制度运行和可持续发展最重要的目标。中国的社会保险制度安排采取部分积累制的财务模式，即既有社会统筹账户也有个人账户，既需要维持统筹账户的短期收支平衡，也要实现个人账户的长期收支平衡，这不仅是制度发展的要求，更是社会发展的要求。社会保险基金自 2000 年设立并运行以来，从总体的收支状况看，能够维持大体的收支平衡、收大于支的局面，部分险种还有可观的基金结余。然而，社会保险基金在未来仍然面临着巨大的挑战，一方面，从长远来看，目前的结余尚不能满足未来的支付需求；另一方面，目前的结余是以政府大量的财政转移支付为前提的，即基金收支在一些地区并不能维持平衡。因此，认识到基金现状及其未来可能面临的挑战，是实现社会保险基金收支平衡的基础。

第一节　历年中央和地方财政支出情况

　　从社会保障制度建立之日起，我们就确定了这样一个逻辑和规则，即政府对社会保障制度负有"兜底"的责任，这主要是指财政上的"兜底"。因此，中央和地方政府每年都会向社会保险基金进行转移支付，通过政府公共财政预算，对中央和地方财政进行分配，保证对社会保险基金的合理投入，确保基金的收支平衡。政府对社会保险基金的转移支付是社会保障制度的重要内容，也是促进社会公平的一种手段，目的是保障参保成员的基本生活，缩小收入分配差距。

化解隐性债务是现阶段我国社会保障基金管理的重要任务，在公共财政对社会保障基金兜底性转移支付的逻辑下，社会保障基金自身的平衡状况影响着公共财政的支付压力。因此为了有效减轻公共财政的支付压力，需要明确划分中央政府和地方政府对于社会保障的财政责任，以确保隐性债务得到有效化解。

一　政府财政对社会保险基金的支出逻辑

无论是福利型模式还是保险型模式的制度，政府都有满足社会成员基本生存需求的义务。相应的，社会成员在存在基本生存风险的时候，有权利获得政府提供的社会保障，这是现代制度的发展理念，即人的生存权是政府保障的基本方面。从政府支出的具体方式来看，中央政府和地方政府通过收入再分配实现社会保障制度对社会成员的待遇给付。收入再分配的资金主要由单位及个人缴费、政府财政转移支付构成，因此政府财政与社会保障基金有着密切关联。

自 2000 年社会保障基金设立起，政府财政每年都会对社会保险基金进行转移支付，尽管如此，我们也不能将社会保险基金简单看作财政体系的一个组成部分，社会保险有一套独立的运行体系。在精算平衡原则之下，社会保险基金的收入主要来自参保人和参保单位的缴费，缴费水平由给付水平、物价水平、工资水平、消费指数及缴费率等因素决定。由于中国的社会保险制度采取统账结合的运行方式，社会保险基金亦有两种财务模式，即待遇确定型（DB 制）和缴费确定型（DC 制）。在 DB 制中，缴费水平主要由给付水平决定，采取以支定收；在 DC 制中，给付水平主要由缴费水平决定，采取以收定支。在两种财务模式中形成内部精算平衡，以维持整个社会保险基金的收支平衡。在社会保险体系之外，政府财政起兜底作用，确保社会保险基金的最终收支平衡。

因此，政府财政对社会保险基金的支付力度由基金本身的平衡状况决定，除支持制度正常运行、防范系统性风险外，财政一般无须介入社会保险[1]。然而，在制度改革的过程中形成的制度转换成本，应该由政府财政负担，或在

---

[1]　熊伟、张荣芳：《财政补助社会保险的法学透析：以二元分立为视角》，《法学研究》2016 年第 1 期。

社会保险基金负担后，由政府补偿。由于政府主导下的制度改制形成的债务，政府也有义务偿还，在中国的社会保险改革实践中，政府补助社会保险的最主要原因在于补偿改革成本①，即补偿制度的转制成本。

在采用积累制财务模式的制度中，制度会因为基金征收和给付之间较长的时间差，通常是几十年，而存在较大的制度风险，如基金管理风险、基金的保值增值风险。这样的制度风险会在一定程度上对制度的抗风险能力提出要求，而抗风险能力的提升又在很大程度上需要依赖政府的支持，政府主要通过政策支持和财政支持来实现对社会保障抗风险能力的再保障，这一切的目标都是保障参保人的权益不会受到损害。

二 中央财政与地方财政的责任划分

中央和地方社会保障支出责任的划分影响中国改革全局，事关国家治理体系和治理能力。实行与国际社会保障责任从中央向地方转移有所不同的改革策略，适度强调中央财政的社会保障支出责任，是中国财政体制改革和社会保障制度改革的正确方向②。

在社会保障财政责任的承担上，中央政府和地方政府的分担情况具有以下特征。

1. 中央与地方政府社会保障支出责任划分不够清晰

中国社会保障制度的发展经历了从单位保障制时期向现代社会保障制时期的过渡，单位保障制时期，社会保障制度的绝大部分开支从单位列支，由各单位负责保障单位内部员工的基本生活。1993 年经济体制改革后，社会保障制度的模式也发生了变化，从单位保障制向现代社会保障制度转变，最大的转变就是保障责任主体从单一的单位主体转变为政府、单位、个人共同出资的多元主体。在此过程中，中央和地方政府责任的分配逐渐成为制度改革中需要解决的重点问题。然而时至今日，针对此问题仍未有清晰的解决方案，中央和地方政府的社会保障财政责任始终存在划分不清的问题。

---

① 熊伟、张荣芳：《财政补助社会保险的法学透析：以二元分立为视角》，《法学研究》2016 年第 1 期。
② 林治芬、魏雨晨：《中央和地方社会保障支出责任划分中外比较》，《中国行政管理》2015 年第 1 期。

2. 地方财政承担了90%以上的社会保障支出

在支出责任没有明确划分的情况下，地方政府在实践中承担了绝大部分的支出责任，1998年以来我国地方财政社会保障支出比例都在90%以上[①]，2007~2017年中央财政及地方财政对社会保障和就业的支出如表6-1、图6-1、图6-2所示。

表6-1 2007~2017年中央财政及地方财政对社会保障和就业的支出

单位：亿元

年份	中央财政社会保障和就业支出	地方财政社会保障和就业支出
2007	342.63	5104.53
2008	344.28	6460.01
2009	454.37	7851.85
2010	450.30	8680.32
2011	502.48	10606.92
2012	585.67	11999.85
2013	640.82	13849.72
2014	699.91	15268.94
2015	723.07	18295.62
2016	890.58	20700.87
2017	1001.11	23610.57

资料来源：国家统计局网站，http://data.stats.gov.cn。

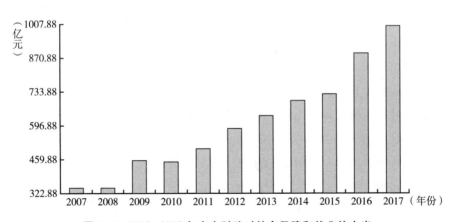

图6-1 2007~2017年中央财政对社会保障和就业的支出

资料来源：根据表6-1中的数据绘制。

---

① 熊伟、张荣芳：《财政补助社会保险的法学透析：以二元分立为视角》，《法学研究》2016年第1期。

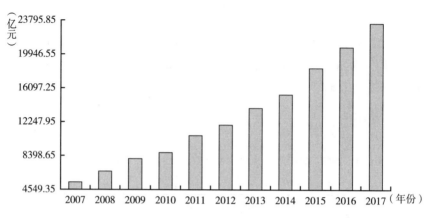

图 6-2　2007～2017 年地方财政对社会保障和就业的支出

资料来源：根据表 6-1 中的数据绘制。

由图 6-1、图 6-2 可知，无论是中央政府还是地方政府，对于社会保障基金的转移支付都呈增加的趋势。尽管如此，公共财政对社会保障制度的投入仍然存在问题，主要体现在社会保险基金的统筹层次不一致所导致的不同险种基金的财政分摊的层级及比例不一致，目前除基本养老保险基金实现省级统筹并将转向全国统筹以外，其余险种的统筹层次还停留在市县一级，争取向省级统筹过渡。因此对于养老保险基金的缺口，应由中央财政和省一级财政分摊，其余险种则应由省级财政和市县一级财政分摊，在分摊比例问题上易出现上级政府和下级政府双方博弈的现象。

在社会保障支出方面，中央政府与地方政府支出责任划分不清，2014 年中央政府指出：抓紧研究调整中央与地方事权和支出责任。这也成为中央政府和地方政府社会保障支出责任划分研究的起点[①]。

3. 地方财政社会保障收支矛盾突出

改革开放以来，中央财政和地方财政的收支状况发生了明显变化，中央财政收入增加、支出降低，地方财政收入降低、支出增加，即财政收入向中央集中，财政支出却主要由地方财政承担。这个趋势亦体现在中央和地方财政对社会保障的支出上，社会保障的待遇给付多由地方财政承担，而部分地

---

① 林治芬、魏雨晨：《中央和地方社会保障支出责任划分中外比较》，《中国行政管理》2015 年第 1 期。

方政府又存在着类似趋利避责的行为，使得部分地方政府难以切实承担起平衡社会保障基金收支的责任。

基于以上问题，还需要做如下改进。一是完善转移支付制度。明确中央和地方政府的社会保障支出责任，平衡地方政府间的社会保障支出差异，缩小因为地方财政能力不同而导致的地区间社会保障公共产品和服务供给水平的差异①。二是继续推进税务部门统一征收社会保险费的改革，加强税务部门征收管理。三是加强法制和理论研究，从立法层面规范社会保障管理以及公共财政的支出责任。

第二节　滚存积累基金的形成趋势分析

滚存积累基金也称社会保险滚存结余基金，指一定时期内社会保险基金收支相抵后的期末余额。由于结余基金积累制的性质，其规模、来源、投资运行状况直接关系到社会保险基金的平衡能力和偿付能力。我国自 2000 年设立全国社会保障基金以来，各项社会保险项目的累计结余额呈增长趋势（见表 6-2），对实现社会保险基金的收支平衡、抵御未来的社会保险风险起到支撑作用。

表 6-2　社会保险累计结余

单位：亿元

年份	累计结余					
	基本养老保险基金	医疗保险基金	失业保险基金	工伤保险基金	生育保险基金	社会保险基金
1996	578.6	6.4	86.4	19.7	5.0	696.1
1997	682.8	16.6	97.0	27.7	7.5	831.6
1998	587.8	20.0	133.4	39.5	10.3	791.1
1999	733.5	57.6	159.9	44.9	13.9	1009.8
2000	947.1	109.8	195.9	57.9	16.8	1327.5
2001	1054.1	253.0	226.2	68.9	20.6	1622.8
2002	1608.0	450.7	253.8	81.1	29.7	2423.4
2003	2206.5	670.6	303.5	91.2	42.0	3313.8
2004	2975.0	957.9	385.8	118.6	55.9	4493.4

---

① 李凤月、张忠任：《我国财政社会保障支出的中央地方关系及地区差异研究》，《财政研究》2015 年第 6 期。

续表

年份	累计结余					
	基本养老 保险基金	医疗保险 基金	失业保险 基金	工伤保险 基金	生育保险 基金	社会保险 基金
2005	4041.0	1278.1	519.0	163.5	72.1	6073.7
2006	5488.9	1752.4	724.8	192.9	96.9	8255.9
2007	7391.4	2476.9	979.1	262.6	126.6	11236.6
2008	9931.0	3431.7	1310.1	384.6	168.2	15225.6
2009	12526.1	4275.9	1523.6	468.8	212.1	19006.5
2010	15365.3	5047.1	1749.8	561.4	261.4	23407.5
2011	19496.6	6180.0	2240.2	742.6	342.5	30233.1
2012	23941.3	7644.5	2929.0	861.9	427.6	38106.6
2013	28269.2	9116.5	3685.9	996.2	514.7	45588.1
2014	31800.0	10644.8	4451.5	1128.8	592.7	52462.3
2015	35344.8	12542.0	5083.0	1285.3	684.4	59532.5
2016	43965.0	14965.0	5333.0	1411.0	676.0	66350.0
2017	50202.0	19386.0	5552.0	1607.0	564.0	77311.0
2018	58152.0	—	5817.0	1785.0	—	—

注：工伤保险累计结余中含储备金；"—"表示数据不可得。

资料来源：历年《人力资源和社会保障事业发展统计公报》。

2018 年全年基本养老保险、失业保险、工伤保险三项社会保险基金收入合计 57089 亿元，比上年增加 8509 亿元，增长 17.5%；基金支出合计 49208 亿元，比上年增加 7228 亿元，增长 17.2%[①]。

表 6-2 中社会保险基金 7 万多亿元的累计结余反映的是整个社会保险基金的结余情况，在这部分结余中，大部分来自财政转移支付和发达地区的累计结余，而不是所有省（区、市）都有结余。

从各项社会保险基金的累计结余情况中我们可以看出，基本养老保险基金的结余占社会保险基金结余的很大比重，这和我国社会保险制度统账结合的财务模式有关，五个险种中，只有养老保险制度采用部分积累制。因此个人账户占结余基金的比重很大。对于滚存结余多的基金，最大的制度挑战就是如何实现基金的保值增值以应对未来的风险和实现收支平衡。表 6-3、表 6-4、图 6-3 为社会保险五个险种基金的收入和支出情况。

---

① 《2018 年度人力资源和社会保障事业发展统计公报》。

表6-3　社会保险五个险种基金收入情况

单位：亿元

年份	基本养老保险基金	基本医疗保险基金	失业保险基金	工伤保险基金	生育保险基金	社会保险基金
1996	1171.8	19.0	45.2	10.9	5.5	1252.4
1997	1337.9	52.3	46.9	13.6	7.4	1458.2
1998	1459.0	60.6	68.4	21.2	9.8	1623.1
1999	1965.1	89.9	125.2	20.9	10.7	2211.8
2000	2278.5	170.0	160.0	24.8	11.2	2644.9
2001	2489.0	383.6	187.0	28.3	13.7	3101.9
2002	3171.5	607.8	215.6	32.0	21.8	4048.7
2003	3680.0	890.0	249.0	37.6	25.8	4882.9
2004	4258.4	1140.5	291.0	58.3	32.1	5780.3
2005	5093.3	1405.3	340.3	92.5	43.8	6975.2
2006	6309.8	1747.1	402.4	121.8	62.1	8643.2
2007	7834.2	2257.2	471.7	165.6	83.6	10812.3
2008	9740.2	3040.4	585.1	216.7	113.7	13696.1
2009	11490.8	3671.9	580.4	240.1	132.4	16115.6
2010	13419.5	4308.9	649.8	284.9	159.6	19276.1
2011	16894.7	5539.2	923.1	466.4	219.8	25153.3
2012	20001.0	6938.7	1138.9	526.7	304.2	30738.8
2013	22680.4	8248.3	1288.9	614.8	368.4	35252.9
2014	25309.7	9687.2	1288.9	694.8	446.1	39827.7
2015	29340.9	11192.9	1367.8	754.2	501.7	46012.1
2016	37991.0	13084.0	1229.0	737.0	522.0	53563.0
2017	46614.0	17932.0	1113.0	854.0	642.0	67155.0
2018	55005.0	21090.1	1171.0	913.0	756.0	78934.1

资料来源：历年《人力资源和社会保障事业发展统计公报》。

表6-4　社会保险五个险种基金支出情况

单位：亿元

年份	基本养老保险基金	基本医疗保险基金	失业保险基金	工伤保险基金	生育保险基金	社会保险基金
1996	1031.9	16.2	27.3	3.7	3.3	1082.4
1997	1251.3	40.5	36.3	6.1	4.9	1339.2
1998	1511.6	53.3	51.9	9.0	6.8	1636.9
1999	1924.9	69.1	91.6	15.4	7.1	2108.1
2000	2115.5	124.5	123.4	13.8	8.3	2385.6

续表

年份	基本养老 保险基金	基本医疗保险 基金	失业保险 基金	工伤保险 基金	生育保险 基金	社会保险 基金
2001	2321.3	244.1	156.6	16.5	9.6	2748.0
2002	2842.9	409.4	182.6	19.9	12.8	3471.5
2003	3122.1	653.9	199.8	27.1	13.5	4016.4
2004	3502.1	862.2	211.3	33.3	18.8	4627.4
2005	4040.3	1078.7	206.9	47.5	27.4	5400.8
2006	4896.7	1276.7	198.0	68.5	37.5	6477.4
2007	5964.9	1561.8	217.7	87.9	55.6	7887.8
2008	7389.6	2083.6	253.5	126.9	71.5	9925.1
2009	8894.4	2797.4	366.8	155.7	88.3	12302.6
2010	10554.9	3538.1	423.3	192.4	109.9	15018.9
2011	12764.9	4431.4	432.8	286.4	139.2	18652.9
2012	15561.8	5543.6	450.6	406.3	219.3	23331.3
2013	18470.4	6801.0	531.6	482.1	282.8	27916.3
2014	21754.7	8133.6	614.7	560.5	368.1	33002.7
2015	25812.7	9312.1	736.4	598.7	411.5	38988.1
2016	34004.0	10767.0	976.0	610.0	531.0	46888.0
2017	40424.0	14422.0	894.0	662.0	744.0	57146.0
2018	47550.0	17607.7	915.0	742.0	738.3	67552.9

资料来源：历年《人力资源和社会保障事业发展统计公报》。

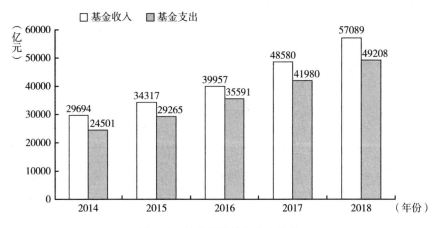

图 6-3　社会保险基金收支情况

资料来源：《2018 年度人力资源和社会保障事业发展统计公报》。

从表6-3、表6-4、图6-3中可看出，五个险种的社会保险项目基金收入、支出、结余总体上呈上升趋势，具有可观的基金结余，增强了基金未来的偿付能力。然而地区间经济发展不平衡使得基金分布存在结构性的不均衡，东部地区结余相对较多，中西部地区较少。这表明，一是统筹层次低严重影响了社会保险基金的使用效率。我国养老保险在大多数地区仍是省级统筹，发达地区基金结余多，然而不能调剂给有缺口的地区使用，同时承担着较大的基金保值增值的压力；欠发达地区基金存在缺口，然而不能在制度内填补这个缺口。因此出现了在全国范围内社会保险基金结余多，但仍然需要公共财政进行转移支付的现象。2019年中央政府对社会保险缴费进行了"降低单位缴费至16%"的改革，为了解决部分省份社会保险费支付缺口的问题，中央建立了调剂金制度，并将调剂金的比例提升至3.5%，一定程度上解决了基金收支制度内平衡的问题，但这并非长期的解决方案。从长远来看，基金收支平衡问题的解决还是要依赖统筹层次的提升。二是基本养老保险基金承担了制度的转制成本。现行的养老保险制度在改革、完善的过程中形成了较大规模的转制成本，主要是"老人"的养老金及"中人"的过渡性养老金，而这些转制成本目前主要是由养老保险基金承担。由于转制成本规模庞大，部分省份基金结余不足甚至出现支付缺口，于是出现了将养老保险个人账户中的基金积累用于发放当期退休人员养老金的现象，造成了严重的个人账户"空账"，使基金未来的偿付能力面临非常大的挑战。三是社会保险制度具有刚性特征，体现在养老保险制度上，即养老金的水平只能升不能降，养老服务水平只能升不能降。政府几乎每年都在提高养老金水平，随之基金支出规模也越来越大。

针对基金发展不平衡、统筹层次低的现状，政府加大了对全国社会保障基金管理的力度，2016年颁布了《全国社会保障基金条例》，加强对基金的监督，进一步保障基金安全。此外，从制度管理和经办层面加强了对基金的管理。

一是持续扩大制度覆盖范围。2018年末全国参加基本养老保险人数为94293万人，比上年末增加2745万人。全国参加失业保险人数为19643万人，比上年末增加859万人[1]。

---

[1]　参见《2018年度人力资源和社会保障事业发展统计公报》。

二是提升统筹层次，缩小地区差异。统筹层次偏低会直接影响基金的偿付能力，尤其是基金结余少的省份，支付压力会更大。提高统筹层次，可以使政府在更大的范围内调剂基金，让基金管理实现制度内的平衡。

三是拓宽筹资渠道，扩大基金规模。通过开展养老基金投资运营，推动基金市场化、多元化、专业化投资，实现基金保值增值。同时，推动划转部分国有资本充实社保基金，有效提升基金抗风险能力，保障养老保险制度的良好运行。

四是推进税务部门统一征收社会保险费的改革。2018 年中共中央办公厅、国务院办公厅印发《国税地税征管体制改革方案》，明确从 2019 年 1 月 1 日起，将基本养老保险费、基本医疗保险费、失业保险费、工伤保险费、生育保险费等各项社会保险费交由税务部门统一征收。此举进一步明确了社会保险各相关主体的责任，有利于进一步提高社保基金征缴率，杜绝用人单位虚报缴费基数，进而保障社保基金的安全，为养老保险全国统筹打下良好的基础。

从中长期看，我国养老保险制度面临的主要挑战是人口老龄化带来的挑战，现阶段政府需要考虑如何实现基金中长期平衡，提高基金的长期偿付能力，有效应对经济发展新常态和人口老龄化的挑战，确保养老保险制度可持续发展并保障广大退休人员的基本生活。

第三节　基本养老保险"空账"对未来制度偿付能力的影响

养老保险基金的偿付能力是指养老保险制度可供支配的总资产在一定积累模式下对未来养老金的给付能力，其表现为养老保险基金资产与负债之间的财务关系，即养老保险基金资产应随时满足偿付债务的需求。保持适度的养老保险基金的偿付能力是我国养老保险制度可持续发展的关键。养老保险基金偿付能力的影响因素包括：养老保险基金规模存量，养老保险支出规模，各级政府的财政支持力度，养老保险基金统筹层次、投资收益率，养老保险赡养率及负担系数。中国在 20 世纪末进行了养老保险筹资模式改革，现收现付制转变为部分积累制，在此过程中形成了规模庞大的转制成本，亦扩大了隐性债务的规模。由于制度的统筹层次不高、中央政府及地方政府财政责任分担不明确，以及基金监管的不严格，转制成本未能得到及时有效的化解，甚至产生了严重的"空账"问题。以上状况很大程度上影响了基金的偿付能力。针对这些问题，政府需要加强对基金偿付能力的监管，可以主要从以下几个方面着手：加强对养老保险费用征缴的监管，提高统筹层次，加强个人账户管理，化解隐性债务，调整人口结构，做足政府养老保险基金支付预算，完善养老保险基金投资管理。

基本养老保险制度的偿付能力与养老保险基金的收支平衡状况直接相关，基金的收入主要来自参保人缴费、财政转移支付及基金的投资运营收入，支出则主要由参保人数和养老金水平决定。2006~2017年养老保险基金的平衡状况如表6-5所示。

表 6-5　2006~2017 年养老保险基金的平衡状况

年份	人数（亿人）		抚养比（%）	养老保险基金（亿元）			
	参保人数	参保退休人数		基金收缴	基金支出	基金缺口	"空账"额
2006	1.1175	0.4207	37.6	3230	3914	684	2679
2007	1.1511	0.4427	38.5	3600	4371	771	3865
2008	1.1856	0.4664	39.3	4005	4889	884	5216
2009	1.2212	0.4904	40.2	4448	5457	1009	6743
2010	1.2578	0.5128	40.8	4929	6048	1119	8762
2011	1.2955	0.533	41.1	5458	6656	1198	10390
2012	1.3344	0.5554	41.6	6004	7375	1371	12528
2013	1.3744	0.5741	41.8	6598	8049	1451	14896
2014	1.4157	0.6021	42.5	7245	8975	1730	17492
2015	1.4581	0.635	43.5	7947	10068	2121	20317
2016	1.5019	0.6631	44.2	8709	11137	2428	23399
2017	1.5469	0.6904	44.6	9536	12491	2955	26766

资料来源：赵仲丽《我国养老保险基金的偿付能力研究》，硕士学位论文，天津财经大学，2010。

从表 6-5 可看出，养老保险基金缺口逐年攀升，2017 年的 "空账" 额更是上升到了 2006 年的近 10 倍，而随着参保人数和抚养比的增长（见图 6-4、图 6-5），基金支出亦呈明显的增长趋势。

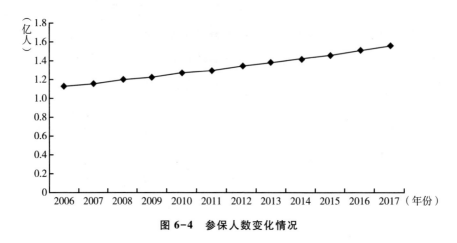

图 6-4　参保人数变化情况

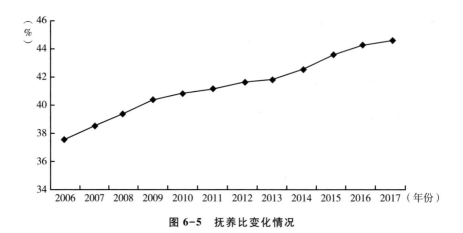

图 6-5　抚养比变化情况

由图 6-5 可知，随着时间的推移，抚养比在持续增加，这也意味着人口老龄化的速度越来越快。在在职人员人数没有明显增加的情况下，在职人员所要面临的支付压力会越来越大，很可能威胁到养老保险的可持续发展。个人账户 "空账" 会直接影响基金未来的偿付能力，给养老保险制度带来非常大的财政危机。因此自 2000 年开始，中央政府就十分重视 "空账" 问题，开启了 "做实个人账户" 的改革，多管齐下解决个人账户 "空账" 问题。为逐步缩小"空账"规模，政府要做好以下几个方面的工作。

一是要做实个人账户。中央政府为解决基本养老保险个人账户"空账"问题，先从辽宁省开始试点，随后试点范围扩大到吉林、黑龙江等13个地区。做实个人账户主要通过两种方式："补缺口"和"补账户"。"补缺口"是指财政转移支付完全根据个人账户的缺口大小来补贴，个人账户和统筹账户的来源不变，还是坚持之前确定的个人缴费进入个人账户，单位缴费进入统筹账户。补账户则是指个人缴费和单位缴费全部进入统筹账户，用于支付当期的养老金，财政则根据个人账户的规模来确定补助水平。

在做实个人账户的过程中，关于"名义账户"的讨论持续了很长时间。郑秉文认为实行名义账户制是比做实个人账户更好的选择。名义账户制是DB制与DC制的一种混合模式，它既有某些DB制的特征，又有DC制的某些特征。所以名义账户制既可被称为DC型的现收现付制模式，也可以被称为DB型现收现付制的某种变式①。虽然名义账户没有实际的基金积累，但目前个人账户"空账"的状态其实和名义账户是一样的。韩克庆认为名义账户本质上是现收现付制②，实则不然，两者的记账方式完全不同，现收现付制不会体现长期的基金利率及收益率，不能体现人口老龄化背景下几十年后的基金缺口。尽管如此，名义账户制作为过渡期的政策仍然具有一定的可行性。现在的政策方向已然很明晰，那就是做实个人账户，通过多元化的投资、严格的监管、公共财政补贴、国有资产划拨等方式来填补养老金缺口。

二是要分离社会统筹账户和个人账户。养老保险基金的混账管理使得统筹账户和个人账户之间的基金征收和支出出现管理混乱的问题，账户关系不明晰，"空账"现象严重。分离统筹账户和个人账户是明确两个账户关系的基础，如此才能使隐性债务的规模在可控制的范围内。随着统筹层次的提高，基金使用会更有效率，通过基金调剂，其互助共济性会更强，如果继续维持混账管理，则容易混淆统筹账户和个人账户的属性，不能突出个人账户强调积累及纵向的财富平衡、统筹账户强调互助和横向的代际转移支付的特点。有学者提出的思路是将个人账户部分划入企业年金，共同

---

① 郑秉文：《"名义账户"制：我国养老保障制度的一个理性选择》，《管理世界》2003年第8期。

② 韩克庆：《名义账户制：养老保险制度改革的倒退》，《探索与争鸣》2015年第5期。

形成第二支柱①，责任主体完全是企业和个人，企业可以依据信托模式将资金委托给有资格的受托人来进行运营管理。这样统筹账户和个人账户彻底剥离，主体责任明确，结束混账管理。

三是要确保养老保险基金保值增值。实现养老保险基金的保值增值既是我国养老保险制度模式选择之下的要求，也是社会保障制度面临的一大挑战。积累制的制度必然会面临基金保值增值的问题，而现在的"空账"问题和未来人口老龄化的挑战又使基金保值增值更重要、更有挑战性。因此，严格基金管理以实现保值增值显得极为迫切。2015年8月，国务院发布《基本养老保险基金投资管理办法》明确提出要提高养老保险基金的投资回报率。2016年，国务院公布《全国社会保障基金条例》，明确规定了社会保障基金的性质，指出基金管理要按照审慎稳健、公开透明的原则进行风险防控。该条例提出的具体措施包括：全国社会保障基金理事会应当按照国务院批准的比例在境内外市场投资运营基金，合理配置经国务院批准的固定收益类、股票类和未上市股权类等资产；要制定风险管理和内部控制办法；制定基金的资产配置计划、确定重大投资项目，应当进行风险评估并集体讨论决定；定期向国务院有关部门报告基金管理运营情况；将基金委托投资的，要从符合法定条件的专业投资管理机构、专业托管机构中选任基金的投资管理人、托管人，并对其进行考评②。此外，该条例还对投资管理人审慎投资、托管人安全保管基金的法定职责及禁止性行为做了明确规定，并明确了国务院财政部门、国务院社会保险行政部门、国务院外汇管理部门、国务院证券监督管理机构、国务院银行业监督管理机构、全国社会保障基金理事会、审计署等相关管理部门的职责。该条例的颁布表明了中央政府规范社会保障基金管理的决心。

四是要持续推进延迟退休年龄的改革。延迟退休年龄是人口老龄化严重的国家做出的普遍选择，这些国家通过延长参保人的缴费时间，增加养老保险基金收入，降低同一参保人的养老金支出，减少养老金支付的压力。我国选择的是小步渐进式延长，每年推迟几个月的退休年龄，逐步到位，若干年

---

① 胡继晔、董克用：《养老保障如何补短板？专家建议8%个人账户划入第二支柱》，《华夏时报》2016年12月16日。

② 参见《全国社会保障基金条例》第二章相关条文。

后达到 65 岁的退休年龄界限。延迟退休年龄可以在一定程度上改善养老保险基金的收支平衡，降低制度赡养比，从而构成降低企业缴费率的基础，可以采取"女先男后、男女同龄、小步渐进"的策略，再辅之以养老金补偿机制、老年人口就业保护机制等配套政策。

第四节　制度刚性与政府财政支持力度

社会保障水平反映了社会成员享受社会保障经济待遇的高低程度，它是整个社会保障体系的核心要素，一方面代表了社会成员所享受到的社会保障水平，另一方面反映了整个社会保障体系运行状况。目前理论研究较多的单一的社会保障资金支出水平并不能够充分地衡量社会保障水平的高低，必须建立更全面的指标体系，既要从绝对量和相对量上来衡量社会保障的支出，还要从质的角度来对社会保障水平的"适度"与"不适度"进行判断，从而对社会保障水平进行更为全面、客观的评价。

一　制度刚性及制度水平的分析

基于西方国家社会保障发展所给出的证据，许多经济和政治评论家提出了社会保障的内在刚性。社会保障的刚性原则在西方实行社保制度的国家普遍存在，刚性是社会保障自身所具有的内在的和本质的属性。社会保障的供给只能扩大不能缩小，项目规模只能上不能下，待遇水平只能提高不能降低。社会保障的刚性决定了标准一旦确定，就只能提高不能降低，社会保障水平对于经济的变化缺乏弹性，表现为社保水平一旦升上去就难以降下来。从社会心理角度看，公民认为社会保障是自己的社会基本权利，消减社会保障给付等于是消减部分社会权利，所以民主意识高的国家就很难办到。社会保险是以履行义务作为享受权利的前提，人们把社保当作自己劳动的成果，要减少当然不行[1]。

社会保障支出的刚性决定了社会保障水平的刚性，其理由是：其一，社会因素决定制度的有无，不断变化的社会环境、不断产生的社会问题会使国

---

[1]　朱旭：《社会保障水平刚性成因研究》，《管理学家》（学术版）2011 年第 10 期。

民对社会保障体制产生新的需求，对社会保障主体所能供给的产品和服务也会提出新的需求，因此，体制的变化是政府制度对社会问题的回应；其二，政府通过扩大社会保障制度的支出、提升支出水平来回应国民的公共服务需求，履行政府对于国民的契约责任，实现善治。

社会保障水平需要与经济发展水平相适应，这是制度的首要原则。20 世纪七八十年代的福利国家危机让西方国家政府重新思考社会保障水平的问题，2011 年以来的欧洲债务危机引发了世界范围内对社会保障水平适度性的探讨，许多专家学者认为北欧国家普遍较高的社会保障和福利水平是债务危机爆发的根源所在，认为债务危机国家的社会保障水平远远高于其与经济社会发展相协调的适度水平。社会保障水平的适度性问题是社会保障一系列问题中的关键问题，什么样的社会保障水平既能够提供最大化的福利保障又能够很好地平衡收支，怎样确定最适度的社会保障水平，现行社会保障水平是不是与经济社会发展相适度的水平，适度性中的"度"如何理解，这些都是现阶段社会保障制度面临的核心问题[1]。

社会保障收支水平会直接受到经济发展水平的影响，收支水平制定得过高，会增加缴费者和给付者的负担。因此，如何选择筹资模式，需要充分考虑国家和地区的经济发展水平和承受能力。与国情和经济发展水平相适应的筹资模式将有助于形成稳定的社会保险基金，为经济发展提供基金积累。因此，实行积累制的国家，会利用强制储蓄为经济发展提供长期投资基金。社会保障水平需维持在一个适度的范围，这是学界和实践领域的共识，适度的社会保障水平才能最大限度地发挥福利的正向效应，水平过高易造成"养懒汉"的局面，水平过低则难以发挥收入再分配的经济功能。从社会保障与经济发展的关系来看，社会保障水平过低也不利于经济的持续发展，相反，可以通过提高劳动者素质、解决劳动者后顾之忧提升劳动效率，促进经济增长。社会保障水平过高则可能会加重企业负担和政府的财政负担，影响整个社会经济发展的环境。更严重的是，由于社会保障关联着储蓄和收支水平，过高的社会福利是以牺牲储蓄、即期投资和未来的福利水平为代价的，会给经济

---

① 林博：《社会保障水平适度性研究——研究方法与实践探讨》，《金融与经济》2012 年第 12 期。

发展造成沉重的负担，给经济增长带来负面影响①。可见，社会保障水平关系着国家的经济发展和社会保障制度功能的实现，水平适度是我们进行制度设计和改革时需要关注的重要方面。

二　政府财政支持力度

政府财政对社会保障基金的转移支付是基金的重要来源，起到为基金兜底的作用。

表 6-6 显示了自 2000 年社会保障基金设立以来财政拨入的情况。实际上，我们还需要了解中央财政与地方财政分别对社会保障基金的支持情况，从中央财政与地方财政的出资来看，社会保障支出结构尚不合理。从社会保障地方政府财政支出和中央政府财政支出之间的责任分担来看，中央政府与地方财政社会保障支出比例不合理。各地政府财政社会保障支出差异明显的现象与各地区之间的社会经济发展水平的高低紧密相关。在各地社会经济发展水平差异较大的背景下，市场这只"看不见的手"对于各地区之间的社会保障支出结构不合理的这种现象是无能为力的，需要政府通过合理调整各地区间的社会保障财政资金安排来解决这一问题。

表 6-6　财政拨入全国社会保障基金资金情况

单位：亿元

年份	财政净拨入	年份	财政净拨入
2000	200.00	2010	634.44
2001	595.26	2011	482.79
2002	415.76	2012	526.14
2003	464.84	2013	554.32
2004	278.54	2014	552.38
2005	228.71	2015	706.38
2006	574.23	2016	700.60
2007	308.14	2017	597.83
2008	326.95	2018	573.77
2009	825.90	2019	464.93

资料来源：全国社会保障基金理事会官网。

---

① 林博：《社会保障水平适度性研究——研究方法与实践探讨》，《金融与经济》2012 年第12期。

政府财政的转移支付在社会保障基金的平衡中起着重要的兜底作用，而目前财政支出存在以下几个方面的问题。

一是社会保障支出地区分布不均衡。这主要表现为各地政府对于社会保障支出的差异，而这是由许多复杂因素引起的。从 1986 年的现代社会保障制度建立，到 1994 年的分税制改革，到 1997 年、2005 年逐步统一城镇企业职工基本养老保险，到 2009 年的新医改，再到 2014 年机关事业单位和城镇企业养老保险并轨、延迟退休年龄、减税降费的改革，中国的社会保障制度不断完善，但社会保障财政支出的地区差异严重影响了其收入再分配功能的实现。地方的经济发展水平很大程度决定了地方社会保障支出的水平。二是中央和地方财政支出比例不协调。长期以来，我国社会保障支出主要由地方政府负担，中央政府社会保障财政支出的占比偏小，甚至出现中央政府和地方政府在社会保障方面的财政支出失衡。在我国 2007~2011 年财政社会保障支出中，地方政府财政承担了 93% 以上的财政社会保障支出责任，呈现逐年递增的趋势，而中央财政却只承担了 7% 以下的财政社会保障支出责任，并呈现递减的趋势[1]。三是社会保障支出监管机制不健全。我国现代社会保障制度建立以来，资金来源呈现多元化的特征。政府的财政支出在社会保障资金中的占比较计划经济时代的单位保障要减少许多，参保人缴费、基金投资收入等是现阶段我国社会保障基金的主要来源。资金来源多元化的特征也增加了基金监管的难度，在支出方面，我国的社会保障支出监管和立法不健全，资金管理存在较大风险。

厦门大学公共事务学院张光教授认为：中国的地方政府各自为政的碎片化基本养老保险制度，势必迫使那些供养比指标低的地方（如黑龙江、吉林）全力征缴保费收入，而那些供养比指标高的地方（如广东、福建、浙江、北京）则可以甚至必须放松征收力度，尽可能地少征少缴。

2013 年城镇职工基本养老保险参保人供养比如图 6-6 所示。

供养比指标高的地区养老保险征缴力度必须最小化，有如下原因。

一是供养比指标高的地区，如果按照国家规定比例按时足额缴纳养老金，则会产生大量的基金结余，必然会导致巨大的基金保值增值的压力。基于安

---

[1] 林治芬、魏雨晨：《中央和地方社会保障支出责任划分中外比较》，《中国行政管理》2015 年第 1 期。

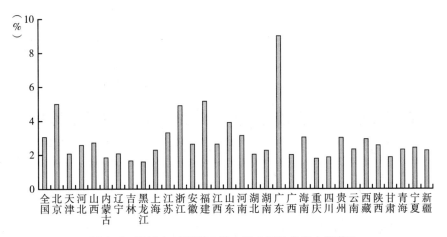

图6-6 2013年城镇职工基本养老保险参保人供养比

资料来源：《中国统计年鉴2014》。

全性的考虑，国家对养老金积累的投资渠道有规定，至少50%的基金要用于购买国债或存入银行，可以用于购买股票、证券等金融产品的基金只占不到一半的比例，如此，基金增值的收益偏低。

二是地方政府的逐利竞争使地方养老保险基金征缴倾向于最小化。按照目前的地方政府绩效指标，发展经济一定是排在第一位的。要发展地方经济，就需要优质的资本，地方政府会想方设法招商引资，而减少社会保险缴费是招商引资的有利条件。

三是统筹层次的提高。目前我国养老保险制度还未实现全国统筹，为了平衡地区间的基金缺口，实行调剂金制度，基金富余的地区各贡献一笔基金，汇集到一起形成中央调剂金，供基金有缺口的地区调剂使用。这种情况下，供养比充裕的地方政府就产生了控制基金结余的动机，同时为未来即将到来的全国统筹做好准备。中国社会保障的基金收支的全国统筹改革势在必行，这个改革的成效关系到我国养老保险制度能否在未来人口老龄化最高峰到来的时候真正保障参保人的老年生活，关系到养老保险制度甚至整个社会保障制度的成败，因此越早进行越好。全国统筹从技术和财务管理上看都不难实施，关键是要中央做出政治决断。一旦中央承担了社会保障基金运作的责任，则中央财政支出占全国财政支出的比重将升至25%~30%这一目前国际社会上比较普遍的水平。

第七章　企业缴费行为对偿付能力的影响

新常态作为治国理政新理念，是在 2014 年 5 月习近平总书记考察河南时提出的，"我国发展仍处于重要战略机遇期，我们要增强信心，从当前我国经济发展的阶段性特征出发，适应新常态，保持战略上的平常心态"。新常态包括三大内容：从高速增长转为中高速增长，经济结构不断优化升级，从要素驱动、投资驱动转向创新驱动。习近平总书记提出中国全面深化改革，就要激发市场蕴藏的活力，就要为创新拓宽道路，就要推进高水平对外开放，就要增进人民福祉、促进社会公平正义。从这个角度来理解，"新常态"或许具备了远超出经济层面的更全面深刻的意涵。新常态往往也伴随着新矛盾、新问题、新挑战，实际上一些潜在风险正渐渐浮出水面。新常态不仅是经济转型的过程，同时也是风险释放的过程。

第一节　新常态下社保缴费对企业的影响

2014 年以来中国经济发展进入新常态，从高速增长转向中高速增长，经济发展方式正从规模速度型粗放增长转向质量效率型集约增长，经济结构正从增量扩能为主转向调整存量、做优增量并存调整，经济发展动力正从传统增长点转向新的增长点。

一　经济发展新常态对企业的影响

中国经济发展新常态是强调结构优化、稳增长的经济，而不是总量经济（传统意义上的 GDP），着眼于经济结构的对称状态及在对称状态基础上的可持续发展。经济发展新常态下，中国经济增长速度放缓、社会发展方式转变、经济结构转型，经济下行压力加大，以制造业为主体经济的中国经济景气指数有所下降，经济不景气使相当一批中小企业处于"凋零"状态，加大了就业压力。政府紧缩开支、企业收支紧缩过渡到家庭收支紧缩，企业关停的负向效应沿着产业链、资金链、合同链传导，传导效应引发系统性风险，紧随其后的便是消费颓势及失业率升高。在经济发展新常态下与后金融危机时代，企业面临着一系列的发展困境。

由于位于产业链条下端的中小企业面临的竞争异常激烈，中小企业是价格的接受者而不是决定者，因此其所承受的生产成本上涨压力无法通过提高其产品价格来缓解。虽然在过去几年中，面对能源、原材料价格和工资的上涨，制造企业通过提高中间投入品使用的技术效率，以及提高劳动生产率，在很大程度上缓解了生产成本上升的压力。但是面对当前国内外的周期性冲击因素，相当多的中小企业已经难以自救，政府需要运用金融手段和减税手段给予特殊的支持。在目前的经济发展新常态下，在产能过剩、经济下行和企业部门杠杆率高企的背景下，企业投资意愿会大幅减弱，居民消费需求会有所回落。如何有序化解过剩产能？要采取兼并重组、债务重组或破产清算等措施，积极稳妥处置一些"僵尸企业"。既然企业是保增长和保就业的关键，既然经济发展的这个阶段的确需要国家向企业适当让利，金融支持以及减税应该是最有效、时机最合适且激励相容的政策手段。我国中小企业的平均寿命仅为 2.5 年左右，大众创业创新的主力军是中小企业，中小企业总数已占全国企业总量的 99% 以上，吸纳了九成的就业人口，其重要性可见一斑①。

二　经济发展新常态下的社会保险

在我国现行社会保险制度下，企业是社会保险缴费的核心主体，亦是吸纳就业、驱动国民经济增长的重要组成部分，所以企业承担的社会保险缴费应以不影响其正常生产经营为前提，即企业社保缴费负担应该与其缴费承受能力相适应，保持在适度水平，一些学者研究认为我国社会保险企业缴费率

---

① 张超、梅强：《中小企业的创新与安全生产》，《商业研究》2005 年第 7 期。

过高，企业缴费负担过重，明显超过了其缴费承受能力。

《中国企业社保白皮书 2017》显示在接受调查的数千家企业中，仅有 24.1% 的企业社保缴费基数完全合规，合规企业不足 1/4，还有 3/4 以上的企业社保缴费基数是不合规的，没有按照职工工资总额核定缴费基数，其中还有 22.9% 的企业按照最低基数缴费。这将会导致两个后果：一是过低的缴费基数会直接影响员工未来的养老保险待遇；二是不实缴费会为企业的劳资关系埋下隐患。

从参保时间来看，参保时间合规的企业比例稳步增长，2015 年为 82.21%，2016 年为 79.12%，2017 年达 84.10%，与 2016 年相比，2017 年未按规定及时参保的企业比例下降了约 5 个百分点。企业参保时间合规总体上遵守程度良好，且合规企业比例稳步上升。各项社保缴纳率由 2015 年的 90.3%、2016 年的 92.8%，提高到了 2017 年的 94.3%，连续三年增长；住房公积缴纳率由 2015 年的 79.8%、2016 年的 75.2%，提高到了 2017 年的 84.1%，也有较大幅度提升①。

由此看出，"五险一金"等强制缴纳的法定福利覆盖面越来越广，然而在经济下行的压力下，企业社保合规缴纳和政府扩面征缴的成本都会非常高。从 2016 年开始，社保缴费基数合规的企业数量占比便出现下滑趋势，2016 年社保缴费基数合规企业占比为 25.11%，较 2015 年下降了 13 个百分点，2017 年再次下降到 24.1%。

《中国企业社保白皮书 2017》同时揭示了企业内部社保管理面临的挑战，全国经营常态化，跨地区经营的企业比例从 2016 年的 49.05% 增加到 2017 年的 54%，提升了近 5 个百分点；50~100 人的企业跨地区经营比例在 2017 年首次突破了 50%，达 52.2%。这标志着我国 50~100 人企业已经全面进入全国经营常态化阶段。另外一个挑战来自企业内部的人力资源管理，《中国企业社保白皮书 2017》显示，对于现行的养老金计算办法，仅有 8.7% 的人力资源工作人员可以完全解释清楚，有 15.9% 的人力资源工作人员表示完全不懂。随着员工社保意识的增强，员工的社保需求与人力资源管理现状会产生矛盾，人力资源将会无法最大化保障员工的社保权益。这一可能发生的矛盾对企业内部的社保管理提

---

① 参见《中国企业社保白皮书 2017》。

出了更高的要求，现行政策的复杂性也使企业的社保管理面临极大挑战。

近年来，虽然各省（区、市）社保的"五险"缴费基数和费率各有差异，但用人单位和职工个人共同承担的总费率都达工资的 40% 以上，如加上公积金的 24%，就达 60%。社会保险缴费负担过重，也是当前很多企业特别是中小企业反映的突出问题之一，当前已成为社会各界热议的焦点[①]。关于降低社保缴费率的呼声也越来越高，社会保险缴费率是指雇员和雇主缴纳各项社会保险的总额与工资额的比例，包括个人缴费率和用人单位缴费率。个人缴费率是指个人缴纳各项社会保险总额与工资额的比例，用人单位缴费率是指用人单位缴纳各项社会保险的总额与用人单位职工工资总额的比例。我国社会保险制度以及社保缴费率的变化经历了一段曲折的发展历程，在此过程中社保缴费率政策不断调整，企业的社保缴费率也随之不断变动，改革开放以来我国企业社保缴费率变动情况如图 7-1 所示。

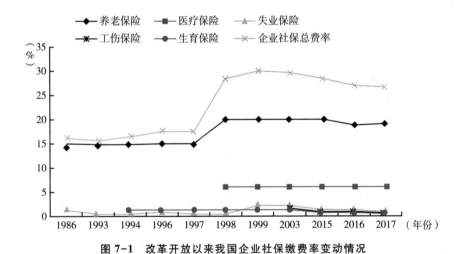

图 7-1　改革开放以来我国企业社保缴费率变动情况

资料来源：根据人社部网站数据整理。

改革开放以来，我国企业社保缴费率总体呈上升趋势，尤其是在 1997 年我国基本养老保险制度改革后，企业社保缴费率大幅攀升。需要指出的是，

---

① 程朝阳、于凌云：《企业的社会保险缴费率是否过高：文献回顾与反思》，《社会保障研究》 2017 年第 3 期。

虽然国家规定基本医疗保险用人单位缴费率控制在职工工资总额的 6% 左右，但实际操作中医疗保险缴费率达 8% 左右。

第二节　降低缴费率对偿付能力的影响

2016 年前后，我国社会保险缴费率排在全球前列，社会保险单位缴费率为 29% 左右，个人缴费率为 12% 左右。过高的社会保险缴费率增加了用人单位和参保人个人的缴费压力，使企业出现逃缴、漏缴社会保险费的现象，遵缴率不高。同时由于地区经济发展水平的差异，地区的缴费能力存在较大差异，地区间社会保险征缴率有偏差，增加了实现全国统筹的难度。扩大基本养老保险的覆盖面是实现养老保险全国统筹的基础，基础养老金的强制缴费率越高，扩大基本养老保险覆盖面就越难，基础养老金全国统筹的目标也就越难以实现。

为了加快实现养老保险全国统筹，中央政府考虑适当降低基本养老保险的强制缴费率。2016 年，国务院决定阶段性降低企业社保缴费率和住房公积金缴存比例，为市场主体减负、增加职工现金收入。从 2016 年 5 月 1 日起两年内，对企业职工基本养老保险单位缴费比例超过 20% 的省份，将缴费比例降至 20%；单位缴费比例为 20% 且 2015 年底基金累计结余可支付月数超过 9 个月的省份，阶段性降低至 19%；将失业保险总费率由现行的 2% 阶段性降至 1%~1.5%，其中个人缴费率不超过 0.5%。2019 年 4 月，国务院办公厅发布的《关于印发降低社会保险费率综合方案的通知》要求：一是降低城镇职工基本养老保险单位缴费比例，高于 16% 的省份，可降至 16%；二是继续阶段性降低失业保险和工伤保险缴费率，延长一年至 2020 年 4 月 30 日；三是调整社保缴费基数政策，个体工商户和灵活就业人员可在一定范围内自愿选择适当的缴费基数；四是加快提高养老保险统筹层次，2020 年底前实现基金省级统收统支；五是提高养老保险基金中央调剂比例，2019 年调剂比例提高至 3.5%；六是稳步推进社保费征收体制改革，"成熟一省、移交一省"；七是建立工作协调机制，在国务院层面和县级以上各级政府建立由政府有关负责人牵头，相关部门参与的工作协调机制。

一　降低缴费率顺势而为

社会保险制度在绝大多数建立社会保障制度的国家是一项强制性的制度，即强制性要求雇主和雇员按照雇员工资的一定比例缴费，并且是共同承担缴费责任。在现阶段的中国，这样的强制性体现在养老保险、医疗保险、失业保险、工伤保险、生育保险这五个险种上，这就意味着企业雇主需要无条件地为雇员按照企业缴费比例缴纳五个险种的社会保险费。企业的社会保险缴费作为人力成本自然也会增加企业的经营成本。社会保险企业缴费越高，企业的人力成本就越高，相应的企业利润就越低。从利润最大化的角度考虑，企业会尽可能地降低人力成本，其很常见的表现是逃缴、漏缴、欠缴社会保险费以及降低缴费的工资基数。那么从政府的角度考虑，降低社会保险企业缴费率是解决企业社会保险逃缴问题的首要政策。

协调中央与地方之间以及不同地方政府之间的利益格局的难度较大[①]。我国不同省（区、市）之间在经济发展水平、社会平均工资，以及基本养老保险缴费率、替代率和财务状况等方面存在着较大差距。这样的差距存在于各省（区、市）之间，也存在于各省（区、市）内部的各地区之间。经济发展水平、社会生活习俗、养老保险基数和缴费率、养老保险替代率的差异毫无疑问会增加养老保险全国统筹的难度，甚至会成为全国统筹的阻力。提升养老保险的统筹层次，也会影响到中央与地方、省内各地市之间的利益分配格局，从而影响相当一部分地区降低社会保险费率和提高统筹层次的积极性，加大制度改革的难度。

降低养老保险企业缴费率是促进养老保险制度可持续发展和降低企业成本的基本要求。在收支平衡的硬性约束下，如何扩大养老保险降费空间成为实现降费目标的关键问题。养老保险劳动人口覆盖率和遵缴率不足是导致现行养老保险缴费率偏高的重要原因，也直接制约着养老保险的降费空间的扩大。

我国长期以来存在的收入分配结构不合理及个人收入占初次分配的比例

---

① 肖严华、张晓娣、余海燕：《降低社会保险费率与社保基金收入的关系研究》，《上海经济研究》2017 年第 12 期。

偏低，影响了劳动人口的养老保险缴费意愿和缴费行为，造成了养老保险实际缴费率低于规定缴费率的状况，进而影响了降费政策的落地。为了使养老保险缴费有更大的降费空间，需要提高个人收入水平。通过调整税收制度和实现产业结构的合理升级，提高就业稳定性和个人的收入水平，从而提高养老保险的覆盖率和遵缴率，为养老保险降费赢得一定空间。

2017 年 6 月，国家发展和改革委员会、工业和信息化部、财政部、中国人民银行等四部门联合发布《关于做好 2017 年降成本重点工作的通知》，提出降成本的主要目标是进一步减税降费，继续适当降低"五险一金"等人力成本，是否存在降费空间成为养老保险降费面临的关键问题。现行城镇职工基础养老保险高缴费率是解决养老保险由现收现付向统账结合转轨成本的制度安排，但在高费率条件下，部分企业和个人选择放弃参保或中断缴费，覆盖率和遵缴率是制约降费空间的重要因素，在宏观层面体现为覆盖率和遵缴率降低[1]。经济下行压力下，降低基本养老保险缴费率，必然会减少养老保险基金收入，使养老保险基金收不抵支[2]。

二 降低养老保险费率，夯实缴费基数

2016 年，我国各省（区、市）相继降低养老保险费率，降费自然造成了城镇职工基本养老保险基金积累的下降，长此以往必然会造成养老金收不抵支。为了能够最大限度地降低基金收支压力，在降费的同时要夯实缴费基数。人社部发布的《中国社会保险发展年度报告 2014》显示，2014 年全国城镇职工基本养老保险月人均缴费基数为 3037 元，全年缴费基数为 36444 元；2014 年城镇单位就业人员年平均工资为 56360 元。也就是说，城镇职工基本养老保险实际缴费基数大致为城镇单位就业人员平均工资的 65%。由于缴费基数不实，直接导致我国城镇职工基本养老保险名义缴费率虚高，实际缴费率只有名义缴费率的 65%，为此，本书提出如下改革建议。

第一，加大养老保险稽核力度，严查企业虚报缴费基数、瞒报缴费人数

---

① 穆怀中、范璐璐：《产业结构升级对养老保险降费空间影响效应研究》，《河北大学学报》（哲学社会科学版）2017 年第 6 期。

② 薛惠元、郭文尧：《城镇职工基本养老保险基金收支状况、面临风险及应对策略》，《经济纵横》2017 年第 12 期。

的行为，夯实企业缴费基数，减少征缴环节中养老保险基金"跑、冒、滴、漏"的问题。

第二，取消城镇职工基本养老保险个人缴费工资基数的上限。现行政策规定，"个人工资超过当地上年度在岗职工平均工资300%以上的部分，不计入个人缴费工资基数"。本书建议取消"个人缴费工资基数最高为当地上年度在岗职工平均工资300%"的规定，将员工所有工资收入全部纳入个人缴费工资基数中。

第三，提高城镇职工基本养老保险个人缴费工资基数的下限。现行政策规定，"个人工资低于当地上年度在岗职工平均工资60%的，按当地在岗职工平均工资的60%计算个人缴费工资基数"。以当地在岗职工平均工资的60%作为个人缴费工资基数下限过低，建议适当提高至当地在岗职工平均工资的80%，条件允许的地区甚至可以提高至100%。

关于降费政策，人们主要担心的是降费会导致社会保险基金收入的下降，从而威胁到基金未来的平衡。虽然社会保险费率越高，社保基金的缴费收入也会越多，但拉菲尔曲线也向我们解释了这两者之间并不必然是完全的正相关关系。一般来说，高社会保险缴费率确实会带来高基金收入，但是当社会保险费率水平超过一定限度的时候，基金的缴费收入反而会减少。这个"限度"即拉菲尔曲线的"临界点"，临界点区分的是企业自觉、主动、按时、全额缴纳社会保险费所能承受的最高缴费率，一旦超过临界点，企业逃缴社会保险费的动机就会增强，引发企业缴纳社会保险费的道德风险，出现逆向选择，最终会导致社会保险基金缴费收入的下降。

因此，在正常情况下，社会保险费率越高，缴费收入就越多。当费率达到某一极限时，缴费收入最大，此时的社会保险费率即为最优社会保险费率。但当费率超过这一极限时，企业难以承受过高的人力成本，逃费现象增多，缴费收入开始减少。当前我国社会保险费率居于全球前列，已经远远超过最优社会保险费率。因此，当前降低社会保险费率，不但不会导致缴费收入下降，反而会使缴费收入增多[①]。

[①]　肖严华、张晓娣、余海燕：《降低社会保险费率与社保基金收入的关系研究》，《上海经济研究》2017年第12期。

三 降费与基金偿付能力

降低社会保险企业缴费率与基金的偿付能力有密切关系，具体表现如下。

（一） 降低费率与短期基金收支平衡

缴费率过高的情况下，部分企业或者逃缴、少缴社会保险费，或者转移过高的人力成本，带来的后果是高费率与低基金收入并存。降低养老保险缴费率能够减轻企业的人力成本，降低企业转移高人力成本的可能性，提高参保员工的可支配收入，并且能够在很大程度上规避企业和员工个人的逃缴行为。

（二） 降低费率与长期基金收支平衡

通常养老保险的缴费与给付具有直接的关联性，缴费年限每增加 1 年，基础养老金的替代率会提高 1%，同时个人账户的给付水平也会相应提高。因此有观点认为假定降低养老保险费率能够促进覆盖率、遵缴率的提高，那么缴费年限增加在短期内会提高基金收入，但也会增加长期养老保险支付债务。降低养老保险缴费率是否会带来长期收支的不均衡，需要比较短期基金收入提升和长期基金支出增幅之间的关系，如果降低费率带来的基金收入增加能够补偿增加的支付额，说明降费率既能够提升短期基金收入，也能够促进长期收支平衡；反之则会导致长期收支缺口增加。

若当前我国降低社保缴费率，基金当期缴费收入会减少，但不会影响基金长期平衡。从全国情况来看，我国社会保险基金运行总体平稳。从各地情况来看，大多数地区城镇企业职工基本养老保险基金保持了当期收大于支，基金结余不断增加；部分地区基本养老保险基金当期收不抵支，结余基金不多，可通过加强基金调剂、落实中央和地方财政补助来保证待遇发放。针对降低费率对基金近期平衡的影响，我们可通过加强基金征缴、稽核力度，做到应收尽收，同时要规范待遇享受资格，加强基金管理，防止基金的"跑、冒、滴、漏"，将降低费率对基金平衡的不利影响降到最小。

从长期来看，可通过划转部分国有资本充实社会保障基金，以及支持各地通过拍卖、出租政府公共资源资产等方式筹集资金，开展基金投资运营，确保基金保值增值①。同时加强基金征缴和支出管理，从收、管、支三个环节同时着手增强基金收支平衡能力，并根据经济社会发展形势和人口老龄化进程，实施渐进式延迟退休年龄，不断完善社会保险待遇确定和调整机制，提高社会保险制度应对经济社会环境的变化能力，实现社会保险制度长期可持续发展。

（三）降低费率与弥补收支缺口

提升财政补贴能力以弥补收支缺口、降低养老保险缴费率既有利于优化养老保险制度运行参数，也有利于激发社会消费潜能、释放企业活力，进而有利于促进经济增长。

综合考虑降低养老保险缴费率的经济效应，可判断降费率会促进经济增长，而经济增长会导致财政补贴能力的提升，如果财政补贴能力提升能够补偿降费率导致的长期收支缺口，说明降低费率能够实现提高短期基金收入和促进长期收支平衡的帕累托改进，具有持续操作空间②。

尽管降低缴费率被认为不会影响长期的基金平衡，但对于参保人而言，对自己未来的社会保险收益还是存有质疑。例如城镇职工基本养老保险单位缴费比例可降至16%，这项措施会有什么效果？各地区城镇职工基本养老保险基金结余情况不一，有的地区基金支大于收，如何降低养老保险费率？降低养老保险费率后，养老金按时足额发放是否会受到影响？降低费率后，部分地区可能出现基金收支矛盾更加突出的问题，有何应对措施？面对这些质疑，中央政府给出了如下回应。

第一，降费的措施会有什么效果？一是单位缴费比例最多可降低4个百分点，不设条件，也不是阶段性政策，而是长期性的制度安排，政策力度大，普惠性强，减负效果明显。二是各地降低费率后，全国费率差异缩小，有利于均衡企业缴费负担，促进形成公平的市场竞争环境，也有利于全国费率的逐步统一，促进实现养老保险全国统筹。三是降低费率后，参保缴费"门槛"下降，有利于提高企业和职工的参保积极性，将更多的职工纳入职工养老保

---

① 汪泽英：《降低企业社保缴费比例　助推实体经济企业成本降低》，《中国经贸导刊》2016年第28期。

② 陈曦：《养老保险降费率、基金收入与长期收支平衡》，《中国人口科学》2017年第3期。

险制度中来。

第二，各地区城镇职工基本养老保险基金结余情况不一，有的地区基金支大于收，如何降低养老保险费率？我国养老保险基金结余分布存在着一定的结构性问题，受制度抚养比不同等因素的影响，养老保险基金结余存在地区差异，各地区降费率面临的压力不同。抚养比高的地区，基金结余情况较为乐观，降费率面临的困难较小，而抚养比低的地区，基金收支平衡压力较大，降费率面临着一定的现实困难。对此中央将通过继续加大财政补助力度，提高企业职工基本养老保险基金中央调剂比例等措施给予支持，帮助各地区在降费率后能够确保养老金按时足额发放。2019 年养老保险基金的中央调剂比例提高到 3.5%，预计全年基金调剂规模为 6000 多亿元，受益地区受益额达 1600 亿元左右，调剂力度比 2018 年明显加大，将进一步均衡各地区之间养老保险基金负担，为实施降低社保费率工作提供有力支持。

第三，降低养老保险费率后，养老金按时足额发放是否会受到影响？降低养老保险费率在有效减轻企业社保缴费负担的同时，确实会减少养老保险基金收入，加大基金收支压力，但全国养老保险基金整体收大于支，滚存结余不断增加，总体上不会造成养老金支付风险，不会影响养老金按时足额发放。2018 年企业职工基本养老保险基金各项收入 3.7 万亿元，支出 3.2 万亿元，2018 年底基金累积结余约 4.8 万亿元，有较强的支撑能力。

第四，降低费率后，部分地区可能出现基金收支矛盾更加突出的问题，有何应对措施？一是继续加大中央财政对基本养老保险基金的补助力度。2019 年中央财政安排企业职工基本养老保险补助资金 5285 亿元，同比增长 9.4%，重点向基金收支矛盾较为突出的中西部地区和老工业基地省份倾斜。二是进一步加大基本养老保险基金中央调剂力度，2019 年调剂比例提高到 3.5%，2020 年调剂比例提高到 4%。三是压实省级政府的主体责任，省级政府要建立健全省、市、县基金缺口分担机制，通过盘活存量资金、处置国有资产、财政预算安排等多渠道筹措资金弥补基金缺口。此外，相关部门还将通过继续推进划转部分国有资本充实社保基金、积极稳妥开展养老保险基金投资运营、健全激励约束机制等措施，增强养老保险基金支撑能力，促进养老保险制度的可持续发展。

第八章　社会保障政策公平性
对偿付能力的影响

　　城乡二元社会结构是中国社会的典型特征，这一特征体现在中国社会的方方面面，经济结构、产业结构、人口结构、行为习惯等无不被打上了二元结构的烙印。自然，城乡二元结构也影响着我国社会保障制度的建立。制度建立之初，便区分了城镇和农村。以养老保险为例，20世纪50年代，我国在城镇地区建立了退休职工养老保险，农村地区建立了农村五保制度，两个制度的覆盖人群完全不同。经过几十年的发展，现阶段的养老保险体系包括城镇职工基本养老保险①、城乡居民老年津贴、新型农村养老保险，这样的体系仍然有很明显的二元结构的烙印。国民对于制度的享受不是基于公民权利而是基于户籍和社会身份，这种身份权利不仅异化了社会权利，而且使其在促进社会公正方面的作用变得非常有限，甚至差别化的社会权利本身就是社会保障制度不公平的重要来源②。城乡二元结构还影响了制度收入再分配功能的实现。受到城乡二元结构标准的影响，社会保障制度在城乡之间存在覆盖面、缴费基数、基金筹集和管理方式、待遇水平等的差异，这会对制度的公平性产生影响。

　　在工业化、城镇化发展进程中，城乡中出现了一些新贫困群体。这些新贫困群体在社会保障制度中的社会权利逐渐被边缘化。特别是进城务工农民、被征地农民以及乡镇企业职工等群体已经离开了传统的农业经营活动，但还

---

① 由过去的机关事业单位职工养老保险和城镇企业职工基本养老保险合并而成，"并轨"的改革始于2014年。

② 付舒：《公平理论视阈下我国社会保障制度的分层化问题研究》，博士学位论文，吉林大学，2016。

未被现代社会保障制度覆盖，一些人因此沦为新贫困群体，其中蕴藏着巨大的社会风险。

第一节　社会保障政策的公平性评价

社会保障制度的一个重要社会功能就是维护社会公平，制度自身的公平性也一直是政策制定和评估的重要标准。实现社会保障制度和政策的公平性，除了制度和政策本身的设计以外，在制定和实施的过程中，还受到许多因素的影响。制度公平目标能否实现，在一定程度上取决于经济性要素与社会性因素综合作用的结果如何[①]。与经济性要素相比，社会性要素对制度所产生的影响往往是间接的、隐性的和难以量化的，时常会被人们所忽略。但是，从近年来我国养老保险制度变迁的过程来看，社会性要素的作用越来越大，对养老保险资源配置、制度安排与演进、路径选择等的影响作用越来越显著，影响范围更加广泛、影响程度也更加深刻。

由于制度公平性的不稳定以及制度本身的复杂性，有关制度公平性的评价指标的内容也十分丰富。以养老保险为例，制度公平性的评价指标如表8-1所示。

表8-1　基本养老保险制度公平性评价指标

一级指标	二级指标	三级指标
制度内公平	起点公平	建制理念及目标
		养老金筹资机制
		账户管理模式
		基金管理与运营方式
	过程公平	公众参与规则
		公众对信息的知情权状况
		公众养老诉求满足状况
	结果公平	养老金替代率水平
		基金统筹层次

---

① 刘军伟：《我国基本养老保险制度公平性研究——基于社会影响评价理论分析框架》，博士学位论文，华中科技大学，2012。

续表

一级指标	二级指标	三级指标
制度内公平	结果公平	制度覆盖率
		政府财政负担状况
		单位缴费负担状况
		参保者面临的养老风险状况
制度外公平	养老保险公平与社会文化的互适性	社会结构转型与养老保险公平
		传统家庭养老模式转型与养老模式公平
		孝文化转型与养老保险公平
		家族主义文化转型与养老保险公平
	影响养老保险公平的社会风险因素	人口老龄化风险因素
		社会阶层分化风险因素
		社会流动风险因素

资料来源：刘军伟《我国基本养老保险制度公平性研究——基于社会影响评价理论分析框架》，博士学位论文，华中科技大学。

养老保险起点公平主要是指养老保险各主体参与养老保险制度之初的权利与义务状况。实现制度的起点公平是实现制度公平的基础，是维护国民平等的养老权利的保证。实现制度的起点公平要求每一个国民，无论其性别、年龄、职业、收入、社会地位、家庭背景、受教育程度等如何，都能够获得平等的参保机会，且都能够从制度中平等地获得足以帮助其抵御老年风险的养老资源，要实现起点公平需要从以下几方面考虑。

一是制度理念。制度的实际呈现取决于制度理念，有什么样的理念就有什么样的制度，要建立起点公平的制度，需要形成公平的制度理念。纵观世界上建立了社会保障制度的国家，福利国家的制度理念是最为靠近公平理念的。

二是制度设计。从理念形成到制度落地，如何设计制度是关键的一步，需要政策制定者和立法者设计出所有国民都能够无差别参保的制度体制和机制，充分践行制度的公平理念。

三是制度执行。理念和制度设计能够助力实现制度上或理论上的全覆盖，而实际的起点公平实现情况则要依靠制度执行来保证。我国目前养老保险制度已经实现了制度上的全覆盖，之所以各个项目的参保率都没有达100%，正是因为制度执行环节存在问题，如果不让所有国民平等参保，那么让他们平等获得养老保险权益自然也就无从谈起。

养老保险过程公平主要指养老保险相关主体在制度制定、实施、经办、监管的过程中都能平等参与。参与度是公共政策有效性的重要指标，政府在制定公共政策的时候要充分遵循公众参与的原则，如此才能保证公共政策的公平制定和实施。养老保险中的公众参与过程就是政府、企业、参保者及社会组织等利益相关者群体对养老保险政策制定及实施的介入过程，公众参与是养老保险公平性目标得以实现的根本保证。公众参与不仅有助于维护社会各阶层尤其是弱势群体的切身利益，还有利于实现社会公共利益的最大化。

一般来说，按照养老保险政策实施过程中公众参与的具体程度，可以将公众参与分为主动参与和被动参与两种形式。主动参与是指在没有政府或其他外部机构动员的情况下，人们出于实现社会经济利益的考虑，主动地介入养老保险政策实施过程以表达切身利益诉求的形式。被动参与是指在政府或其他机构的动员与激励下，人们建立某种管理与合作型的组织来参与养老保险的形式。被动参与常常是以政府行为为导向的，参与者仅是政府利益传送机制的纯粹被动接受者，他们参与政策决策的广度与深度受到政府信息公开度的影响。相比而言，主动参与更能够帮助参与者保障自身的合法权益，实现养老保险政策主体的利益共享。

由于养老保险过程的制度环节较多，养老保险的过程公平相对来说最容易出现偏差、最不容易实现。在制度制定、实施、经办、监管过程中，任何一个环节中的任何一个主体行为的偏差都会影响过程公平。现实中也确实存在许多漏洞在破坏着过程公平。例如，最低生活保障制度"应保未保"、社会保险缴费"应收未收"、国民的多方位生活保障需求"应满足未满足"、社会保障基金账户"空账"运行等。

养老保险结果公平主要关注的是参保者在享有养老保险待遇及服务等方面的均等化状况。养老保险结果公平意味着每一个制度的参与者都能够充分地享受与他人平等的经济保障、服务支持及精神慰藉。对于那些缺乏社会经济资源、竞争力较弱、就业选择机会较少的人来说，结果公平意味着他们也能够得到维持基本生存的生活保障。结果公平往往是起点公平和过程公平实现之后的自然而然的结果，实现了起点公平和过程公平，结果公平也就自然地实现了。反言之，结果公平的破坏往往也是由于起点公平或过程公平被破坏，尤其是制度在执行的过程中某一个环节的公平被打破，非常容易导致结果的不公平。

养老保险实施新政（并轨）前影响公平性的制度因素主要包括以下几方面。一是养老金筹资机制差异。制度的筹资机制主要可分为缴费基准制和受益基准制，前者根据资金来源和数量提供相应的社会保障，谁缴费谁受益，多缴费多受益，不缴费不受益，不能体现权利与义务相对等的原则，它强调效率和市场原则；后者根据受益人的状况提供相应的社会保障，不出钱也受益，强调公平和社会伦理，公平性强于缴费基准制。除上述两种机制之外，还有一种强制储蓄的筹资方式，养老金基本上来源于个人缴费，不具有社会风险的互济性，制度的公平性较差。我国的农村养老保险制度，虽然采取自助为主，集体补助为辅的缴费方式，但是在新型农村养老保险制度中，政府财政开始对农村居民缴费进行补贴，为每个农村居民都建立了基础养老金账户，使他们都能够享受基本均等的养老保障，体现了公平价值理念。

二是养老金管理与运营方式差异。我国养老保险机构实行属地化管理的模式，即地方政府对养老保险机构直接管理，仅有天津、黑龙江、上海、吉林、陕西等5个省市实行垂直化管理模式[1]。2000年我国成立了全国社会保障基金理事会，负责管理社会保障基金。2014年以前，机关事业单位人员的养老保险政策如退休金标准、福利补贴等主要是由人事部门负责制定的，机关事业单位人员不参与社会养老保险制度，而是由财政部按退休职工人数及费用支出状况编制养老保险的财政预算，委托银行等机构向职工发放。新型农村养老保险制度的规定则由中央政府确定原则和制定政策，地方政府制定具体办法，对参保居民实行属地管理。农村养老保险基金的管理与运营基本上还停留在县级层次。为了改变因单位性质和群体性质的差异带来的制度不公平的状况，我国于2014年启动了机关事业单位养老保险制度和城镇企业职工养老保险制度并轨的改革，这一改革直接针对制度公平度提升，使过去参保缴费、待遇给付存在巨大差异的两类群体能够平等地参保、缴费和享受相

---

① 刘军伟：《我国基本养老保险制度公平性研究——基于社会影响评价理论分析框架》，博士学位论文，华中科技大学，2012。

对平等的养老保险待遇。2019 年社会保险费由税务部门统一征收的改革，使社会保险费的征缴主体、征缴标准统一。

三是养老金替代率及待遇水平差异。对参保人而言，退休后的养老金水平取决于社会统筹账户和个人账户的历史缴费年限以及缴费数额的多少。从理论上而言，如果考虑企业年金等补充性养老保险，养老金替代率可以达 70%左右，这一水平基本上能够满足退休后的生活需求。然而企业年金制度是自愿性的制度，非强制实行，企业是根据自身的经营状况自行选择建立或不建立企业年金。实际上全国仅有不到 10%的企业建立了企业年金制度，大多数退休职工还是依靠基础养老金维持生活。这样一来，经济效益好的企业，员工工资高，缴费基数高，企业和个人缴费数额相对偏高，获得的基础养老金待遇也高，又由于这些企业建立了年金制度，与没有建立企业年金制度及工资水平低的企业员工之间的养老保险待遇相比，其养老待遇水平高得多。

此外，由于近年来养老金调整机制缺位，基本养老金替代率水平持续下降，甚至已经大大低于制度设计的目标替代率。如果不制定合理的养老金调整机制，基本养老金替代率很快会到达警戒线水平。与企业职工养老金较低的替代率水平相比，机关事业单位人员养老金替代率水平要高得多。事业单位人员退休金按照基础工资和岗位工资两项之和的一定比例发放，发放标准大体上略低于机关单位人员。从近年来统筹范围内离退休人员基本养老保险待遇水平的统计情况来看，机关事业单位人员在退休后所能领到的养老金水平要远远高于城镇企业职工养老保险水平。"并轨"之后，机关事业单位退休人员养老金与企业退休职工养老金的差距会有所缩小，但机关事业单位退休人员的隐性老年收入仍然较高。

四是养老保险基金收支状况和统筹层次差异。就我国城镇企业职工养老基金的统筹层次而言，目前绝大部分地区已经实现了养老保险基金的省级统筹或者建立了省级养老金调剂机制，中央政府也于 2018 年建立了中央调剂金制度，养老保险基金能够在国内不同地区间实现转移及调剂，制度的互济性得到了一定程度的改进。此外国家专门成立了负责城镇企业职工养老金投资与运营的全国社会保障基金理事会，2016 年国务院颁布了《全国社会保障基金条例》，对养老金的监管更为严格、有序，养老金保值增值能力也有了较大幅度的提高。根据《2018 年度人力资源和社会保障事业发展统计公报》，

2018 年全年基本养老保险基金总收入 55005 亿元，基金总支出 47550 亿元，年末基本养老保险基金累计结存 58152 亿元。

五是政府财政责任状况差异。政府在社会养老保险中的责任主要体现在财政责任方面，中央政府对城镇企业职工养老保险制度、机关事业单位养老保险制度及城乡居民养老保险制度实行了财政补贴政策，中央政府和地方政府的财政政策也有较大差异。

六是参保者所在单位养老缴费负担状况差异。我国基本养老保险制度筹资主要由单位缴费和个人缴费构成，政府于 2005 年统一了缴费率和账户的记账比例，但由于地区发展差异，单位和个人的缴费负担在不同地区存在较大差异。同时地方政府财政的社会保障支出比例也存在差异。差异带来制度的碎片化，碎片化的养老保险制度已经在一定程度上损害了社会公平，降低了社会整体协调性，引致了一些社会不和谐因素。由于制度模式不统一，不同养老保险制度缴费与支付标准差别较大，养老保险金转移支付不够通畅，制度区域协调性较差，劳动力资源跨区域流动很难实现，养老资源优化配置效率被大大降低，制度的风险互济功能被弱化。

第二节　社会保障全覆盖与人口结构

人口结构的变化对社会保障制度的影响是巨大的，中国社会正在经历的人口老龄化严重影响了养老保险制度的偿付能力，让我们不得不思考在人口老龄化的压力下，养老保险制度该何去何从。人口老龄化对养老保险基金偿付能力的影响是多方面的：一是影响基金筹集、给付和个人账户积累；二是影响养老保险赡养率及负担系数。因此人口老龄化的状况会影响养老保险基金收支状况，进而影响基金未来的收支平衡。我国老年人口占社会总人口的比重仍然呈上升趋势，这使养老保险基金缺口越来越大，给基金的偿付能力提出了巨大挑战。

1997 年我国的养老保险制度进行了筹资模式的改革，开始实行部分积累制，社会统筹和个人账户相结合。由于制度的转轨产生了大量的转制成本，并形成了大规模的个人账户"空账"。政策文件将参保人区分为"老人""中人""新人"，虽说这样的区分能够明确转制成本的范围，但是个人账户，尤其是"老人"的个人账户相对而言是一个名义账户，基本上是"空账"，"空账"运行状态给个人账户甚至整个养老保险基金带来很大的给付压力，在统筹层次还比较低的情况下，许多地方出现养老保险基金缺口。由于我国养老保险基金实行混账管理的方法，即允许统筹基金和个人账户基金调剂使用，个人账户一部分资金被用于填补统筹账户的缺口，个人账户"空账"现象更加严重。按照现行制度预测，未来 30 年统筹基金缺口将以年均 2700 亿元的速度增长，个人账户"空账"规模将达到不可想象的地步。如果大规模个人账户的"空账"不能得到缓解，那么养老保险基金未来可能面临偿付能力危机，社会的不稳定因素也会增加。

人口老龄化导致的养老保险赡养率和负担系数的上升也会大大增加养老保险基金偿付的压力。2013 年，除少数地区外，人口红利在全国范围内基本结束，人口老龄化导致赡养率上升，一方面意味着养老保险缴费人数的相对减少，另一方面意味着养老金支出额的上升。养老金收入减少和支出增加正反两个方面的作用给社保基金带来了沉重的偿付压力。因此在我国养老保险基金积累规模不够大的情况下，如果赡养率继续上升，养老基金未来的偿付能力势必会受到挑战。有研究显示，到 2040 年中国人寿命将超过 80 岁①。在退休年龄不变的情况下，人口寿命的延长意味着养老金支出的增加。如果养老金的缴费率不变，那么净增加的支出在老龄人口逐渐增加的情况下将给养老基金偿付能力带来空前的挑战和压力。

第三节 养老与医疗保险多轨制下的偿付能力

新政出台之前，我国养老保险制度覆盖面相对较窄，没有覆盖所有人群，如城市中大批的外卖人员。不同人群的权利和义务也不对称，管理方式、缴费标准和运作模式也存在差异，不同人群的养老金待遇差距较大。条块分割的社会养老保险体制不仅造成社会成员间的不公平，还阻碍了人才要素的合理流动，损害了劳动力资源的有效配置。"底线公平"概念的提出为养老保险公平的构建提供了理论依据，底线及其以下部分是政府要承担的责任，通常

---

① Kyle J. Foreman et al., "Forecasting Life Expectancy, Years of Life Lost, and All-Cause and Cause-Specific Mortality for 250 Causes of Death: Reference and Alternative Scenarios for 2016-40 for 195 Countries and Territories," *Lancet* 392（2018）.

是法定和强制的；底线以上的部分，企业、个人和家庭以及非政府组织等也要各负其责。为了构建公平的养老保险体系，应在实现基本养老保险全国统筹的基础上，大力发展补充养老保险和个人储蓄性养老保险从而构成养老保险的多支柱体系。除此之外，先建立不同人群有序组合的养老保险制度体系，然后再实现养老保险制度在各人群内的制度公平，最后推进多元制度的整合，人人享有体面的老年生活。在补充养老保险方面，企业年金作为多层次社保体系的第二支柱，与第一支柱和企业的现实需求相比，存在的差距很大，严重影响了构建多层次社保体系。其发展滞后的重要原因之一是税收政策不统一和相当一部分企业经济效益不佳。

一　新政实施前我国基本养老保险的公平状况

基本养老保险公平情况可以从公平的过程性视角进行讨论，主要包括起点公平、过程公平、结果公平三个方面。制度的起点公平程度是随着制度的发展逐渐提高的，制度覆盖面是起点公平最基本的方面，从覆盖面来看，我国养老保险制度在计划经济时期的覆盖面是非常小的。20 世纪 50 年代只建立了面对城镇国有企业职工和机关事业单位的养老保险制度，城镇居民和占人口近 80% 的农民是不被制度覆盖的。由于计划经济时期覆盖面狭小、制度不完善，直到 20 世纪 80 年代，我国的养老保险制度体系才逐渐完善，覆盖面逐渐扩大，将农民和城镇居民覆盖进来。

在制度的建立和实施的过程中，基本养老保险过程公平体现在缴费者、征收者、经办者、监督者等利益相关方都平等地参与其中。

其一，从筹资模式上看，新政前公职人员（即国有企业和机关事业单位职工）养老保险和企业职工养老保险是分开运行的，在这两个项目中，筹资方式、缴费方式、待遇水平都有较大差异。公职人员养老保险是财政供款，筹资主体单一。企业职工养老保险则是单位和个人共同缴费，实行部分积累制，待遇水平低于公职人员养老保险。此外城乡居民基本养老保险则采取"个人缴费、集体补助、政府补贴"的筹资方式。

其二，从缴费上看，公职人员养老保险个人不需要缴纳费用，完全由政府负担，退休时直接由国家财政发放养老金。企业职工养老保险则按照企业 20%、个人 8% 的比例缴纳养老保险费。不同地区的缴费负担各不相同。城乡居民基本养老保险有多个缴费档次，大多数城乡居民，特别是农村居民选择的是当地标准中的较低缴费档次。

其三，从征收缴费上看，因为不同地区缴费负担不同，经济效益较差的企业会存在逃缴、漏缴社会保险费的现象，遵缴率也存在地区差异。此外由于地方政策的差异，不同地区养老保险制度的覆盖率也不同，尤其是城乡居民养老保险自愿参保的项目，覆盖率参差不齐。地方政府的态度也会影响征缴率，一些地方政府为了获得优质的投资资源，会将征缴费率维持在较低的水平。

其四，从经办角度上看，经办单位与缴费单位之间的利益输送，审查单位与缴费单位之间的利益关联，都可能造成社会保险缴费的损失。

其五，就监管水平而言，《中华人民共和国社会保险法》中规定了三层监管，即人大监督、行政监督、社会监督，但在具体履行监管职责的时候，三类主体并非平等参与，以人大监督和行政监督为主，社会监督偏弱。

基本养老保险结果公平受到起点及过程公平的综合影响，主要涉及养老金给付水平及参保人员对制度的认可情况。在养老金给付水平上，公职人员、企业职工、城乡居民三类人群待遇水平悬殊；在制度认可上，相较于受益颇多而强烈认同的公职人员，结果公平的缺失引起处于弱势地位的企业职工、城乡居民不满，但由于无力改变现状，大多数职工及城乡居民选择被动接受[1]。制度并轨前后养老保险公平情况如表8-2所示。

表8-2 制度并轨前后养老保险公平情况

公平分类	维度	人群	制度并轨前		制度并轨后	
			状态	公平状况	状态	公平状况
起点公平	义务	公职人员	缴费义务的缺失	缺失	义务履行	形式公平
		企业职工	义务的不合理性		对义务不合理性质疑的减弱	
		城乡居民	义务的勉强认同		对义务履行认同的增加	

---

[1] 黄健元、刘彧美、王欢：《公平视域下机关事业单位养老保险新政的功效分析》，《社会保障研究》2016 年第 2 期。

续表

公平分类	维度	人群	制度并轨前		制度并轨后	
			状态	公平状况	状态	公平状况
过程公平	筹资模式	公职人员	财政供款制	不足	部分积累制	较大改善
		企业职工	部分积累制		同并轨前	
		城乡居民	混合制		同并轨前	
	缴费	公职人员	不缴费	缺失	缴费对生活不构成压力	一定改善
		企业职工	企业按照职工工资总额的20%缴费,个人缴纳8%		同并轨前	
		城乡居民	每年100~2000元,12个年缴费档次可供选择,居民大多倾向于选择最低档		同并轨前	
结果公平	给付水平	公职人员	相对较高	缺失	同并轨前	缺失
		企业职工	高低之间		同并轨前	
		城乡居民	相对过低		同并轨前	
	对制度认可性	公职人员	认可	缺失	若待遇不降低,认可;若待遇降低,反对	一定改善
		企业职工	不认可		不认可程度降低	
		城乡居民	不认可		不认可程度降低	

资料来源:黄健元、刘彧美、王欢《公平视域下机关事业单位养老保险新政的功效分析》,《社会保障研究》2016年第2期。

二 养老保险新政实施的直接功效

养老保险新政要求公职人员与企业职工基本养老保险制度并轨,在制度形式统一上迈出了重要一步,在多个方面发挥了积极作用。

(一)一定程度上提高了基本养老保险的公平性

养老保险新政规定,机关事业单位与城镇企业职工统一实行社会统筹和个人账户相结合的基本养老保险制度,由单位和个人共同缴费,实行统一的费率,并且实行与缴费相挂钩的养老金待遇计发办法,从制度和机制上化解双轨制矛盾。公职人员与企业职工基本养老保险制度的并轨，结束了长期以来公职人员缴费义务缺失的历史，使得以缴费义务的履行作为享受基本养老保险权利这一条件对三类人群具有同等的适用性。义务履行形式的统一能够在一定程度上缓和企业职工对自身缴费义务履行合理性的质疑，也能够增加城乡居民对缴费义务履行的认同度。从这一点来看，制度的并轨所带来的不同人群在缴费义务承担上的一致性，可以在一定程度上改善基本养老保险起点公平缺失的现状，促进基本养老保险公平发展。

并轨改革变化最大的就是机关事业单位养老保险制度的建立，让公职人员、企业职工和城乡居民这三类人群承担相同的缴费责任，使三类制度在筹资模式上形成了统一，由此进一步缩小了三类人群基本养老保险制度模式的差距，这在促进基本养老保险制度过程公平方面具有重大的社会进步意义，企业职工与城乡居民对制度的认同感也有所提升。

（二）构建底线公平的养老保险体系

现阶段我国已经建立多层次的养老保险体系，以强制性的基本养老保险为第一支柱、补充养老保险为第二支柱、自愿性的个人储蓄性养老保险为第三支柱，第二、三支柱养老保险发展相对滞后。基本养老保险需强调底线公平：其一，建立统一的、完全由政府供款的基础养老金制度，确保底线公平；其二，建立个人账户制度，允许个体缴费差异和待遇水平差异的存在；其三，确定合理的养老保险功能，在实现底线公平的基础上，合理界定强制性的基本养老保险、补充养老保险和自愿性的个人储蓄性养老保险三大支柱的功能。

目前我国的养老保险制度水平与发达国家相比还有较大差距，第二支柱中，除公职人员在制度并轨后其职业年金为强制执行之外，企业年金依然为自愿执行，居民年金则完全处于空白状态，不同人群的补充养老保险制度尚未完全建立。在这一现实情况下，充分体现效率及个人职业、身份特征的个人账户养老金仍将在第一支柱中与基础养老金共同发挥保障老年人基本生活的功能。这意味着基础养老金不能独立地起到保障老年人基本生活的作用。底线公平的问题还体现在养老服务上，养老公共服务存在非常大的地区差异，基本公共服务均等化的目标未能实现。

从这一角度来看，近期能构建的底线公平养老保险体系框架只能是一种过渡性结构（见图 8-1）。

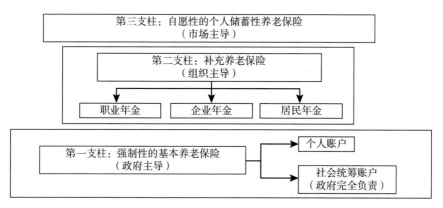

图 8-1 底线公平的养老保险体系过渡性结构

社会经济发展水平越高，政府财政补贴社会统筹账户养老金的能力会越强，基础养老金待遇水平就会越高。这会为社会保险的降费改革争取空间，使企业在社会保险这类强制性的保障项目中的缴费压力减小，有更大空间和可能发展第二支柱的养老保险，为实施强制性的年金制度打下基础。如图8-2所示，未来的养老保险体系第一支柱是政府主导的普遍性的国民年金，由政府完全负责基础养老金待遇的发放，真正做到"底线公平"；第二支柱是组织和个人主导的强制性的补充养老保险，以提高养老保险的替代率；第三支柱是自愿性的个人储蓄性养老保险，由市场主导。

养老保险制度的根本目标是实现养老保障方面的公平正义，但我国现有基本养老保险制度尚未实现这一目标，制度的公平性明显欠缺。一是起点公平未能完全实现。目前养老保险制度仍然没有实现全覆盖，许多国民仍然处于养老保险制度保障之外。自 20 世纪 90 年代以来，我国养老保险制度群体分割、部门分割、地域分割现象严重，呈现明显的碎片化特征。二是过程公平存在诸多漏洞。从制度实施到改革、监督、评估，各个环节都出现了损害公平的问题。三是结果公平没有保障。一方面，基本养老保险的起点不公平、过程不公平的状况使制度未能实现结果公平，参保人未能公平获得制度保障；另一方面，补充性养老保险的水平各不相同，更是扩大了结果的不公平。

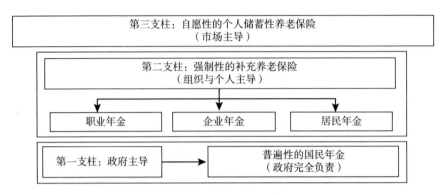

图 8-2　底线公平的养老保险体系目标结构

　　我国现阶段的养老保险体系由机关事业单位养老保险、城镇职工养老保险、城乡居民养老保险制度共同构成。这些制度在筹资机制、养老金计发办法、制度覆盖率状况、基金统筹层次及收支状况、账户管现、参保率、替代率水平、基金运行方式、参保者资格条件、参保者缴费负担等方面都表现出一定的差异。尽管已经实行机关事业单位养老保险和城镇企业职工养老保险并轨的改革，但改革并没有完成，机关事业单位养老保险在缴费比例和待遇享受方面仍然与其他项目存在差异。因为差异的多样性，冲突和失范时有发生，城乡间、不同地域间、不同职业人群间养老保险缴费与待遇水平差距被拉大，地方政府及企业的经济负担不一致，影响到了个人参保的积极性以及企业参与市场竞争的能力和区域经济发展能力。

　　社会保障公平的价值理念是在制度发展的过程中逐渐形成的，从慈善事业时代的施舍，到济贫时代的惩戒、矫治理念和现代制度阶段的怀柔理念，再到福利国家时代的公平理念，经历了几百年。相较于公平，现阶段的制度更强调可持续发展。价值理念的变化受到社会结构、社会变迁、社会资本及社会文化传统因素的影响，且需要与社会文化环境相适应，并及时回应新出现的社会问题。我国当前社会城镇化进程发展迅速，人口流动率高，人口结构、家庭结构都发生了很大的变化，但养老保险制度发展现状落后于社会发展进程，养老保险公平性的价值目标暂时没有实现。未来，我国在养老保险制度构建过程中，只有不断调整养老保险制度目标，凸显其社会性特征，重视社会文化的作用与价值，正确回应社会问题，使其真正成为维护社会公平正义的保障机制，才能真正实现养老保险公平性的价值目标。此外，由于我国基本养老保险制度的保障水平仍然相对较低，因此还必须重视多层次养老保险体系的建立，加快养老服务业的发展，倡导社区养老方式及邻居互助养老方式，为每个人建立多层次安全网。

要提高制度公平性需要从起点公平、过程公平、结果公平三个方面着手。通过立法保障所有参与主体在各环节的权利，并督促各主体履行相应的义务。建立科学合理的制度，完善监管制度，使每个社会群体都能平等地参与养老保险制度意见表达，使公民对养老保险信息享有完全知情权。

完善收入分配制度、缩小养老保险制度差距有利于实现结果公平。在适当的制度目标下缩小参保人的养老保险待遇差距，保障所有社会群体平等享有获取养老保险待遇的权利。此外，还要尽可能缩小不同区域社会成员的养老保险待遇差距，建立区域养老金调剂机制，减轻地方政府及企业的缴费负担，实现不同区域的养老保险公平。积极发挥政府财政作用，构建城乡均等化的养老保险财政保障机制，加大对农村养老保险制度的财政支持力度，为劳动力有序流动创造条件，为所有人群提供基本均等化的养老保障，让全体公民都能够共享经济发展成果，进而实现养老保险公平正义的价值目标。

第九章　延迟退休年龄对养老保险基金偿付能力的影响

"人人享有社会保障"① 是党和政府对人民庄严的政治承诺，我国的城镇职工养老保险制度、城乡居民养老保险的制度在 2020 年均基本实现了制度内全覆盖，机关事业单位养老保险制度正在建设之中，三项制度织就了全世界最大的养老保险网，许多地区在实施城镇职工养老保险制度与城乡居民养老保险制度进一步整合并轨的基础上，加快了制度整合的统一改革。延迟退休年龄是养老保险管理体制的关键环节，也是各种社会矛盾聚合交叉的产物，社会舆论错综复杂，如何延迟退休年龄与加强偿付能力管理成为重要环节。

第一节　延迟退休年龄改革成为重要的政策选项

2018 年 1 月 9 日人社部部长尹蔚民在《人民日报》发表的署名文章提到：适时研究出台渐进式延迟退休年龄等应对措施。人社部 2018 年曾经表示：延退方案出台后将广泛征求意见并设 5 年过渡期，于 2022 年正式实施。就经济形态而言，延迟退休年龄对于养老保险和医疗保险都是一个相对利好的政策变量。

一　养老保险风险逐渐露出水面

在社会保障制度中，受到人口老龄化与高龄化、经济波动和通货膨胀、

---

① 清华大学国情研究中心：《2030 中国：迈向共同富裕》，中国人民大学出版社，2011。

养老基金投资、个人账户管理问题等因素的影响，养老保险制度的风险相对偏高。如何化解养老保险制度风险不仅是制度内部的重要问题，也是参保人及社会普遍关心的问题。人社部多次试探性地提出延迟退休年龄的政策构想，遇到了一定的改革阻力，尤其是体制内职工的强烈反对，国际社会普遍实施的延迟退休年龄改革在中国推进受阻。

在养老支出的刚性推动下，如何保证养老保险制度的可持续发展，如何实施延迟退休年龄的改革还有待探究。大多数国家延迟退休年龄的改革早已施行，中国老龄化速度快于世界上许多国家，实施这一改革从理论上与实践上都是大概率事件，辅以延迟退休年龄改革的风险管理政策矩阵，运用公共危机管理的理论与方法，对延迟养老保险改革进行积极的风险防范、管理与控制，做出不同阶段的应对策略，无论是从完善养老保险公共危机管理理论还从根本上减少或防止延迟退休年龄的实质性风险，均有重大的研究意义与实践价值。

人口老龄化会直接对养老保险的可持续发展产生影响，而养老保险制度设计又不可避免地与消费、储蓄、劳动力供求关系、工资增长等要素发生关联，加之人均寿命大大延长和经济不景气因素的影响，这些错综复杂因素导致了延迟退休年龄成为世界各国普遍采取的措施。人均寿命的持续延长也会对中国要实施的养老保险全国统筹、城乡养老保险一体化改革、机关事业单位养老保险改革等一系列养老制度的可持续发展造成直接或间接的影响。我国人口平均预期寿命变化如表9-1所示。

表9-1　我国人口平均预期寿命变化

单位：岁

年份	人口平均预期寿命	男性平均预期寿命	女性平均预期寿命	男女平均预期寿命之差
1981	67.77	66.28	69.27	2.99
1990	68.55	66.84	70.47	3.63
2000	71.40	69.63	73.33	3.70
2010	74.83	72.38	77.37	4.99
2020	77.93	75.37	80.88	5.51

资料来源：国家统计局历年人口普查资料。

老龄化成本的广义含义是指老龄化趋势带来的三个潜在风险，即经济增长减缓、缴费收入减少及公共养老支出因老龄化程度加深而增加，经济增量被老龄化社会所耗用，这些潜在风险也已经成为一些主权国家财政恶化和主权债务攀高的潜在因素。据日本政府测算，日本养老金体系中，1935 年出生的日本人得到的养老金是他们职业生涯中支付保费的 8.4 倍，1995 年出生的日本年轻人未来退休时可得到的只是他们职业生涯中支付保费的 2.2 倍。日本 64% 的人群对老年后的养老金发放是否有保证缺乏一定的信心，怀疑等他们退休后是否真的能从养老制度中受益①。中国延迟退休的计划应该设计得更为缜密，以避免产生非理性抗争等社会不稳定因素。政策宣传与引导有助于公众了解国家养老保险新政，充分认识改革风险，政府也应针对改革过程中可能出现的各种问题出台更有效的应对措施。

延迟退休年龄改革是中国当前不得不面对的重大课题，已有的理论研究对养老保险系统性风险的研究还不够充分，尤其是对中国延迟退休年龄与现行养老保险制度的关联性风险的研究还有待深入。建立全国城镇职工养老保险全国统筹而且城乡平等的养老保险制度，考验着决策者的智慧和勇气。2030 年要实现高水平社会保障全覆盖，道路还十分曲折和艰辛，充满了政治风险、经济风险和社会风险，养老保险制度全覆盖，事实上在前进道路上还存在多种挑战和意想不到的困难，政府要制定延迟退休年龄的应急预案，要对预想的应急响应情景设计做出行动安排，做好顶层设计，以实现养老保险制度的可持续发展。

如今，中国已成为全世界基本养老保险覆盖人口总量最多的国家，在人口老龄化等复杂背景下，巴克莱集团发布的一份报告称：中国政府的总负债占国内生产总值的 62%～97%，其中蕴含了巨大的财政风险，最大的财政风险是养老金缺口。2013 年《纽约时报》称：有研究预测，未来 20 年内，中国的养老金缺口将累计至 10.9 万亿美元。这是否是危言耸听，目前难有定论，但也在一定程度上说明了中国延迟退休年龄改革的紧迫性。如果剔除财政补贴，全国近半数省（区、市）基本养老保险基金收不抵支，一些地区已

---

① 林毓铭：《社会保障研究的另一视角：社会保障若干产权问题》，《中共福建省委党校学报》2006 年第 6 期。

要求从 16 岁开始征缴养老保险费被指变相延迟退休年龄，也有一些地区已开始从银行贷款支付城乡居民养老保险待遇，基金支付出现了青黄不接。财政部数据显示，2012 年全国养老保险基金盈余 1079 亿元，2014 年亏空 1563 亿元，2015 年亏空 3115.33 亿元，2015 年比 2014 年比的亏空增加了近 1 倍①。

延迟退休年龄已成世界趋势，人社部早在 2012 年 7 月 25 日召开的新闻发布会上就表示：中国将借鉴国外经验，延迟退休年龄也将对不同社会群体采取差别化措施，并以"小步慢走"的方式实施。在中国人口老龄化等复杂情景下，政府要加强对延迟退休年龄的综合风险研判，包括制度风险分析、赡养率风险分析、经济风险分析、政治风险分析、财政风险分析、信任风险分析，进行情景模拟和数据仿真。

二　老龄化直接产生对延迟退休年龄的政策需求

第七次人口普查结果显示，中国 60 岁以上人口已达 2.64 亿人。现在全国建立了城镇职工养老保险制度、城乡居民并轨的养老保险制度、外来务工人员更多地被纳入城镇职工养老保险制度。广覆盖的动态发展指标具有较多的不确定性：一是全民养老保险制度的外延和内涵如何进一步延伸，事实上多年来的高缴费率致使中小企业缴费负担较重，虽然近年来养老保险缴费率有所降低，但降低幅度仍旧有限；二是在广覆盖的背景下，城乡养老保险待遇差别过大、企业退休人员与行政事业单位退休人员差别过大，双轨制变成多轨制，广覆盖养老质量有待提高，农村老人目前主要还是靠家庭和土地养老，由于城乡居民社会保障收入差距较大，社会保障在一定程度上对城乡收入差距起了"逆调节"作用②，"社会保障收入转移使城乡收入差距由原来的 1.85 倍增长到了 2.28 倍"③。

人口老龄化有多个分类标准，不论采用哪一个标准，我国现时的人口老

① 池远行、赫海娜：《社保费率全球第一，真减一半咋办？》，http：//news.sina.com.cn/c/zg/2016-02-29/doc-ifxpvysx1766709.shtml。
② 王延中：《社保制度差异扩大城乡收入比　被指起逆调节作用》，中国社保 30 人论坛年会，2013 年 2 月 23 日。
③ 中国社会科学院劳动与保障中心：《中国社保收入再分配状况调查》，2012。

龄化还不算太严重，随着人口老龄化程度的加深，不久的将来，现时广覆盖的相对轻度老龄化的人口结构会过渡到未来更深度的老龄化结构，会进入退休金待遇支付高峰期。城市居民养老保险和城市居民医疗保险，已出现了覆盖面越大、亏损越多的问题，加之扩大报销比例的制度刚性，加大了地方财政和中央财政的补亏压力。如果待遇公平问题不解决加之通货膨胀对养老金支付能力的影响，延迟退休年龄改革将难以服众。

三　养老保险改革衍生对延迟退休年龄的政策需求

（一）广覆盖变为广支付，潜伏着一定程度的养老金支付风险

《2020 年度人力资源和社会保障事业发展统计公报》披露：截至 2020 年底城镇职工养老保险参保人员 45621 万人，其中参保离退休人员 12762 万人，占比为 27.97%，养老保险支付比大大提高。加之与人口预期寿命延长、慢性病患者剧增与疾病谱系的变化及人口红利期的过早结束，会给中国的养老、医疗、就业带来一定的社会风险与财政风险。如今，广覆盖作为地方政府官员的绩效来考量，城乡居民养老保险的自愿性变成了事实上带有一定强制性的财政诱致性保险。未来，广覆盖变为广支付，养老金支付风险可能出现。

（二）养老金缺口引发中央和地方财政补贴刚性增长

理论界历来存在中外养老保险缴费年限差距之争，我国缴费 15 年以上就可以终身领取养老金，显然会造成极大的经济计算误差，城镇职工养老保险与行政事业单位养老保险的参保者不存在缴费 15 年退出续保的问题，但灵活就业人员在缴费 15 年之后，有自己的自由选择权，一旦他们在缴费 15 年后停缴，选择领取养老保险终身待遇，养老保险制度势必出现收不抵支的问题。政策执行过程中城镇职工、行政事业单位职工的"新人"事实上的缴费年限与工作年限保持基本一致，避免了误入经济风险的陷阱。此外，中国企业长期大量的"内退"现象，引起养老保险缴费减少与养老基金发放压力加大的双重矛盾。同时外来务工人员缴费不稳定、"断保"现象突出，城镇职工也可能因企业

经营困难无法缴费存在"断保"现象（以山东省济宁市为例，见表9-2），加之"中人""老人""新人"缴费与待遇计发公式的不一致，影响了养老保险制度自身的平衡。由于人口老龄化，领取养老金的人员在不断增多，企业规模扩张受限造成缴费的人员减少，2015年东北三省地区养老金出现了较为明显的养老金支付缺口。广东、江苏、浙江、山东等经济发达省份为劳务输入大省，基本养老保险基金结余额度在不断扩大，广东省2017年结余养老基金6000多亿元，但省内地区间的失衡问题却十分严重。

表9-2　山东省济宁市企业职工基本养老保险断保状况

2014年8月底按年龄分类的断保率		
年龄	人数（人）	断保率（%）
35周岁以下	49386	48.50
35~46周岁	28287	27.81
46周岁及以上	24127	23.69
断保持续时间		
中断时间	中断人数（人）	中断百分比（%）
1~2年	36465	35.81
2~5年	25906	25.44
6~8年	22195	21.80
9~10年	11203	11.00
10年以上	6056	5.95

资料来源：宋玉虎《我市企业职工基本养老保险断保问题研究》，《济宁日报》2014年10月15日。

2017年中央与地方政府对城镇职工养老保险的财政补贴已达8004.0亿元，1998~2017年，城镇职工养老保险财政补贴累计达40302.1亿元人民币（见表9-3）。《2020年度人力资源和社会保障事业发展统计公报》披露：2020年全年城镇职工基本养老基金总收入44376亿元，支出51301亿元，支出大于收入6925亿元。中央与地方财政对养老保险的补贴不可能无限期增加，财政的兜底机制势必要受其他财政支出的影响，依靠社会统筹与个人账户相结合的养老保险制度难以实现自身的平衡机制，其中一个重要的政策工具是延迟退休年龄。缴费年满15年可终身享受养老金，在人口预期寿命延长的情况下，该规定必然对养老保险制度形成基金冲击，现今"脆弱"的养老保险制度结构与碎片化管理模式，客观上要求延迟退休年龄或是提高缴费率作为可考虑的政策选择。若只做唯一选择的话，就可能在一定程度上激化社会矛盾。降低养老保险缴费率是改革方向，但降低的幅度非常有限。

表 9-3   中央与地方财政城镇职工养老保险财政补贴明细

单位：亿元

年份	财政补贴	年份	财政补贴
1998	30.0	2009	1646.0
1999	133.4	2010	1954.0
2000	38.5	2011	2272.0
2001	14.0	2012	2648.0
2002	38.5	2013	3019.0
2003	530.0	2014	3548.0
2004	614.0	2015	4716.0
2005	651.0	2016	6511.0
2006	971.0	2017	8004.0
2007	1157.0	合计	40302.1
2008	1437.0		

注：人社部发布的 2018 年至 2020 年的《人力资源和社会保障事业发展统计公报》中，未出现财政补贴数据，而是用基金调剂代替。

资料来源：根据人社部发布的历年统计公报整理。

2018 年 4 月，人社部副部长游钧在国务院政策例行吹风会上表示，为降低企业人力成本，自 2015 年以来，人社部已先后降低或者阶段性降低社会保险费率 4 次，总体的社保费率从 41% 降到 37.25%，总体幅度接近 10%，累计减少企业成本约 3150 亿元[①]。降低缴费率是必要的，但也增加财政补贴的压力，这对于延迟退休年龄事实上也有一定的推动作用。

---

① 班娟娟：《人社部：适当降低社保费率不会影响养老金待遇》，《经济参考报》2018 年 4 月 10 日。

四　养老保险全国统筹能否延缓出台延迟退休年龄政策的步伐

延迟退休年龄政策反对者居多，如何减少反对者，前期应采取什么措施？养老保险全国统筹与延迟退休年龄有什么理论关联或是经济学关联？很难找出其内在的逻辑。最客观和现实的解释是养老保险全国统筹能否减轻养老金短缺的压力，如果答案是肯定的话，延迟退休年龄政策可以适当推延，减少部分延迟退休年龄政策的反对者。

养老保险全国统筹是党的十九大报告提出的政策举措，它比基础养老金全国统筹更加复杂。基础养老金全国统筹面临双轨制待遇调整、行政事业单位养老保险改革的体制性压力、养老金缺口与延迟退休年龄等难题，加上全国复杂的经济社会环境与经济发展差距，不同地区在经济水平、基本养老保险历史债务和现状等方面的巨大差距，严重制约着真正的基本养老保险统筹层次的提高。现行的省级统筹并不是真正意义的省级统筹：一是存在统而不筹的问题，省级统筹仅仅停留在市级基金统收统支，省级调剂的层面，事实上处于分散管理的状态；二是缴费基数和缴费比例在省级范围内难以统一；三是基本养老金计发基数不统一。党的十九大定调后，养老保险全国统筹终究是必然事件。养老保险全国统筹之后如何延迟退休年龄，调整的幅度多大还需要做进一步的前瞻性研究。

基础养老金指标是职工在退休时上年度省级统筹范围内在岗职工月平均工资与本人指数化月平均缴费工资之和的平均值指标，参保者未来的养老金收益一定程度上取决于个人账户积累额，个人账户做实，由"混账"管理变成分账管理，基础养老金全国统筹就会有一定的经济基础。实现全国统筹后基本养老金计发标准由省级统筹在岗职工平均工资变为全国统筹在岗职工平均工资后，基础养老金的收入再分配功能被进一步夯实。

养老保险全国统筹，一大有利条件是我国 2020 年城镇职工养老保险滚存积累基金达 48317 亿元，基金调剂规模达 7400 亿元。发达地区最担心的是自身多年积累的滚存积累基金被统筹，寄希望于改革之前的基金留存省级政府，做实自己的个人账户，改革后重新起步。如果这样，改革伊始要完善财政补贴制度，着手建立中央调剂金制度。通过全国基金预算管理明确中央与地方政府责任，对于预算内基金缺口，一是动用滚存积累基金，二是通过中央调剂金进行余缺调剂，三是直接用中央财政补贴。第三种办法是现在常用的办法，包括部分地方财政补贴在内，如果养老保险全国统筹之后，取消这种办法，会有财政退位之嫌；第二种办法建立中央调剂金制度，需要一个缓冲期；第一种办法动用滚存积累基金，发达地区巨额的滚存积累基金中有相当大一部分是由不发达地区大量劳动力进入后积累的养老金，如果发达地区反对养老保险全国统筹，有悖于社会公理。

哪一级统筹就由哪一级财政负责，这是一个基本原则。2013 年广东、江苏、浙江、山东四个相对发达省份未能通过养老保险省级统筹验收，其中缘由比较复杂，相对发达省份省级养老保险统筹不过关，全国统筹的步伐难免受到影响。养老保险全国统筹要面对许多现实的体制内和体制外复杂的社会经济问题，只要真正地实现了多个统一，发挥中央调剂基金、滚存积累基金、财政补贴基金加之国有企业股份划拨社会保障基金的作用，强化社保基金的再分配功能，延迟退休年龄改革的缓冲期便可以延长，养老基金的偿付压力也可以相对减小。

五　养老保险基金贬值与"空账"风险对延退改革的隐性依赖日渐凸现

养老保险基金对于大多数国人而言，是一个基本的养老保障。郑秉文认为，社保基金在四种情景下的损失估算分别是：与 CPI 年均复合增长率高达 4.8% 相比，明显处于贬值风险之中，贬值近 1000 亿元，基金缩水成为常态；以企业年金基金投资收益率几何平均值 8.35% 为参考基准，损失达 3277 亿元；以全国社会保障基金年均收益率 9.02% 为参考基准，损失5500 亿元；以社会平均工资增长率 14.8% 作为参照，潜在的福利损失相当于 1.3 万亿元[1]。如果真正做实个人账户基金，贬值的速度将更快，养老保险基金贬值实际上强化了对延迟退休年龄政策的隐性依赖。个人账户"空账"的形成是混账管理带来的体制性产物，养老保险新政提出消除个人账户"空账"的目标，反倒"空账"规模越来越大。2007 年末个人账

---

[1]　金辉：《社保基金投资体制改革要加速——访中国社科院世界社保研究中心主任郑秉文》，《经济参考报》2015 年 7 月 31 日。

户 "空账" 规模达 10957 亿元，此后 "空账" 规模以年均 18.55% 的速度增长，到 2014 年末已达 35973 亿元。2014 年 24 个省级统筹单位当期收不抵支，最严重的辽宁省和黑龙江省缺口规模都超过 400 亿元，2016 年中国养老保险的 "空账" 规模约达 3.6 万亿元（也有些媒体报道 2015 年的 "空账" 规模达 4 万多亿元）[1]，2017 年的城镇职工养老保险财政补贴额达 8004 亿元[2]。要填平 "空账" 谈何容易，即使做实 "空账"，如果不能够在资本市场有效地保值增值，养老保险制度的可持续发展也将面临支付风险，2015 年下半年中国股票市场的连续性暴跌及 2016 年 1~2 月股票市场的多次熔断，使养老金入市在资本市场增值成为一种奢望。2018 年上半年，中国股票市场受国际贸易保护主义影响，较长时间低迷不振，银行存款为主的投资体制致使养老金缩水严重，形成了对延迟退休年龄的逼迫机制。加强资本市场治理，扩大投资融资渠道，最大限度地提高养老保险基金的投资回报率已迫在眉睫。投资回报率高，延迟退休年龄的改革环境更为轻松，可以减少参保人对延迟退休年龄的抵触情绪。

六　养老待遇不公助长参保者对延迟退休年龄的抵触情绪

扩大养老保险覆盖面，会提高参保者对养老保险的心理预期，而一旦遭遇财政基金供给风险或是养老保险待遇无法应对 CPI 高企或通胀的威胁，就可能引发社会不稳定和不信任危机，动摇人们对养老保险制度的信心。不可否认，在延迟退休年龄正式实施前的论证与征求意见阶段，公众对其存在较大的争议，对养老保险制度改革的信任危机有所加剧，网络舆情使政府的相关改革陷入纠结，推进行政事业单位养老保险改革，改革养老保险待遇双轨制，才可能获得公众对延迟退休年龄的理解与支持，否则一时难以纾解这种不满情绪。

养老保险制度不公并不一定是制度本身造成的，例如我们强调养老保险制度的多缴多得制，即 DC 制，将不合理的工资制度带进了养老保险制度，富人部分工资的非货币化反而造成了穷人累进税和富人累退税问题的形成，国

---

① 刘燕斌主编《中国劳动保障发展报告（2016）》，社会科学文献出版社，2016。
② 数据出自《2017 年度人力资源和社会保障事业发展统计公报》。

际社会养老保险的两大功能即保证基本养老功能与缓解贫富差距功能，但后者没能得到体现。我们寻求的是公众对延迟退休年龄的抵触情绪尽可能减少，社会情绪嬗变中的动态模型包括差分方程与微分方程，即：

$$\min_{\mu_1\cdots\mu_M}\int_{t_0}^{t}F(x_1,\cdots,x_N,\cdots,\mu_M,t)\,\mathrm{d}t$$

x 表示养老保险改革的各种政策变量；μ 表示参保人应对各种政策变量的情绪；t 表示时间或情景因子。公民对养老保险系列改革的社会关注度越高，网络舆论就越为复杂。延迟退休年龄改革阻力重重，根源在于不同社会阶层的社会认同不同，面对人口老龄化程度加深等复杂的社会经济状况，延迟退休年龄是难以避免的改革选择。网络舆情是政府了解民意的重要渠道，如果引导不善，负面的网络舆情将可能引发公共安全风险。加强对网络舆论的及时和动态监测并实施有效引导，积极化解网络舆情危机，对于维护社会稳定，促进国家发展具有重要的现实价值，在让公众充分了解延迟退休年龄的改革的制度背景、改革政策内容等的同时，也不能忽视对风险信息的披露。

之前社会舆论评论最多的是行政事业单位的离退休职工与企业离退休职工养老保险待遇差距的问题，政府努力增加企业离退休职工的养老保险待遇，待遇调整已多达 17 次，基数越做越大，但仍然难以抵御通货膨胀的冲击，民众对养老保险待遇的满意度仍旧偏低，主因还是行政事业单位人员离退休待遇与企业离退休职工待遇仍存在较大的待遇差距。

就 2015 年城乡居民养老保险截面数据而言，养老保险基金收入远少于基金支出，全部收入中个人缴费与财政补贴之比为 1∶4.08（集体经济分量可以忽略不计），参保人群与享受待遇人群之比为 1∶3.4，中央财政对中西部地区与东部地区基础养老金最低标准补助之比为 1∶0.5。城乡居民养老保险待遇偏低，是社会不稳定因素，最大的问题是，一些参保人选择每月缴付 10 元，而当期领取养老保险的退休人每月领取 110 元，就全国水平而言，上海市城乡居民养老保险月待遇为 700 多元，而贵州省只有 70 多元。这种收入与支出的不对称大多是政府出于对社会稳定这一因素的考虑，而不是基于经济学中的投入-产出法则的考量。

第二节　规避偿付风险，延退政策要知难而进

社会保障基金面临收入与支出的近期平衡问题，更面临较长时期动态参数的考验，制度设计不合理，偿付风险随时可能发生，一旦发生偿付风险，延迟退休年龄政策就可能是最后的政策抉择过程。

一　延迟退休将会是一个复杂的决策过程

党的十八大报告明确提出："逐步做实养老保险个人账户，实现基础养老金全国统筹"，党的十九大报告再次强调："尽快实现养老保险全国统筹"，实现养老保险的全国统筹才能从根本上解决养老保险基金省际统筹平衡的问题。当务之急是要尽快实施省级统筹范围内同待遇、同费率改革，清理规范养老保险缴费政策，统一社保费征缴主体，为全国统筹创造基本条件。在第一步稳步实施中央调剂金制度的基础上，明确养老保险全国统筹的时间表和技术路线图，在国家层面统一全国养老保险社会统筹部分的缴费率，加强养老保险费用征缴下限与上限的刚性约束，确定 DC 制或是 DB 制的战略选择方向，最终完成国家统一财政预算、各省分账管理的制度设计。

然而，人口老龄化与高龄化、经济下行趋势、国际局势动荡、社会矛盾复杂，加之地区间的经济差别、人口结构差别与养老负担差别，致使养老保险全国统筹的实施难度加大，根源在于哪一级统筹需要哪一级财政负责，近几年来，中央财政的压力凸显，养老保险财政补贴的力度明显加大，城乡居民整体缴费标准较低的问题依然存在，而要增加城乡居民养老金额的发放，就需要延长缴纳年限或提高城乡居民缴费档次标准。东部、中部与西部地区经济与发展差距带来一系列的养老保险发展不平衡的问题，加之养老保险基金积累差距太大，养老保险全国统筹面临一个较大的发展难题，这也间接地导致延迟退休年龄成为重要的政策选项。

以广东省为例，经济发展不平衡导致养老保险区域发展不平衡的问题突出，表现为长期以来，养老保险基金未能实现省级的统一管理，缴费基数和缴费比例不统一，基本养老金计发基数不统一。广东是中国的一个缩影，由于难以一体化，要在全国范围内统一延迟退休年龄也是一个困难的事情，如

西藏地区人口平均预期寿命只有 60 多岁。要从经济与社会指标考察地区间人口老龄化、老年人口抚养比、劳动人口与就业等经济与社会指标、平均工资及增长率指标及各种外生变量对延迟退休年龄的综合影响。对经济增速下滑严重的地区，应该充分考虑到延迟退休年龄政策的实施难题而不是草率实施"大而统"体制。

中国 2017 年延迟退休年龄政策出台，5 年过渡期后 2022 年开始逐步实施。提高缴费率的空间已被截断，甚至各省（区、市）已经有了不同幅度的下调，如广东省将单位缴费一体化的缴费率统一降低为 14%（随后又提升到 16%），主要通过扩大覆盖面来延缓延迟退休年龄的压力，而少数地区不得不通过银行贷款来解决养老保险问题。

考虑到地区间社会经济复杂外生变量与养老保险制度内生变量的影响，人口老龄化社会老年人口的支出将大量增加，这将对地方政府的财政状况产生较大影响，延迟退休年龄必然是一个难以回避的政策选择，尽管目前最大的财政风险是地方政府债务的日渐增加，但从中长期来看，针对中国老龄化与高龄化问题，刚性增长的养老财政补贴及其他民生财政补贴可能进一步加大地方政府债务压力，全国社会经济不平衡的问题将更加突出，延迟退休年龄需要经历一个复杂的政策决策过程。人社部提出未来针对不同群体采取差别措施，并以"小步慢走"的方式推进延迟退休年龄改革，具体操作的难度较大。

二　释放养老风险，建立弹性退休制度与阶梯性退休制度

2013 年，全国社会保障基金理事会党组书记戴相龙接受新华社采访时曾表示，面对 30 多年后的人口老龄化高峰，国家管理的公共养老金收支会有较大缺口。戴相龙建议在继续通过划拨国有资产扩大全国社会保障储备基金的同时，应该逐步延迟退休年龄[1]。中国劳动年龄人口绝对值在 2012 年首次减少，表明已进入中国人口结构变化的分水岭。刘易斯农村"劳动力无限增长"之说在中国已受到质疑。中央财政每年都要对中西部地区进行大量的社会保险财政补贴，尤其是对养老保险和医疗保险，以维系这些地区社会

---

[1]　郭晋辉：《阶梯式延长退休年龄大势所趋》，《第一财经日报》2013 年 4 月 19 日。

保障制度的运行。

从未来看，只有养老保险财政支持力度足够强大，延迟退休年龄改革的压力才会相对减小，未来中国的老年人口数量会先后呈现阶梯性上升和阶梯性下降，在未来的发展中，如果劳动力供给充足，养老保险赡养率一旦下降，就可考虑下调退休年龄。在养老保险制度延迟退休改革进程中，弹性退休制度可以作为一个缓冲政策，先让一部分有意愿的个体先延迟退休，让延迟退休的政策概念在社会中推广，然后再全面推进渐进式延迟退休政策，这样可以减少改革的阻力，同时达到从整体上提高平均退休年龄的目的。

退休年龄是养老保险制度中最敏感的统计变量，退休年龄的早晚既影响全社会的保费收入，影响退休金支出总量，又影响基金的收支平衡，延迟退休年龄有助于平衡养老金收支状况，但容易被公众解读为政府释放责任。

弹性退休制度是西方国家实施多年的一种退休制度，在职时缴费时间越长、缴纳的费用越多，退休时领取的退休金就越多，政府规定一个弹性的退休年龄段区间，员工可以根据自身情况在年龄段区间选择合适的年龄办理退休手续。由于弹性退休制度的设计是"多缴多得、长缴多得"，在力所能及的情况下，一些劳动者为了多得会自觉地选择尽可能地延迟退休年龄。

新加坡养老保险实施公积金制度，把是否退休的最大决策权给了个人，有的人觉得自己身体比较差，60 岁之前就可以退休，有的人觉得自己身体好，可以工作到 75 岁甚至 80 岁。日本的出租车司机以 60 岁以上的老年人群为主。据美国劳动部的数据，在 2010 年，31.5% 的 65~69 岁的美国人仍然在工作，这一数字在 1990 年是 21%，除此之外，18% 的 70~74 岁的美国人在工作，比1990 年比例增加 11%[1]。阶梯式、渐进式延迟退休年龄是国际上通行的做法，延迟退休年龄不能采取一刀切的做法，需要对不同人群实施不同政策。

延迟退休年龄不仅是为了实现养老金的收支平衡，而且也是为了在劳动力不足的情况下，让有余力的劳动者更好地服务于社会。从长远考虑，中国的人口老龄化将在未来 40 年加速推进，受长期低生育率、人口预期寿命不断增长及人口年龄动态累积效应三者的影响，从 2015 年到 2050 年，中

---

[1]　晓诗美：《75 岁以上老人 130 万人仍在工作》，http://news.cnr.cn/gjxw/list/201211/t20121123_511393530.shtml。

国的人口年龄结构将呈现老年人口规模迅速扩大、老年人口比重持续提高以及老龄化速度远快于其他国家等显著特征①，即进入人口老龄化高峰期或称为人口老龄化高原期。根据联合国发布的最新预测，2050 年中国 60 岁及以上老年人口所占比重将达 36.5%，高于美国等大部分发达国家。2050 年后，中国老龄化程度开始减轻，随着老龄化程度的减轻到时会逐步降低退休年龄②。

三 平均内退年龄低龄化的形成

1999 年 3 月 9 日劳动和社会保障部曾发布《关于制止和纠正违反国家规定办理企业职工提前退休有关问题的通知》（劳社部发〔1999〕8 号），指出：国家法定企业职工退休年龄是男年满 60 周岁，女工人年满 50 周岁，女干部年满 55 周岁，从事井下、高温、高空、特别繁重体力劳动或其他有害身体健康工作的，退休年龄男年满 55 周岁，女年满 45 周岁，因病或非因工致残，由医院证明并经劳动鉴定委员会确认完全丧失劳动能力的，退休年龄为男年满 50 周岁，女年满 45 周岁。在改革进程中，各地出现了提前内退的情形，男 52 岁、女 48 岁开始内退的现象并不鲜见。职工提前退休审批流程如图 9-1 所示。

然而，大规模内退或是下海经商的起点是 20 世纪 90 年代，至今全国平均内退年龄为 54 岁，这是受国有企业股份制度改革、"竞争上岗，优胜劣汰"、买断工龄、停薪留职下海等改革事项的影响。在政府延迟退休政策已成定数的语境下，全国非正常提前退休现象增多，曾任人社部社会保障研究所所长的金维刚披露当前"未老先退"问题突出，有的地区提前退休的人员竟占到当年退休人员的 30%③。

中国国际交流中心副理事长黄奇帆提出：如果妇女退休年龄从现在的 50 岁变革为 60 岁甚至和男性一样到 65 岁，每年相当于增加 1 万亿元养老金，必将缓和许多省份养老保险资金链紧张的情况，还能延长几亿妇女 10 年的工作

① 参见智研咨询集团《2016—2022 年中国养老产业市场运行态势及投资战略研究报告》。
② 《远比楼市股市严重，这才是当前最可怕的风险!》，http://house.ifeng.com/detail/2015_10_02/50572894_0.shtml。
③ 《提前退休占 30%：别容违规先退滋长》，《新京报》2017 年 5 月 7 日。

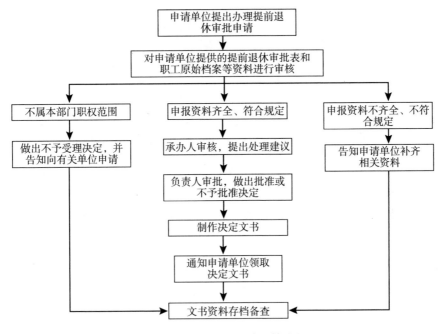

图 9-1　职工提前退休审批流程

年限，产生劳动力红利①。这一说法显然严重脱离中国实际，政府也不能以节约发放退休基金为目标，进行延迟退休年龄改革。

　　延迟劳动者的原法律规定的"法定退休年龄"是退休年龄延迟政策改革的基本内容，但唯有真正实现劳动者"实际退休年龄"的延迟，才可能真正实现退休年龄延迟政策的最终目标。知识青年上山下乡运动肇始于 1955 年，1968 年我国启动了大规模的知识青年"四个面向"运动。为了解决数以千万上山下乡知识青年返城问题，我国又启动了最大规模的在职职工办理"病退""困退"的运动，以让上山下乡知识青年返城取代其父母的工作，实际上形成了中国最大规模的"病退潮"。由于历史的原因，从 1968 年至 1978 年上山下乡知识青年返城，其父母这一代人的平均提前退休年龄是多大，可能无法作历史统计，可以肯定的是，当时这一大批"病退"父母的年龄比劳社部发

---

　　①　黄奇帆：《围绕具有重大潜在红利的供给侧问题　推动一批聚财型、生财型、资源优化配置型的改革事项》，《中国经济周刊》2019 年第 24 期。

〔1999〕8号文件规定的年龄小得多。

20世纪80年代后期国有企业实行竞争上岗、优胜劣汰的改革,直至目前,我国企业平均实际退休年龄只有54岁,大大低于法定退休年龄。"内部退休"是体制改革大潮的产物,企业用人制度改革,或是订单不足、生产能力过剩,需要调整人员结构或降低人力成本,都得快速减少体制内正式员工的数量,渠道之一便是让已不适合在岗位上继续工作的人员从企业内部提前退休。职工内退达5年后,应办理正式退休手续并结束企业内退状态。距法定退休年龄5年以内或工龄满30年以上的职工,与企业协商一致,可实行内部退养政策。内退期间由企业逐月为其发放基本生活费,缴纳各项社会保险费。这些政策规定事实上已满足相当一部分内退职工的诉求。

国家为了照顾部分特殊劳动者身体状况,保护其相关利益,曾颁布了一些允许提前退休的政策,但一些人为一己之利钻制度空子的现象也时有发生。一些高龄员工早已失去工作热情、职业怠倦情绪严重,企业若继续雇佣高龄职工,除了要继续为其缴纳社会保险费之外,也对招募年轻员工有所影响,从而企业中出现大量未到法定退休年龄就以各种理由提前退休的员工。加之相当一部分企业经济效益差,无力雇佣过多职工,由此造成实际退休年龄偏低,养老金负担越来越重的问题。

20世纪90年代,国有企业股份制改革衍生了下海经商、买断工龄、下岗职工再就业服务中心、内部退养等众多的话题,限制内退政策的复杂性和模糊性很可能影响到政策的实施过程。第一,有些改革政策是出自某种政治幻想,如"竞争上岗、优胜劣汰",其管理意愿是好的,但在当时的环境状态下,竞争格局并没有真正形成。第二,政策缺乏清晰度,有的政策不仅仅是妥协的产物,而且在实施的关键点上也含含糊糊。政策之间的关联性也使政策实施过程变得复杂。中国在国有企业体制改革尤其是国有企业股份制改革、财产权制度改革进程中产生了大量的错综复杂的现象,使政策实施难度加大。

政策本身具有一种复杂性、模糊性等特征,因此制定出实施过程清楚,目标明确的政策是一件比较困难的事情。目前延退政策的目标和条件还比较模糊,制定延休政策时要充分考虑到微观决策实施过程。

1983年发布的《国务院关于延长部分骨干教师、医生、科技人员退休年

龄的通知》和《国务院关于高级专家离休、退休若干问题的暂行规定》、1990
年人事部发布的《关于高级专家退（离）休有关问题的通知》、1992 年中组
部、人社部发布的《关于县（处）级女干部退（离）休年龄问题的通知》，
为部分人员延迟退休提供了政策依据。1988 年劳动部发布的《关于严格掌握
企业职工退休条件的通知》和 1993 年国务院颁布的《国有企业富余职工安置
规定》对接近退休年龄和因年老体弱不能正常工作的职工，企业可以实行离
岗退养，离岗退养期间，按连续工龄计算，按一定比例发放工资，"提前退
休"政策出台。仅 1994 年国有企业改革中实施的 3080 个政策性破产项目，
就导致数千万人口的下岗或失业，1997～1998 年的国企改革又造成了新一轮
下岗失业潮，再就业成为中国 21 世纪初面临的最大问题[1]。1998 年发布的
《中共中央、国务院关于切实做好国有企业下岗职工基本生活保障和再就业工
作的通知》（中发〔1998〕10 号）明确了确保国有企业基本生活费发放和确
保离退休职工养老保险金足额定时发放的"两个确保政策"，并将其作为最重
要的政策手段，对企业的执行情况进行严格的监控。在一些企业，出现了在
岗职工工资待遇不如下岗职工基本生活费加上隐性就业双待遇的现象，引发
了社会矛盾。全国实行国有企业下岗职工基本生活保障制度，国有企业曾普
遍建立了再就业服务中心，2002 年起全国各地相继关闭了国有企业再就业服
务中心。下岗职工在国有企业再就业服务中心三年内不能正常进行失业登记，
在企业内部待业等待再就业，国有企业虽然释放了部分就业岗位，但仍有相
当部分职工不能实现再就业，事实上属于三年内退期。

　　20 世纪 90 年代中后期国有企业实施的"内部退养"政策，成为当时
经济转型过程中国有企业减员增效的一个最直接路径。在 1998 年国有企
业减员增效改革中，大批职工先"下岗"进入再就业服务中心，下岗人群
的平均年龄只有 47 岁，直接导致了我国退休年龄的低龄化。据不完全统
计，1998 年全国 23 个省新增企业退休人员 13319 万人，而违反国家规定
提前退休的有 2715 万人，占总人数的 18.19%。其中，以病退为由提前退
休的有 1619 万人，占违规提前退休总人数的 66.17%；以特殊工种为由的

---

①　胡鞍钢：《我国实际失业率应是 8%》，《中国改革》2000 年第 2 期。

211 万人，占违规提前退休总人数的 11.59%[①]。2000~2021 年城镇登记失业人数及失业率如表 9-4 所示。

表 9-4　2000~2021 年城镇登记失业人数及失业率

	2000 年	2001 年	2002 年	2003 年	2004 年	2005 年	2006 年	2007 年	2008 年
失业人数（万人）	595	681	770	800	827	839	847	830	886
城镇登记失业率（%）	3.1	3.6	4.0	4.3	4.2	4.2	4.1	4.0	4.2
	2009 年	2010 年	2011 年	2012 年	2013 年	2014 年	2015 年	2016 年	2017 年
失业人数（万人）	921	908	922	917	926	952	966	982	972
城镇登记失业率（%）	4.1	4.1	4.1	4.1	4.1	4.1	4.05	4.02	3.90
	2018 年	2019 年	2020 年	2021 年					
失业人数（万人）	974	946	1160	1040					
城镇登记失业率（%）	3.80	3.62	4.24	3.96					

资料来源：根据国家统计局发布的历年《中国统计年鉴》整理。

　　针对体制内工薪阶层，近几年来官方多次提出要延迟退休年龄，针对中国平均内退年龄仅有 54 岁的现实，必须多管齐下切实延迟劳动者的"实际退休年龄"。延迟劳动者的"法定退休年龄"是退休年龄延迟政策的基本内容，但唯有实现劳动者"实际退休年龄"的延迟才可能真正实现退休年龄延迟政策的最终目标，与国际社会接轨，54 岁与 65 岁的实际差距是 11 年，阶梯性延迟退休年龄就需要在 11 年上下功夫。国家应完善针对可以提前退休岗位与人员条件的具体政策规定，加强审批力度与管理监督，对不符合条件的企业、岗位、员工坚持不予审批，并将提前退休与企业信用挂钩，解决较为普遍的实际退休年龄偏低的问题，甚至是一些行政事业单位存在的由于岗位冲突而造成的隐性失业的问题。

---

① 李红岚、武玉宁：《提前退休问题研究》，《经济理论与经济管理》2000 年第 2 期。

第十章　养老保险偿付能力及其监管

世界经济论坛的一份报告称，"在未来约 30 年的时间里，人类生命周期的延长加上不佳的投资收益，将令全球养老金出现 400 万亿美元的缺口。美国、英国、日本、荷兰、加拿大和澳大利亚六个国家总计将出现 224 万亿美元的养老金缺口，而剩下的 176 亿美元缺口将由中国和印度分摊"①，报告敦促各国进行延迟职工退休年龄改革、奖励在职储蓄、调整养老金制度等。养老保险的未来状况令世界许多国家担忧，目前，中国人口老龄化增长速度快，更需要高度重视未来社会养老保险的偿付能力，进行有效监控。

第一节　养老保险基金的筹资状况

随着社保跨统筹地区转移政策的实施，中老年员工对参保问题比以往更加重视，法律维权意识也越来越强，近年来参保问题引发的劳资纠纷有所增多，比较利益、待遇倒挂等问题成为社会关注的焦点。

一　养老保险的缴费与筹资状况

2017 年下半年，课题组以"珠三角地区劳动关系重大劳动关系调查"的名义调研了珠三角地区 7 个城市，在调研中发现，目前企业职工未参加

---

① Drexler, We'll Live to 100-How Can We Afford It?, World Economic Forum, 26 May 2017.

职工养老保险或缴费年限、缴费基数不足等问题仍普遍存在。课题组在赴东莞人社局的调查过程中，重新对 2014 年 4 月裕元集团因为养老保险未足额缴费问题引发的大规模的群体性事件进行了案例回溯。至 2014 年 7 月底，东莞社保局共完成该集团补缴业务 777 宗，其中企业负担 711 万元人民币，个人承担 374 万元人民币。在调查中得知，在裕元集团同意补缴的情况下，上万名员工中仅有千名左右的职工同意自己补缴个人缴费部分的基金，其余大部分员工提出了由集团代缴个人应缴部分的非理性诉求。这一事件的教训是，重视企业员工的社保利益，足额缴费才是正道。

调查中还发现，参保率相对较低的中小型企业问题更加突出，若劳动者就以上问题集体申请劳动仲裁，并且加上企业未依法依规足额缴纳社保会引起的纠纷，法律规定与历史遗留问题难以平衡，劳动者与企业利益也难以平衡。随着全社会社保政策宣传工作力度的不断加强，劳动者法律维权意识的不断提高，第一代务工人员面临退休养老的现实需要，他们对于参保缴费的诉求会更加强烈。

社保的历史性补缴问题突出、企业全员参保及公积金的负担过重，均成为目前企业在经营过程中面临的不可回避的问题。调查过程中，课题组发现，企业对珠三角地区的"五险一金"制度存在比较大的担忧，尤其是对于老企业、大型企业而言，一旦要补缴养老保险等历史债务，本金和滞纳金两项属于巨额款项，经营不善的老企业和大型企业可能会被巨额补缴压垮。一些新员工不愿意参保，因为参保需要个人缴费导致一些员工迅速离职，强制性的"五险"参保和全员保险不符合所有国民的心理。调查组在对广东省中山市相关企业的调查中，发放 300 份问卷，共回收 260 份有效问卷。在关于影响劳动关系和谐的因素题项中，有 117 份问卷答案中包括参加社会保险（见图 10-1）。

二 个人与企业缴费过程中的问题

郑秉文教授在接受凤凰网记者采访时曾指出，如果所有参保人都按规定足额缴纳社会保险费的话，既不用财政补贴，还能全部做实个人账户，基金缺口就不会存在。遗憾的是由于制度激励性不足等因素，企业的实际缴费远远低于

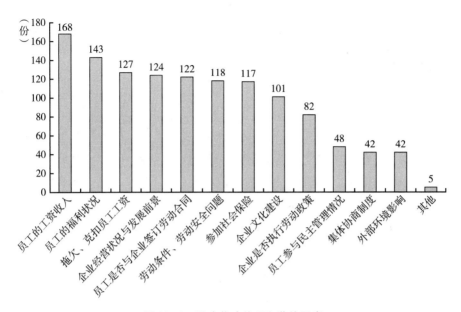

图 10-1　影响劳动关系和谐的因素

规定缴费率的水平①。国内最大的社保第三方专业机构 51 社保发布的《中国企业社保白皮书 2017》显示，2017 年只有 24.1% 的企业以全部工资为基数缴纳社保，而 22.9% 的企业按最低下限缴纳社保，22.9% 的企业按企业自行分档基数缴纳，11.3% 的企业以部分工资为基数缴纳。从趋势上看，近年社保缴费基数合规的企业比例持续下降，从 2015 年的 38.3% 下降至 2017 年的 24.1%。从课题组在珠三角地区 7 个城市调研反馈结果看，主要存在以下一些问题。

1. 企业为职工购买养老保险的缴费基数偏低

依据人社部门的规定，用人单位职工的缴费工资按本人工资收入（包括工资、奖金、津贴、补贴等）如实申报，根据《中华人民共和国社会保险法》和《住房公积金管理条例》的规定，企业必须给职工缴足"五险一金"。在珠三角地区的一些地市，大部分企业没有按职工本人工资收入如实申报，企业是按最低缴费基数申报的（如一些城市最低缴费基数为 2408 元），即使不是按此基数申报，缴费基数也是低于职工本人工资收入的，这事实上也削弱了企业职工将

---

① 郑秉文：《3.18 万亿养老金年贬值风险，民营养老院尴尬是政策问题》，凤凰网，2016 年 3 月 2 日。

来的退休保险待遇。据广东省中山市人社局对 65 家单位（含事业单位、国有企业、外资企业、私营企业、个体企业、其他类型企业）的统计，2012 年 11 月，参保职工比例为 86.34%，缴费工资为 21348450 元，人均缴费工资仅为 1113 元，仅比最低限额（1100 元）多出 13 元，少缴漏缴社会保险费达 2844280 元。

2. 默许一些民营企业按 80% 甚至更低的劳动年审人数申报养老保险

某市的人社部门规定的劳动年审的时间为每年的 4 月 1 日至 5 月 30 日，要求企业按劳动年审人数的 100% 申报工伤保险，默许企业按劳动年审人数的 80% 申报养老保险、医疗保险、失业保险和生育保险。企业为了降低费用、减少支出、增加利润或因经济困难，在年劳动人数年审时少报（瞒报）人数。这主要体现在民营企业申报率在 20%~80%，有的低至 10% 左右，即象征性购买养老保险。

3. 要求一些员工自愿放弃社保权利

有些员工在入职时，企业要求员工写一份书面承诺书，里面明确写明自己自愿放弃该公司为其缴社保的权利。课题组在深圳某家企业调查时就发现此类问题，公司要求没有年龄优势的清洁工在入职时自愿放弃公司为其缴纳社保的权利，否则不予以入职。

4. 为了减少支出，企业不给试用期内职工购买养老保险等险种

企业为了降低成本，以职工试用期内还不稳定为由，不给职工购买养老保险等险种，这种情况主要出现在民营企业，约占民营企业总数的 15%。

5. 人社部门执法检查与监察力度不足，采取了较为容忍的态度

人社部门执法检查与监察力度不足，采取了较为容忍的态度主要表现在以下几方面。一是人社部门相关人员到企业例行检查，真实劳动者人数与实际劳动者人数不一致，企业以当月招聘了一些新员工，还没有待到统一购买社保时间为由。人社部门相关人员并没有下到车间亲自询问企业是否为员工购买了社会保险，对企业的说辞信以为"真"，一走了之。

二是人社部门相关人员到企业核查参保人数时，有时也是走过场式检查。要求企业人事部门相关人员带领他们到车间检查，走过场式地拍几张照片，以示到现场检查核实过，参保人数与报送人数一致，便回单位向其上级汇报"实际"情况。

三是地方政府放松对生产经营状况不景气企业的严格执法监督与监察。近年来，珠三角地区一些企业生产经营状况不景气，转型升级未能成功，生

产经营举步维艰，处于倒闭、半倒闭状态，这对养老金的征缴产生直接影响。地方政府为了使这种处于倒闭、半倒闭状态的企业能够生存下来，在社保方面采取容忍和放松管理的态度。

6. 一些新聘员工不愿意参加社会保险

新聘员工不愿意参加社会保险，比如广东省东莞市职工的养老年保险缴费比例为8%。按最低缴费基数2408元计，个人每月需承担192.64元养老投保金。每月在工资中代扣192.64元，加上其他险种的费用，个人最少承担约242元，一些新聘职工有的直接向企业人事部门申请不买社保，企业"只好顺水推舟"。有的由于企业为其购买了社会保险，还需要个人缴费，毅然辞工离职，这种情况在新聘员工中占25%左右。员工愿意和认同少缴保险费或不缴社保费，企业何乐而不为？

第二节　养老保险基金财务状况与偿付能力

2015年以来，我国先后降低或者阶段性降低了社会保险费率4次，总的社保费率从41%降到了37.25%，累计减少企业成本约3150亿元[1]。从城镇职工收入与财政补贴情况看，政府财政补贴支出占养老保险基金总收入的比例从2000年的12.36%上升到2017年的18.48%，政府财政补贴养老保险基金支出占政府财政收入的比例从2000年的2.10%上升到2017年4.64%（见表10-1）。

表10-1　1998~2017财政对城镇职工基本养老保险基金补贴及占财政收入比例

单位：亿元，%

年份	养老保险基金总收入	其中:政府财政补贴养老保险基金支出	政府财政补贴支出占养老保险基金总收入的比例	当年政府财政总收入	政府财政补贴养老保险基金支出占政府财政收入的比例
1998	1459.0	21.3	1.46	9875.95	0.22
2000	2278.5	281.6	12.36	13395.23	2.10
2004	4258.4	614.0	14.42	26396.47	2.33
2008	9470.2	1437.0	15.17	61330.35	2.34
2009	11490.8	1646.0	14.32	68477.00	2.40

[1] 《人社部财政部：5月1日起继续阶段性降低社保费率》，界面新闻，2018年4月26日。

续表

年份	养老保险基金总收入	其中:政府财政补贴养老保险基金支出	政府财政补贴支出占养老保险基金总收入的比例	当年政府财政总收入	政府财政补贴养老保险基金支出占政府财政收入的比例
2010	13419.5	1954.0	14.56	83101.52	2.35
2011	16894.7	2272.0	13.45	103740.00	2.19
2012	20001.0	2648.0	13.24	117253.52	2.26
2014	25309.7	3548.0	14.02	140350.00	2.53
2015	29340.9	4716.0	16.07	152217.00	3.10
2016	37991.0	6511.0	18.57	159552.00	4.08
2017	55005.0	8004.0	18.48	172567.00	4.64

资料来源:根据财政部历年财政收支情况、人社部发布的历年《人力资源和社会保障事业发展统计公报》计算整理。

而从中央与地方财政补贴情况看,2001~2011 年中央财政与地方财政对城镇职工基本养老保险的补贴数额之比在 4∶1 左右[①](见表10-2)。

表 10-2　中央政府与地方政府对城镇职工基本养老保险基金的补贴情况

单位:亿元,%

年份	各级财政补贴总额	中央财政补贴	地方财政补贴	中央财政补贴占比	地方财政补贴占比
1998	24.0	24.0	0.0	100.0	0.0
2001	402.5	349.0	53.5	86.7	13.3
2003	530.0	474.0	56.0	89.4	10.6
2005	651.0	544.0	107.0	83.6	16.4
2007	1157.0	918.0	239.0	79.3	20.7
2009	1646.0	1326.2	319.8	80.6	19.4
2011	2272.0	1846.9	425.1	81.3	18.7

资料来源:郑秉文主编《中国养老金发展报告2012》,经济管理出版社,2012。

---

① 2012 年后的《人力资源和社会保障事业发展统计公报》没有将中央与地方财政补贴情况分别说明。

人社部发布的《中国社会保险发展年度报告 2016》显示：全国总体的企业养老保险基金在 2016 年的累计结余近 3.7 万亿元，企业养老金平均可支付月数维持在 17 个月以上，但也有多个省（区、市）养老金告急。黑龙江省 2016 年企业职工养老保险基金收入 890 亿元，支出 1210 亿元，当期收不抵支 320 亿元。由于 2015 年还结余 88 亿元，2016 年总欠账 232 亿元。黑龙江省成为全国首个养老金结余被花光的省份①。累计结余均入不敷出的地区包括黑龙江、辽宁、河北、吉林、内蒙古、湖北、青海 7 个省区。

黑龙江省人口持续减少、经济下行严重，直接导致了养老保险基金收入的持续减少，而离退休人口比例相对增加，更使养老保险基金收支出现了严重的不平衡。还包括辽宁、吉林在内的东北三省地区，早期计划经济色彩浓厚，国有企业比重较大且偏重于重工业，民营经济发展缓慢。从 20 世纪 50 年代中后期开始，实施企业保险制度，职工生老病死都由企业包办，而在现代社会保障体系初步建立之初，由社会保险替代企业保险之前，为了缓解单位制转轨的改革阻力，养老保险基金采取的是记账制的虚拟账户，"欠账"数十年，大量的隐性债务变身为显性债务。加之大量的中青年劳动人口外流，人口出生率下降，甚至低至 1.05‰。

《中国社会保险年度发展报告 2016》披露：排名第一的广东省企业养老金可支付月数为 55.7 个月；广西、江西、海南、内蒙古、湖北、陕西、天津、河北、辽宁、吉林、青海、新疆生产建设兵团和黑龙江等 13 个地区的企业养老金可支付月数已不足 1 年。从社保基金数据上看，自 2012 年到 2016 年，我国五项社保基金五年支出增幅超过了其收入的增幅②。广东省以及北京、江苏、浙江、山东几个地区，大量的外来劳动人口流入，这些外来劳动力年龄相对比较小，参加了这些地区的城镇职工养老保险，统筹基金的缴纳，以及早些年的退保浪潮和后来的跨统筹地区统筹账户基金的分割，加之经济发达与人口红利期大大延长，为这些发达地区积累了不少的养老保险滚存积累基金（见表 10-3）。

---

① 参见《中国社会保险发展年度报告 2016》。
② 吴为：《人社部：13 地养老金支付能力不足 1 年　黑龙江亏空超 200 亿》，《新京报》2017 年 12 月 10 日。

表 10-3　中国各地区企业养老保险基金可支付月数

单位：亿元，月

地区	累计结余	可支付月数		地区	累计结余	可支付月数	
		2015 年	2016 年			2015 年	2016 年
广东	7258	52.8	55.7	上海	1848	11.0	12.6
北京	3524	34.6	39.8	河南	969	12.9	12.2
西藏	39	31.8	32.8	广西	459	11.6	10.6
新疆	839	31.1	31.1	江西	512	10.9	10.2
云南	719	24.3	25.2	海南	111	10.1	9.5
山西	1237	24.2	26.0	内蒙古	434	10.2	8.7
浙江	3225	24.8	22.6	湖北	828	9.8	8.6
贵州	513	23.4	22.3	陕西	438	9.0	8.4
江苏	3366	22.8	22.2	天津	405	9.0	8.2
安徽	1170	21.4	21.7	河北	546	8.6	6.5
福建	574	17.9	18.6	辽宁	929	8.9	6.3
山东	2306	19.5	18.0	吉林	331	7.5	5.9
四川	2158	17.6	16.2	青海	59	8.2	5.8
宁夏	184	15.1	14.4	新疆生产建设兵团	58	3.3	3.4
湖南	945	14.7	14.1	黑龙江	-232	1.0	—
甘肃	371	14.2	13.5	全国平均	—	—	17.2
重庆	826	13.6	13.5				

资料来源：《年度大数据深度起底：中国各地区、各省市真实经济实力对比》，华研数据，2018 年 1 月 15 日。

　　虽然存在基金缺口的地区偿付能力相对较弱，但基金结余比较可观的地区基金的支付压力往往也比较大，抚养比高，对养老金支付和养老服务给付两方面的要求都很高，因此也需要做好基金管理，加强基金偿付能力建设。

　　从表 10-3 可知，2016 年全国养老金余额平均可支付 17.2 个月，广东、北京不仅可支付月数位居全国之首，而且可支付月数较 2015 年还有所上升。2018 年，我国养老保险基金滚存结余近 5 万亿元，基金总体上可以满足 17 个月的养老金支付①，但是，随着老龄化进程的加快，基金优势也将面临养老保

────────────

① 人社部：《养老保险制度可持续运行面临严峻挑战》，央视网，2019 年 1 月 16 日。

险制度可持续发展的考验。

《中国国家资产负债表 2013——理论、方法与风险评估》估算和预测了 2010~2050 年 40 年间的养老保险收支情况，结果显示，如果维系现状，到 2023 年全国范围内职工养老保险基金将收不抵支，需要动用滚存养老基金结余。到 2050 年，当年养老保险所需财政补贴将占当年 GDP 的 8.46%，占当年财政支出的比例将达 34.85%，1/3 以上的财政支出被用于弥补养老保险的基金缺口[①]。从表 10-3 可知，2016 年，内蒙古、湖北、陕西、天津、河北、辽宁、吉林、青海、黑龙江等省（区、市），养老保险基金可以发放的月数明显下降，隐患较大。党的十九大报告提出的尽快实现养老保险全国统筹，对于平抑全国养老保险基金发放畸轻畸重的局面，有着重要的现实意义。

从各省（区、市）城镇职工养老保险抚养比情况看，2016 年广东的抚养比为 9.25∶1，事实上真正超过平均数的仅有 8 个省（区、市）。抚养比为 2∶1（含）至 2.5∶1 的省（区、市）有 11 个，抚养比为 2∶1 以下的省（区、市）9 个，9 个省（区、市）不足 2 个劳动力养一位老人。黑龙江抚养比只有 1.30∶1，近乎 1 个劳动力养 1 位老人，养老负担特别重（见表 10-4）。

表 10-4　中国各省（区、市）城镇职工养老保险抚养比对比

地区	抚养比		地区	抚养比	
	2015 年	2016 年		2015 年	2016 年
广东	9.74∶1	9.25∶1	上海	2.33∶1	2.34∶1
福建	5.46∶1	5.50∶1	青海	2.32∶1	2.32∶1
北京	5.05∶1	5.01∶1	海南	2.96∶1	2.31∶1
山东	3.68∶1	3.43∶1	天津	2.15∶1	2.15∶1
河南	3.19∶1	3.27∶1	广西	2.09∶1	2.12∶1
贵州	3.06∶1	3.20∶1	湖南	2.08∶1	2.06∶1
西藏	2.60∶1	3.16∶1	湖北	1.96∶1	1.94∶1
江苏	3.15∶1	3.01∶1	甘肃	1.80∶1	1.76∶1

---

① 李扬、张晓晶、常欣等：《中国国家资产负债表 2013——理论、方法与风险评估》，中国社会科学出版社，2013。

地区	抚养比		地区	抚养比	
	2015 年	2016 年		2015 年	2016 年
浙江	3.43∶1	2.79∶1	四川	1.76∶1	1.75∶1
陕西	2.64∶1	2.74∶1	重庆	1.77∶1	1.73∶1
河北	2.56∶1	2.58∶1	辽宁	1.79∶1	1.74∶1
新疆	2.58∶1	2.57∶1	内蒙古	1.62∶1	1.58∶1
安徽	2.48∶1	2.46∶1	新疆生产建设兵团	1.58∶1	1.54∶1
宁夏	2.39∶1	2.43∶1	吉林	1.53∶1	1.47∶1
云南	2.39∶1	2.40∶1	黑龙江	1.33∶1	1.30∶1
江西	2.46∶1	2.39∶1	全国平均	—	2.80∶1
山西	2.40∶1	2.36∶1			

2016 年养老金发放月数明显下降的内蒙古、湖北、陕西、天津、河北、辽宁、吉林、青海、黑龙江 9 个省（区、市）中就有 5 个省区抚养比在 2∶1 以下，这将加速这些省区养老金可发放月数的减少。抚养比在全国极不平衡，它是制约省级养老保险统筹的重要因素，更是影响全国养老保险统筹的重要因素。

再以广东省为例，新兴发达地区人口红利期延长、老年人口抚养比低，老城区老年人口抚养比高。2015 年，深圳在职参保人数达 686.73 万人，离退休人员只有 15.62 万人，老年人口抚养比为 2.3%，珠海的老年人口抚养比为 5.4%，东莞的老年人口抚养比为 5.1%，惠州的老年人口抚养比为 5.6%；而与此相反，湛江、茂名、汕头、韶关，包括广州等地区的养老负担较为沉重，老年人口抚养比分别为 36.1%、35.3%、33.5%、31.9%、21.3%，可见广东省内的老年人口抚养比高低不一，差距非常大（见表 10-5）。

表 10-5 广东省部分地区老年人口抚养比

单位：%

地区	老年人口抚养比	地区	老年人口抚养比
深圳市	2.3	茂名市	35.3
珠海市	5.4	汕头市	33.5
东莞市	5.1	韶关市	31.9

地区	老年人口抚养比	地区	老年人口抚养比
惠州市	5.6	广州市	21.3
湛江市	36.1		

资料来源：由广东省人社厅养老保险处提供。

　　从 20 世纪 90 年代中期开始，我国实施了社会统筹账户与个人账户相结合的养老保险制度，采取了"下一代人养上一代人"的代际转借模式。鉴于个人账户"空账"高居不下的局面，2006 年 1 月 1 日开始，实施第一轮养老保险新政，其中重大的政策变化包括：逐步做实个人账户后的个人账户基金完全由个人缴费形成，全部归个人所有并且可以由受益人继承，具有与统筹基金不同的私有财产权，个人账户养老金的多少根据个人缴费多少来确定，实行长缴多得、多缴多得的管理体制。

　　党的十九大报告提出的尽快实现养老保险全国统筹对于平抑全国养老保险基金发放畸轻畸重的局面有着重要的现实价值。从城乡居民养老保险全国参保人数与领取养老待遇人数两者的对比情况看，由于很多参保人选择较低档次缴费，而养老保险待遇的全国平均水平为 144 元/月（2017 年），全国城乡居民月平均缴费水平无法统计（财政部课题组数据曾表示大多数居民选择每年缴纳 100 元的最低档次缴费，平均每月还不到 10 元），待遇 144 元/月与缴费 10 元/月相比，是一个巨大的权利与义务的反差。从全国参保人数与领取待遇人数看，从 2016 年至 2018 年，两者之比在绝大多部分地区呈下降趋势，说明城乡居民参保人群老龄化趋向严重，养老负担越来越重，财政负担也越来越重（见表 10-6）。

表 10-6　2016~2018 年全国城乡居民养老保险参保人数与领取待遇人数对比

单位：万人

地区	参保人数			领取待遇人数			参保人数与领取待遇人数之比		
	2016 年	2017 年	2018 年	2016 年	2017 年	2018 年	2016 年	2017 年	2018 年
全　国	50847.1	51255.0	52391.7	15270.3	15597.9	15898.1	3.33 : 1	3.29 : 1	3.30 : 1
北　京	215.7	213.1	209.0	85.4	86.6	88.9	2.53 : 1	2.46 : 1	2.35 : 1
天　津	134.5	156.5	161.2	77.5	79.5	81.8	1.74 : 1	1.97 : 1	1.97 : 1
河　北	3446.0	3474.1	3511.6	969.4	989.5	1024.1	3.55 : 1	3.51 : 1	3.43 : 1

续表

地区	参保人数			领取待遇人数			参保人数与领取待遇人数之比		
	2016 年	2017 年	2018 年	2016 年	2017 年	2018 年	2016 年	2017 年	2018 年
山　西	1549.6	1554.2	1579.3	387.8	403.1	415.8	4.00∶1	3.86∶1	3.80∶1
内蒙古	736.1	743.4	749.9	211.7	213.7	223.7	3.48∶1	3.48∶1	3.35∶1
辽　宁	1039.6	1036.2	1040.8	385.2	393.5	406.6	2.70∶1	2.63∶1	2.56∶1
吉　林	667.2	668.4	684.3	244.7	245.7	251.7	2.73∶1	2.72∶1	2.72∶1
黑龙江	837.6	839.3	896.8	270.3	266.7	294.9	3.10∶1	3.15∶1	3.04∶1
上　海	79.5	78.8	78.7	49.3	50.3	51.0	1.61∶1	1.57∶1	1.54∶1
江　苏	2335.3	2338.2	2325.4	1045.8	1069.8	1093.6	2.23∶1	2.19∶1	2.13∶1
浙　江	1233.1	1200.7	1197.8	536.4	533.1	533.9	2.30∶1	2.25∶1	2.24∶1
安　徽	3431.9	3429.5	3487.8	912.8	915.0	923.5	3.76∶1	3.75∶1	3.78∶1
福　建	1489.1	1493.7	1525.6	426.9	446.3	466.3	3.49∶1	3.35∶1	3.27∶1
江　西	1844.1	1870.0	1884.1	457.2	467.5	481.8	4.03∶1	4.00∶1	3.91∶1
山　东	4538.6	4530.6	4551.9	1430.9	1476.6	1512.4	3.17∶1	3.07∶1	3.01∶1
河　南	4893.7	5010.2	5082.5	1343.8	1364.0	1382.1	3.64∶1	3.67∶1	3.68∶1
湖　北	2219.7	2214.6	2282.8	674.3	697.4	723.1	3.29∶1	3.18∶1	3.16∶1
湖　南	3320.5	3322.0	3405.0	915.5	945.1	935.4	3.63∶1	3.51∶1	3.64∶1
广　东	2543.2	2586.8	2661.1	816.7	847.6	850.7	3.11∶1	3.05∶1	3.13∶1
广　西	1770.9	1805.9	1889.6	555.3	570.2	585.7	3.19∶1	3.17∶1	3.23∶1
海　南	284.0	285.9	298.2	70.9	72.8	75.7	4.01∶1	3.93∶1	3.94∶1
重　庆	1115.8	1109.0	1119.6	369.3	362.6	367.4	3.02∶1	3.06∶1	3.05∶1
四　川	3052.4	3074.9	3222.4	1114.3	1126.2	1129.1	2.74∶1	2.73∶1	2.85∶1
贵　州	1702.2	1748.5	1802.7	442.3	448.9	452.8	3.85∶1	3.90∶1	3.98∶1
云　南	2257.5	2258.9	2361.0	500.3	516.6	533.8	4.51∶1	4.37∶1	4.42∶1
西　藏	158.5	183.1	165.9	23.2	25.1	23.6	6.83∶1	7.29∶1	7.03∶1
陕　西	1720.5	1733.8	1741.7	460.1	479.2	500.0	3.74∶1	3.62∶1	3.48∶1
甘　肃	1253.7	1262.4	1317.0	304.5	308.7	311.9	4.12∶1	4.09∶1	4.22∶1
青　海	235.2	239.1	245.6	44.7	45.3	46.5	5.26∶1	5.28∶1	5.28∶1
宁　夏	186.2	185.5	181.4	38.4	39.6	40.9	4.85∶1	4.68∶1	4.44∶1
新　疆	554.9	607.4	731.1	105.6	104.7	109.3	5.25∶1	5.80∶1	6.69∶1

资料来源：2017~2019 年《中国统计年鉴》，后 3 列数据为计算数据。

第三节　偿付能力与离退休待遇双轨制

让离退休人员享受改革开放成果，每年给离退休人员增发一定比例的养老金，已经成为一种惯例，一是在一定程度上解决通货膨胀带来的购买力下降的问题，二是为了提高离退休人员的生活水平。离退休人员待遇调整不仅包括城镇企业离退休人员，也包括机关事业单位离退休人员和城乡居民退休人员，这三类人群均要享受改革开放发展成果。最近几年机关事业单位与企业离退休人员待遇调整幅度较大，比例一致，但城乡居民退休人员待遇调整幅度不大，增幅较小。党的十八大报告首次提出了"两个同时翻番"的问题，即在 GDP 翻一番的同时要保证城乡人均居民收入也翻一番，这两个翻番结合在一起，为城乡居民增加养老待遇提供了理论依据。

一　初次分配收入

国民收入的初次分配是指物质生产部门的劳动者在一定时期内新创造的价值在与物质生产有直接联系的社会成员或社会集团之间根据生产要素进行的原始分配。我国收入差距较大，初次分配与再分配不公是重要原因之一。养老保险制度双轨制是一个长期存在的现象，较长时期以来理论界认为退休养老金双轨制是指不同用工性质的人员采取不同的退休养老金制度。事实上，我们讨论更多的是行政事业单位离退休人员与企业离退休人员之间待遇的差距，这种差距源自初次收入分配制度，是不合理的工资制度在养老保险制度内的延续。

我国各产业间、行业间、体制内与体制外的收入分配不公平问题直接扩大了收入差距甚至贫富差距，使得收入分配格局出现"两极分化"的倾向。尤其是初次收入分配不合理，产业劳动者收入增长较为缓慢。这是一个历史问题，党的十七大报告早就明确提出了要提高劳动报酬在初次分配中的比重的要求。对于劳动受益份额变动背后的体制因素，制度经济学认为工资基数或工资增长率的高低不仅取决于市场的供求关系，也取决于劳动者的相对谈判能力或博弈能力。

白重恩和钱震杰用全国的劳动者报酬除以净 GDP（GDP 扣除净间接税）

所得数值来表示劳动收入份额，经过计算，白重恩和钱震杰认为中国在 1995 年的劳动收入份额为 59.7%，2006 年为 47.3%，下降了 12.4 个百分点[①]。李稻葵等则用劳动者报酬与 GDP 之比来表示劳动收入份额，发现劳动收入占比从 1990 年的 53% 下降到 2006 年的 40% 左右，也下降了约 13 个百分点[②]。张车伟和张士斌认为，中国初次收入分配格局存在的问题不是劳动报酬占 GDP 份额的下降，而是生产部门劳动报酬水平长期过低，初次收入分配格局似乎陷入了一种低水平持续状态[③]。正是历史上的分配惯性的作用，导致了目前一个事实上的分配格局。

初次分配是第一次在产业部门的分配，是整个国民经济部门中更为基础性的分配关系，主要强调货币资本所有者与劳动能力所有者的利益分配问题，是一个劳动关系问题，如果在初次分配中出现分配不均等与社会不公正问题，在国民收入再分配格局中就难以扭转整体性的再分配关系。而收入分配在一定程度上取决于企业的经济效益和工会与资本所有者的工资谈判能力，初次分配中的微观与宏观调节机制一旦缺失，全社会分配秩序将陷入混乱，这将造成全社会收入差距的扩大与贫富不均的问题。

《中国统计年鉴》对劳动者报酬这一统计指标的解释是：劳动者因从事生产活动所获得的全部报酬，其中包括劳动者获得的各种形式的基本工资、奖金和津贴。劳动者报酬既包括货币形式的工资，也包括实物形式的工资，还包括劳动者所享受的企业福利包括公费医疗和医药卫生费、上下班交通补贴、单位支付的社会保险费、住房公积金、企业年金等。对于个体劳动者而言，其获得的劳动报酬和经营利润难以区分开来，劳动报酬和经营利润这两部分统一作为劳动者报酬处理。中国生产部门劳动者的劳动份额大大低于相似发展阶段的发达国家，甚至也大大低于一些新兴的工业化国家的工资水平，生产部门的劳动份额似乎陷入了"低水平陷阱"，意味着初次收入分配严重不利于第一部类的生产劳动者。

---

① 白重恩、钱震杰：《国民收入的要素分配：统计数据背后的故事》，《经济研究》2009 年第 3 期。

② 李稻葵、刘霖林、王红领：《GDP 中劳动份额演变的 U 型规律》，《经济研究》2009 年第 1 期。

③ 张车伟、张士斌：《中国初次收入分配格局的变动与问题——以劳动报酬占 GDP 份额为视角》，《中国人口科学》2010 年第 5 期。

二　养老保险待遇双轨制的形成

根据中华全国总工会的统计，1990 年中国企业和机关职工年人均离退休费分别为 1664 元和 2006 元，差距为 342 元；2004 年企业和机关职工人均离退休费分别为 8081 元和 16532 元，差距为 8451 元。经过 14 年之后二者之比由 1∶1.206 变为 1∶1.2046。《2018 年度人力资源和社会保障事业发展统计公报》显示，企业离退休职工年人均养老金达 37800 万元，月人均为 3153 元。行政事业单位与企业的离退休待遇也会随着红头文件的下发而调整，由于基数有较大差距，事实上还是拉大了养老待遇差距，行政事业单位退休金的增加得益于 1993 年和 2006 年两次工资改革，1993 年工资制度改革后，国家对机关事业单位的干部退休费标准做了调整。

一是实行职级工资制后退休的机关干部，在新的养老保险制度建立前，退休费暂按下列办法计发：基础工资和工龄工资按本人原全额的工资标准计发；职务工资和级别工资按本人原标准工资的一定比例计发（见表 10-7）；在职职工在提高基础工资时，退休人员按照在职职工提高基础工资的数额增加一定比例的退休费；在职人员根据国民经济发展和企业相关人员的工资水平调整工资标准时，退休人员可按调整工资标准的一定比例相应提高退休费。

表 10-7　新养老保险制度建立前行政单位退休工资计发标准统计

单位：%

工作年限	职务工资和级别工资的百分比
退休时工作年限≥35 年	88
30 年≤退休时工作年限<35 年	82
20 年≤退休时工作年限<30 年	75

二是事业单位在工资制度改革后退休的人员，其退休费按本人职务（技术等级）工资与津贴之和的一定比例计发（见表 10-8）。

表10-8　事业单位工资制度改革后退休费发放标准统计

单位：%

工作年限	本人职务（技术等级）工资与津贴之和的百分比
退休时工作年限≥35年	90
30年≤退休时工作年限<35年	85
20年≤退休时工作年限<30年	80

　　退休人员原享受的政府特殊津贴、教龄津贴、护龄津贴等，在退休时均按原有津贴数的100%发放。在职人员调整工资标准时，退休人员相应增加一定比例的退休待遇。

　　2006年的"工资套改"主要体现在工龄和职务上，工龄越长、职务越高，则涨幅越大，退休工资按照这一涨幅惯性提高，人为地再次拉大了双轨制的待遇差距。

　　2016年，根据《国务院关于机关、事业单位离退休人员增加离退休费的通知》（国发〔1995〕第32号），机关事业单位离退休人员待遇做出调整，增加离退休费：机关事业单位2016年9月30日之前已办理离退休手续和已达到离退休年龄的人员（按国家有关规定经批准留任的除外），从2016年10月1日起增加离退休费（见表10-9）。

表10-9　机关事业单位离退休人员每月增加离退休费

单位：元

省部级正职及以上	省部级副职	厅局级正职	厅局级副职	县处级正职	县处级副职	乡科级及以下	教授及相当职务	副教授及相当职务	讲师及相当职务
1400	1140	900	730	570	480	400	820	540	400

　　近几年来，机关事业单位离退休人员与企业离退休人员的养老待遇调整基本一致（见表10-10）。

表 10-10　机关事业单位与企业退休人员每月增加退休费

单位：元

省部级及以上	厅局级	县处级	乡科级	科员及办事员	教授及相当职务	副教授及相当职务	讲师及相当职务	助教（含相当职务）及以下职务	高级技师和技师	高级工以下（含高级工）及普通工
1100	700	460	350	260	700	460	350	260	350	260

按国家规定办理退职的人员，按每人每月 260 元的标准增加退职生活费。

在按以上标准增加离退休费的基础上，1934 年 9 月 30 日前出生的离退休人员每人每月再增加 100 元，1934 年 10 月 1 日至 1939 年 9 月 30 日出生的离退休人员每人每月再增加 60 元。

从目前情况来看，机关事业单位人员的工资构成多样化，隐性工资占有一定比例，一旦被纳入统筹范畴，必然给养老保险费的核算带来缴费基数难以确定的问题，也会在一定程度上减缓机关事业单位养老保险制度的改革进程并将带来后续问题。

实施养老保险新政之后，为了鼓励多缴费，实施多缴多得制，这也在一定程度上将不合理的工资制度带进了退休制度，导致退休金发放的不合理。实施养老保险制度并轨后，多缴多得不符合国际社会养老金两项基本要求：一是保证基本养老水平；二是调整贫富差距（实现青年人向老年人、富人向穷人、男性向女性的再分配）。早先国家实施的"收入工资化、工资货币化改革"并不顺利，多缴多得制不能解决垄断性企业养老保险累退税的问题。

初次收入分配不合理，企业虽然可以参照国家工资改革政策执行，但由于经济效益问题与或是工资谈判问题，与机关事业单位离退休人员待遇相比，还是存在较大差距，形成了较为不合理的工资多轨制（城乡居民退休待遇与机关事业单位及企业退休待遇相比亦是如此）。2013～2015 年来我国不同群体人均年基本养老金水平如表 10-11 所示。

表 10-11　2013~2015 年我国不同群体人均年基本养老金水平

单位：元/年

年份	机关事业单位人均基本养老金水平	企业人均基本养老金水平	城乡居民人均基本养老金水平	机关事业单位人均基本养老金水平与企业人均基本养老金水平之比	机关事业单位人均基本养老金水平与城乡居民人均基本养老金水平之比	企业人均基本养老金水平与城乡居民人均基本养老金水平之比
2013	31086	22367	9547	1.39：1	3.26：1	2.34：1
2014	32915	24766	10658	1.33：1	3.09：1	2.32：1
2015	44126	27108	14301	1.63：1	3.09：1	1.90：1

资料来源：根据《中国劳动统计年鉴 2015》及《中国统计年鉴 2016》计算得出。

国家规定从 1995 年起，企业退休人员的退休金按上年度职工平均工资增长率的 40%~60%（替代率）调整，而机关事业单位退休人员的退休金则按同级在职职工平均工资增长率的 90%（替代率）调整。替代率的巨大差距进一步促成了待遇双轨制的形成。2014 年国务院关于行政事业养老保险改革系列文件的下发，促使破除双轨制改革进入一个关键时期。

三　阶段性降低养老保险待遇提升比例

截至 2016 年，我国职工养老保险制度离退休人员总数已达 10103 万人，占全部参保职工人数 37930 万人的 26.64%，这在现有的养老体制内已经是一个非常高的赡养率。2016 年城镇职工基本养老保险基金总收入 35058 亿元，比 2015 年增长 19.5%，其中征缴收入 26768 亿元，比 2015 年增长 16.3%。各级财政补贴基本养老保险基金 6511 亿元。全年基金总支出 31854 亿元，比 2015 年增长 23.4%。年末城镇职工基本养老保险基金累计结存 38580 亿元[①]。2016 年养老保险基金收入增长比例（19.5%）继续低于支出增长比例（23.4%）。

2005~2015 年，我国持续提高企业退休人员的养老金待遇，全国月平均养老金从 2004 年的 711 元提高到 2015 年的 2353 元。2016 年企业和机关事业单位退休人员养老金待遇调整幅度降低为 6.5%。2017 年 4 月人社部、财政部下发通知，明确从 2017 年 1 月 1 日起调整企业和机关事业单位退休人员基本

---

① 参见《2016 年度人力资源和社会保障事业发展统计公报》。

养老金水平，总体上调 5.5% 左右。2018 年国家规定企业和机关事业单位退休人员基本养老金水平总体上调 5.0% 左右。企业退休人员基本养老金标准调整到人均每月 2950 元，1.16 亿位退休人员受益。

由图 10-2 可知，城镇职工养老金总收入水平大幅度提高，养老金待遇连续 11 年保持 10% 左右的增长速度，这对提高广大离退休人员的基本生活水平，缩小制度待遇差距有着积极的作用，而针对离退休职工养老金多年调整的民意调查表明，大多数民众并不满意，认为养老金待遇调整无法抵御通货膨胀的压力。

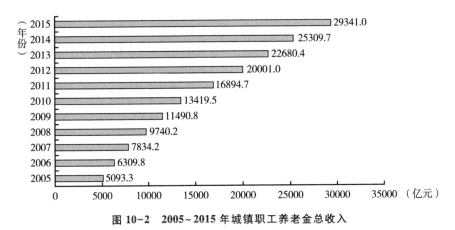

图 10-2　2005~2015 年城镇职工养老金总收入

资料来源：人社部发布的历年《人力资源和社会保障事业发展统计公报》。

为什么在连续 11 年每年增长 10% 左右之后，养老保险待遇增速放缓，主要有以下几方面原因。

其一，随着养老金基数的越来越大，养老金支付压力逐年增大，这造成了一些地区在岗职工工资收入与离退休人员养老金收入倒挂的问题。

其二，中国 GDP 增长从高速增长向中高速增长转变，2005 年中国 GDP 同比增长 10.2%；2015 年中国 GDP 同比增长 7.0%，世界排名第 17 位；2016 年中国 GDP 同比增长 6.7%，世界排名第 19 位；2017 年中国 GDP 同比增长 6.9%。由于近几年 GDP 增速下降，养老保险待遇也需要做出适当调整，同时阶段性降低养老保险的缴费率总体上不会影响到基金的正常运行。

其三，根据人社部发布的历年《人力资源和社会保障事业发展统计公报》

数据计算，2005 年末全国共有离退休人员 5088 万人，2005 年末全国参加城镇基本养老保险的人数为 17487 万人，赡养率为 29.10%，2016 年我国职工养老保险制度离退休人员总数已达 10103 万人，占全部参保职工人数 37930 万人的 26.64%，2017 年我国职工养老保险制度离退休人员总数已达 11026 万人，占全部参保职工人数 40293 万人的 27.36%，赡养率虽然有所降低，但养老保险待遇基数越来越大，几乎抵消了赡养率下降带来的正面效应。

离退休职工养老待遇连续 11 年保持 10% 左右的增长速度，一些年份超过了在职职工的工资增长率，出现倒挂问题，以广东省为例，在职职工工资增长率与离退休职工养老金待遇调整率比较如表 10-12 所示。

表 10-12　在职职工工资增长率与离退休职工养老金待遇调整率比较

单位：%

年份	全省在职职工年均工资增长率	全省离退休职工待遇调整年均增长率
2006	9.3	10.0
2007	12.5	10.0
2008	12.4	10.0
2009	9.8	10.0
2010	11.0	10.0
2011	11.9	10.0
2012	12.0	10.0
2013	6.0	10.0
2014	11.6	10.0
2015	10.8	10.0

资料来源：由广东省人社厅养老保险处提供。

通过几年的改革，养老保险双轨制仍然存在，"行政事业单位做小加法、企业单位做大加法的改革设想"并未实施，政策的制定始终是利益集团博弈的结果。行政事业单位实施强制的职业年金制度，可以提高养老保险待遇，而企业年金则不具强制性。2017 年参加年金保险的职工有 2331 万人，而企业职工参保人群数量为 40293 万人，拥有企业年金的人数比例仅为 5.79%，有 36962 万人参加了企业职工养老保险却没有参加年金保险[1]。有人提出在职业年金的促进下，

①　参见人社部发布的《2017 年度人力资源和社会保障事业发展统计公报》。

推进企业年金的发展，由于这与企业的经济效益密切相关，这种可能性不大，养老保险待遇差距还可能拉大。

近几年我国逐年降低养老保险待遇调整比例，为了减轻企业负担，同时也在降低养老保险及其他社会保险险种的缴费比例。机关事业养老保险替代率太高，企业职工养老保险替代率普遍偏低，要缩小行政事业单位与企业离退休职工的养老保险待遇差距，首先要在替代率上进行改革，改变替代率双轨制，将两者的替代率差距缩小到可以接受的水平。目前行政事业单位与企业养老保险待遇每年的调整采取同一个调整比例，不可能缩小差距，如果不能在替代率上做文章，还需要相当长的时间，才有可能逐步缩小待遇差距。

在国际社会，大部分国家公职退休人员养老保险的待遇相对企业退休人员更为优厚，在很大程度上这得益于国家对公职人员的养老保险制度实行单独立法体制。在世界167个国家中，目前有68个国家就公职人员养老保险单独立法，占总数的41%[1]。一些国家公职人员除享受全民共享的养老保险待遇外，还会补充公职人员部分特有的养老保险待遇，公职人员的养老金平均替代率水平也略高于企业雇员的平均替代率水平。

一些国家公职人员养老保险待遇相对高于企业养老保险待遇，一定程度上也起到了稳定公职人员队伍的作用。大多数国家，即使那些已经建立国民养老保险制度的国家，建立了公职人员养老保险基金及基本养老金定期调整机制，除此之外另行建立补充养老保险制度，类似于我国行政事业单位的职业年金制度，规定公职人员可以享受保障标准比其他经济活动人口更为优越一些的养老保险待遇。我国行政事业单位强制性推行职业年金，而企业年金推行效果却极不理想，这拉大了养老保险待遇的差距。

在中国，行政事业单位养老保险待遇为企业养老保险待遇的2~3倍，引发了社会的不满，中国社会科学院组织完成的《社会保障绿皮书：中国社会保障发展报告（2012）》显示，80%的机关事业单位退休人员认为养老金制度公平，而绝大部分企业退休人员认为养老金制度不公平。在增进公众对养老保险待遇的认同方面，政府还需要付出一定的努力。西部地区基层公职人

---

[1] 史燕丽：《我国机关事业单位养老保险制度改革探析》，硕士学位论文，西南交通大学，2008。

员的退休者，其养老待遇并不高，要继续阶段性降低养老保险调整率，不要采取一刀切的做法，尽可能提高边远地区及基层行政事业单位退休人员的养老待遇。

第四节　社会保险待遇调整与偿付能力管理

政府在努力缩小行政事业单位与企业离退休职工的养老保险待遇差距，同时也为城乡居民创造了不少的改革红利，如广东省总工会 2018 年继续筹资 5000 万元为 65.6 万职工购买"住院二次医保"，即职工患病住院时除享受医保待遇外，医保统筹个人自付部分还可以二次报销，享受人群为属于广东省城镇职工基本医疗保险保障范围内 16 周岁到 60 周岁的在职职工，公费医疗的党政机关、事业单位职工都可以通过所在单位的工会向当地总工会职工互助保障机构申请参加"住院二次医保"。至 2018 年，广东省累计参保人数达 1000 万人次，广东省总工会累计发放互助保障 5 亿元，每人次受益 50 元，使 10 万名患病职工大大减轻了医疗负担①。

对城乡居民养老保险的政府补贴在不断扩大，根据历年人社部统计数据，2016 年末城乡居民基本养老保险参保人数为 50847 万人，其中实际领取待遇人数为 15270 万人，赡养率为 30.03%。2017 年全年城乡居民基本养老保险收入 3304 亿元，其中个人缴费仅有 810 亿元，其余 2494 亿元基本来自中央政府和地方政府财政补贴（集体补贴部分基本可以忽略不计）。2017 年末，城乡居民基本养老保险参保人数为 51255 万人，领取待遇人数为 15598 万人，赡养率为 30.43%，人口老龄化特征明显。

2009 年民政部抽取 10% 的县启动新型农村社会养老保险制度试点改革，2011 年开展城镇居民社会养老保险制度试点，2014 年将城乡两项养老制度合并建立统一的城乡居民基本养老保险制度。截至 2017 年 12 月底，城乡居民基本养老保险参保人数为 51255 万人，其中领取待遇人数为 15598 万人，月人均领取待遇 125 元②。为保障城乡老年居民生活、调节城乡收入分配、促进城

---

① 《"住院二次医保"来了，省总工会筹资 5000 万元补贴 65 万职工参保》，工人在线，2018 年 5 月 22 日。

② 参见《2017 年度人力资源和社会保障事业发展统计公报》。

乡经济社会发展，自 2018 年 1 月 1 日起，全国城乡居民基本养老保险基础养老金最低标准提高至每人每月 88 元，在每人每月财政补贴 70 元的基础上再增加 18 元，中央财政对中西部地区参保居民给予全额补助，对东部地区参保居民给予 50% 的补助①。

2014 年颁布的《国务院关于建立统一的城乡居民基本养老保险制度的意见》指出，参加城乡居民基本养老保险的人员应当按规定缴纳养老保险费，缴费标准设为 12 个档次，并规定省（区、市）人民政府可以根据实际情况增设一些缴费档次。从全国情况看，实际上城乡居民按最低档次缴费是大概率事件，缴费满 15 年也只有 1500 元的积累，加上财政补贴部分也仅有几千元，财政定额发放部分不逐年提高，城乡居民养老待遇就难以提高。城乡居民基本养老保险制度年最低缴费档次为 100 元，一个月不到 10 元，每年缴费金额只相当于 2016 年城镇职工基本养老保险年均缴费金额的 1%，这种低档次缴费与已退休的城乡居民每月领取 125 元（2017 年）形成鲜明对比，不利于该制度的可持续发展。中央与地方财政对城乡居民基本养老保险基础养老金采取分档分担办法，如表 10-13 所示。

表 10-13　城乡居民基本养老保险基础养老金分档分担办法

	第一档	第二档	第三档	第四档	第五档
地区	内蒙古、广西、重庆、四川、贵州、云南、西藏、陕西、甘肃、青海、宁夏、新疆	河北、山西、吉林、黑龙江、安徽、江西、河南、湖北、湖南、海南	辽宁（不含大连）、福建（不含厦门）、山东（不含青岛）	天津、江苏、浙江、广东（不含深圳）4 个省市，大连、宁波、厦门、青岛、深圳 5 个计划单列市	北京、上海
中央与地方分担比例	中央财政承担全部支出责任	中央财政承担全部支出责任	中央与地方财政各承担 50%	中央与地方财政各承担 50%	中央与地方财政各承担 50%

资料来源：国务院办公厅发布的《基本公共服务领域中央与地方共同财政事权和支出责任划分改革方案》。

按照党的十九大报告提出的"兜底线、织密网、建机制"的社保要求，要全面建成覆盖全民、城乡统筹、权责清晰、保障适度、可持续的多层次社

---

① 参见《关于建立城乡居民基本养老保险待遇确定和基础养老金正常调整机制的指导意见》。

会保障体系。城乡居民依靠自己的低档次缴费，根本不可能解决养老的问题，难以调动城乡居民参保的积极性。城乡居民基本养老保险基础养老金在 2015 年调整为每人每月 70 元，2018 年 1 月 1 日起增加到每人每月 88 元，即使这样，城乡居民基本养老保险养老金收入仍普遍低于城市最低生活保障收入标准，与企业职工养老保险待遇差距更大。

厦门大学高和荣教授曾针对城乡居民养老保险待遇提出"待遇政治化"的概念，认为目前过低的缴费档次难以解决城乡居民的养老问题，对基本生活的保障有限，出于社会稳定的考虑，未来的政府不能过多考虑权利与义务相对称的关系，而要给城乡居民发放更多的养老金。而城乡居民也会与城镇职工养老保险待遇相互攀比，将领取更多的养老金视为天经地义的事情，将老年津贴当作养老保险。按现行 88 元基础养老金一项，2017 年末城乡居民领取养老金人数为 15598 万人，2017 年的财政补贴就需要支出 1647.15 亿元。这仅仅是出口补贴，还不包括缴费中的财政进口补贴。为此，在偿付能力管理中，可以采取以下措施。

一是将年最低缴费档次适当提升到 300 元，中央或地方财政补贴针对 1000 元以下部分采取多缴费、多补贴的方式，在进口端提高养老保险缴费水平，对缴费困难群众可以实施重点帮扶政策。

二是提高统筹层次，由现在的城乡居民养老保险县级统筹过渡到地市级统筹，通过统筹面的扩大，建立类似城镇职工养老保险的调剂金制度，实现各统筹地区之间的财政互通，使财政在出口和进口两个环节上都能得到支持，使暂时困难地区的财政压力能够得到一定程度的缓解，有条件的话，实施省级统筹层面，进一步增强财政保障能力。

三是进城务工人员有相当一批人员可能是双重保险，既有城镇职工养老保险（务工人员进入城市后马上签订劳动合同并缴纳"五险一金"），又有城乡居民基本养老保险，一定要对双重保险进行政策清理，将参保人员固定在某一种保险项目上，否则会进一步加大财政负担。

四是保持城乡居民养老金的适度水平，下限以满足城乡居民基本生活需要为标准，上限以达到同期城乡居民生活消费支出的 60% 为标准，保证城乡居民过上较为体面的养老生活。城乡居民的个人账户基金适度进入资本市场进行运作，在合理、合规、合法的前提下，配置资产组合，选择适宜的投资工具和衍生工具，尽可能获取投资收益，减轻财政在进口和出口两端的基金补贴压力。

第五节 影响养老保险偿付能力的几个改革问题

一 内退政策与下岗政策的连锁反应

早前中国青年报社会调查中心的民调显示：提前退休和离岗现象多发单位依次是行政单位（51.9%）、事业单位（25.1%）、国企（19.8%）、私企（1.6%）、外企（0.5%）[1]。中国劳动和社会保障科学研究院院长金维刚披露，当前"未老先退"问题突出，有的地区提前退休人数占到当年退休总人数的30%[2]。中国的提前退休由来已久，对于养老保险基金的收入是一个难以估量的损失，一些国有企业采取了男性 52 岁内退、女性 48 岁内退的一刀切的做法，一些优秀人才因此流失。

内退是企业一种特有的现象，保留员工劳动关系但又无须在岗，主要是针对一些没有合适工作岗位但又未达到法定退休年龄的老员工的过渡性办法，办理内退的人员每月可从单位领取一定数额的内退工资，内退人员的社会保险仍由单位继续缴纳，到达退休年龄条件后正式办理退休。内退生活费标准按政策规定最低不得低于当地失业保险金标准的 120%。相当一部分内退人员不甘心过早中断自己的职业生涯，更不愿意在生活水准下降的情况下生活，大多选择寻找一份新的工作再就业，不需要再在新的就业岗位缴纳社保费。内退减轻了企业的工资负担，但削弱了民心，也造成了一些在岗职工的心理失衡，原本是以保护职工合法权利为目的的内退政策，由于一刀切，一些优秀职工提前内退。

20 世纪 90 年代国有企业股份制度改革风起云涌，以减员增效为目标，解决企业机构臃肿、人浮于事的问题，提出"今天不好好工作，明天让你努力找工作"的口号，一大批国有企业职工下岗，根据《中华人民共和国劳动法》

---

① 《提前退休：部分国企退休金比收入还高》，《新京报》2017 年 5 月 30 日。
② 《提前退休：部分国企退休金比收入还高》，《新京报》2017 年 5 月 30 日。

和中央关于国有企业下岗职工的政策规定，下岗职工的权利可以概括为两类：一类是作为普通劳动者享有的一般权利，即拥有获得社会保障的权利和对违反政策规定行为的申诉权；另一类是作为下岗职工和暂时困难的劳动者享有政府规定的特殊权利，包括下岗知情权、基本生活保障权和再就业的权利。为了控制登记失业率，历史上政府曾要求下岗职工滞留在企业再就业服务中心 3 年，领取基本生活费，实施"三三制政策"（财政预算负责 1/3，企业负责 1/3，失业保险基金负责 1/3），保障下岗职工基本生活费的发放，这些都大大增加了财政基金与企业经费的出口负担，养老保险基金的储水池流量减少。相当一部分下岗职工选择再就业，一方面领取企业的基本生活费，另一方面从事有报酬的另一份工作。有时在生产不景气的情况下，企业要优先保障下岗职工基本生活费的发放，而在职职工有可能领不到相应的工资，出现严重的倒挂现象。

1998 年 6 月 9 日发布的《中共中央、国务院关于切实做好国有企业下岗职工基本生活保障和再就业工作的通知》要求：在下岗职工再就业服务中心 3 年期满仍未再就业的，应与企业解除劳动关系，按规定享受失业救济或社会救济。全国建立了国有企业下岗职工基本生活保障制度、失业保险制度和城镇居民最低生活保障制度这三条保障线。从 2002 年起，全国国有企业逐步取消再就业服务中心，企业下岗职工可以通过与企业终止和解除劳动关系，按照市场就业机制实现再就业。从以上两种情况看，国有企业下岗职工再就业服务中心从 2002 年起在全国相继取消，时间进度不一致，相当一部分职工提前退出劳动岗位，对养老保险基金的积累多多少少造成了损失，生产不景气企业，内部退养制度到目前为止仍存在。

二　养老保险费征缴水平下降与征收体制改革

2009 年，人社部在其官方网站公布了《农民工参加基本养老保险办法》和《城镇企业职工基本养老保险关系转移接续暂行办法》（以下将两个文件简称为《两个办法》），在个人账户的转移过程中，维持原有政策。企业负担重，尤其是中小企业不愿足额缴纳养老保险等社会保险费，加之参保者失业，参保者累计缴满 15 年不愿再缴费，人员跨省流动时社保转移困难，造成部分参保者断保。断保是指参加了养老保险缴费的职工，因为劳动关系变更等各种原因，暂时停止缴纳养老保险费。2011 年之前的每年 12 月的退保潮及目前的断保都在一定程度上导致了养老保险缴费水平的下降。

《中华人民共和国社会保险法》出台后，不再允许参保者支取个人账户养老金，也终止了之前较为普遍的退保行为，但并没终止其他类型的断保行为。早在 2013 年 10 月 21 日，李克强总理在中国工会第十六次全国代表大会上所作的经济形势报告中指出 2013 年有累计 3800 万人中断缴纳保险[①]，到 2017年，全国断保人数将近 5500 万人，断保金额达 5300 亿元[②]。从 2013 年的累计断保人数 3800 万人到 2017 年的 5500 万人，4 年的年平均增长率计算为 9.68%，这种高断保速度是养老保险的大患。在过去 10 年里，全国城镇职工基本养老保险总计减少收入约 12 万亿元[③]，断保导致的收入流失高达 2.6 万亿元。断保的原因比较复杂：一是一些人由于地方政府之间的纠葛无法实现跨地区转移，或是个人未能就业，从此断保；二是经济下行等压力，企业缴费困难；三是缺少制度激励，尤其是农民工，2010 年之前的个人账户可以退保，但以他们的名义缴纳的统筹账户与他们并没有关联，没有激励机制，出现了一些道德风险；四是灵活就业人员看不到社保的未来，缴费满 15 年后因动力不足自行停止了缴费。

流动就业人员跨地区就业后，社保转移接续的手续往往比较烦琐，费时费力，成为群众反映突出的一大难点、痛点。由此出现了一些人员断保的问题，断保是一个极大的政策风险，也带来了基金运行的经济风险，它将直接动摇养老保险的制度基础，也让参保者失去信心并损害参保者的利益。由此，党的十九届三中全会明确提出了由税务部门征收社保费的要求，从 2019 年 1月 1 日开始，由税务部门征收社会保险费。地税与国税的合并，加深了人们对税务机构强化足额征缴的担忧，各地在多年来的实际征收过程中，对缴费基数不实采取了一种较为容忍宽松的态度，即使是在广东省 2009 年 1 月 1 日开始由地税部门全权负责征收社会保险费后，也没有过于强调实现足额征缴，

① 《今年全国 3800 万人弃缴社保 个人账户"空账"超两万亿》，http://news.hnr.cn/gnxw/201311/t20131128_725598.html。

② 《郑秉文谈社保：不妨大赦企业欠费原罪 追缴不宜超 2 年》，http://www.sohu.com/a/255147232_222256。

③ 郑秉文：《社保 10 年断保 2.6 万亿，如何合规征缴又不增加企业负担》，《新京报》2018 年 9月 20 日。

如果广东地税部门采取"铁腕手段"征缴社会保险费，可能将有不少中小企业倒闭或是减少招工名额，也会有更多的新员工因为更高缴费率而选择离职。

如何制定断保后的续保政策是政府决策中应该关注的一个问题，关注就业、关注转移接续过程中被地方政府利益关系的纠葛而错失了就业机会的农民工，更重要的是让参保者恢复对养老保险制度的信心，看到自己的未来并有所期待。

Ross Garnaut、Jane Golley、Ligang Song 基于中国农民工参加养老保险的视角，分析了中国户籍制度下养老保险差异问题，认为低层次的社会统筹导致了养老保险转移接续的不便，阻碍了高度流动性的农民工的养老转移接续问题。农民工要去非统筹地区工作时，不得不牺牲他们的养老保险利益，并且当劳动力市场一旦产生较为剧烈的波动，就会有大量的农民工被迫退出养老保险。由于只有个人账户可以进行转移而不包括统筹账户，农民工和其雇主都没有很强的意愿要参加养老保险①。Borjs 指出，本国居民会从外来移民那里得到福利收益，即存在"移入居民福利剩余"（Immigration Surplus）②。这种福利事实上就是企业以农民工名义缴付的统筹账户，也可以视为外来流动劳动力多的地区的滚存积累养老保险基金比较丰厚的原因。

Catherine Jones Finer 从养老保险制度的视角研究了中国养老保险制度不公平的原因，认为中国养老保险系统的一个非常显著的特点是城市与农村的分离，农村人口的利益需求在历次养老保险改革中都没有得到重视③。Catherine Jones Finer 的观点不够全面或是有些偏颇，我国城乡居民养老保险制度的归并已经初步消除了城乡差别，走在城乡一体化的道路上并持续前行。降蕴彰认为一个财产权的基本内容包括行动团体对资源的使用权与转让权，以及对收入的享用权。所有权是一种排他性的权利，财产权方法的中心任务是要表明财产权的内容以何种特定的和可预期的方式来影响资源的配置和使用。社会保险私有财产权、共有财产权与国有财产权作为不同的财产权安排或财产权

---

① 林毓铭：《社会保障研究的另一视角：社会保障若干产权问题》，《中共福建省委党校学报》2006 年第 6 期。

② 邓大松、林毓铭、谢圣远等：《社会保障理论与实践发展研究》，人民出版社，2007。

③ 林毓铭：《体制改革：从养老保险省级统筹到基础养老金全国统筹》，《经济学家》2013 年第 12 期。

结构，都应该在财产权配置效应最大化的目标下受到严格的保护①。

从产品财产权角度出发，将财产权方法应用于社会保险产权研究，是基于社会保险契约的公正性与合法性的，社会保险财产权在社会保险契约交易中非常明确；养老保险个人账户本金及其利息属于私有财产，是强制性社会保险制度下的一种专门的有法律保障的共同合约。养老保险统筹账户属于所有参保者的共有财产，也是一个覆盖面很广的群体所共享的社会化财产。

养老保险统筹账户的主要用途包括三个：一是用于省级统筹范围内的基金调剂（如果实施养老保险全国统筹，统筹范围可能扩大到全国）；二是用于养老金计发中的基础性养老金；三是用于养老保险离退休者的终身养老金支出。"五险一金"政策将农民工纳入城镇养老保险制度，事实上企业以农民工名义缴纳的统筹账户基金和企业为城镇职工缴纳的养老保险统筹账户基金构成了两者的共有财产权，《中华人民共和国社会保险法》出台前允许他们自由退保，而农民工离开原有城市到不同统筹地区就业，留下数额巨大的统筹账户基金。《两个办法》准许统筹基金的转移并做了 12% 和 8% 的比例分割，不满足缴费 15 年的农民工因无法进入城镇职工养老保险制度不享有对统筹基金的分享权②。

2018 年 7 月 20 日中共中央办公厅、国务院办公厅印发的《国税地税征管体制改革方案》要求在全国范围内实施社会保险征收体制改革，从 2019 年 1 月 1 日起，由合并后的税务部门统一征收五个险种的社会保险费，作为垂直管理的行政执法部门，人们担心强力征缴体制会对社保造成冲击。为此李克强总理强调：一是把已定减税降费措施切实落实到位；二是按照国务院明确的"总体上不增加企业负担"的已定部署；三是严禁自行对企业历史欠费进行集中清缴；四要抓紧研究并提出降低社保费率方案，与征收体制改革同步实施③。人社部曾发文要求：严禁自行组织对企业历史社会保险欠费进行集中清缴，稳妥处理好历史欠费问题，已经开展集中清缴的要立即纠正，并妥善做好后续工作。

---

① 降蕴彰：《养老金双轨制被指最大不公　专家吁莫忘过亿农民》，《经济观察报》2013 年 5 月 4 日。
② 林毓铭：《应提升第一代农民工养老待遇》，《中国经济报告》2019 年第 4 期。
③ 《今年全国 3800 万人弃缴社保　个人账户"空账"超两万亿》，http://news.hnr.cn/gnxw/201311/t20131128_725598.html。

设置征收政策缓冲区是一个很好的政策选择，一是可以在一定程度上纾解中小企业的缴费压力；二是在逐渐定型的政策的基础上，使降低社保缴费率有更大的政策执行空间。降低费率增加企业的竞争力是必要措施，但是就社会保险制度本身而言，各地区之间基金短缺的情况与基金相对充足的情况并存，一些省（区、市）有一定的降费空间，一些省（区、市）降费空间十分有限，没有多大余地，甚至还需要提高缴费率。广州市人社局发文，从 2019 年 1 月 1 日起至 2019 年 12 月底，阶段性降低城镇职工医疗保险缴费率，即企业职工医疗保险缴费率从原来缴纳 8% 下调到 6.5%，灵活就业人员和失业人员的城镇职工医疗保险缴费从 10% 至少下降到 8.5%①。

按照世界银行 2009 年测算的实际承受税率，中国社会保险总缴费在 181 个国家和地区中排名第一，约为"金砖四国"其他三国平均水平的 2 倍，是北欧五国的 3 倍，是 G7 国家的 2.8 倍②。在社会保险缴费中，养老保险缴费率最高。养老保险的基本原理和运行规则是强调基金自身的财务平衡，不能过度依赖财政资金补贴，欧洲债务危机即为殷鉴③。政府部门已明确不追缴 2019 年之前的社保欠费，国家税务总局 2018 年 11 月 19 日印发的《关于实施进一步支持和服务民营经济发展若干措施的通知》要求各级税务机关在社保费征管机制改革过程中，要确保缴费方式稳定，积极配合有关部门合理编制体现减费要求的社保费收入预算，严格按照人大审议通过的预算负责征收。对包括民营企业在内的缴费人以往年度社保欠费，税务机关一律不得自行组织开展集中清缴④。国家出台阶段性降低社会保险费率政策，全年可为企业降低社保成本 1840 亿元⑤。

2019 年开始的降费（哪怕是降幅较小）可能会加大社保基金的收支缺口，需要继续增加财政补贴。人社部也发布了另一条信息，今后（2019 年以

---

① 参见《广州市人力资源和社会保障局　广州市财政局关于阶段性降低职工社会医疗保险缴费率的通知》。

② 傅蔚冈：《学者质疑养老金双轨制公平性　企业缴纳负担过重》，《华夏时报》2013 年 4 月 18 日。

③ 左林：《媒体称养老金改革方案设计已启动　人社部部长负责》，《农民日报》2013 年 6 月 17 日。

④ 国家税务总局：《关于实施进一步支持和服务民营经济发展若干措施的通知》，2018 年 11 月 19 日。

⑤ 唐霁松：《防范化解重大风险必须加强社保基金监管》，第五届全国社会保障学术大会，2019 年 2 月 23 日。

后）将对不依法缴纳社保者实施重罚，建立诚信机制，并且一些企业领导可被列入黑名单，将在政府采购、交通出行、招投标、生产许可、资质审核、融资贷款、市场准入、税收优惠、评优评先等方面对被纳入"黑名单"的人予以限制，下列行为属于违规行为。

第一，没有全员缴纳社会保险费。企业与员工私下签订放弃社保协议，主要包括建筑施工企业、劳务派遣、清洁工、保安等工作不稳定的短工人员，也有一些个人不愿意缴纳社保的人员，还有一些企业仅仅为一部分人员缴费。如何避免重复保险也是需要政府关注的问题。企业招收的农村务工人员，他们先前可能已经参保城乡居民养老保险，招收进企业之后，马上办理"五险一金"会出现重复保险问题，重复保险是一种资源浪费，如何处理重复保险问题，需要将城镇职工养老保险与城乡居民养老保险两个险种串联起来，实施信息化管理与归档管理，或解决好两个险种之间的转移接续问题。本课题组与广州市白云区地税局在 2014 年进行了"农民工参加社保意愿的问卷调查"，在抽样调查的 5133 名农民工中有 40.9% 的农民工在农村当地参加了社会保险，如表 10-14 所示。

表 10-14　您有没有在户籍所在地参加社会保险

		频数(次)	百分比(%)	有效百分比(%)
有效	有	2100	40.9	42.1
	没有	2889	56.3	57.9
	合计	4989	97.2	100.0
缺失		144	2.8	
合计		5133	100.0	

当被问到是否愿意在广州参加社会保险时，27.1% 的农民工回答在户籍所在地已经参保，21.9% 的农民工因个人收入和个人身体状况对养老保险和医疗保险持否定态度，8.5% 的农民工对养老保险接续制度持质疑态度，对外来务工人员而言，由于文化水平有限，他们对养老保险制度的接续问题还没有太多的认知，影响了他们对接续制度的判断（见表 10-15、图 10-3）。

表 10-15   您不想在穗（广州）参加社会保险考虑的主要因素

		频数（次）	百分比（%）	有效百分比（%）
有效	1. 已在户籍地参保	1389	27.1	47.0
	2. 工资收入低，缴费比例过高，难以承担社会保险费用	834	16.2	28.2
	3. 养老保险接续存在问题，对未来的养老保险不抱什么希望	435	8.5	14.7
	4. 现在还年轻，身体比较健康，参加医疗保险基本没有什么用处	295	5.7	10.0
	合计	2953	57.5	100.0
缺失		2180	42.5	
合计		5133	100.0	

注：缺失表示一些农民工没有填写这个表，故出现表 10-14 和表 10-15 在户籍所在地参保率不一致的问题。

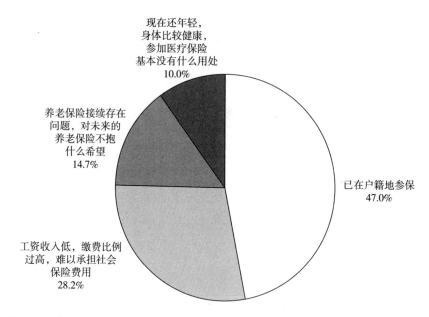

图 10-3   白云区外来务工人员不愿意在穗（广州）参保考虑的主要因素及所占比例

第二，拒绝缴纳社会保险费。部分企业经济压力大、员工管理难，对缴纳社会保险费有些抵触情绪，难免出现一些非正规缴纳社会保险费的问题。也有一些企业，有意或无意拒缴社会保险费。之后，一方面可能继续降低社保缴费率，另一方面会进一步规范征缴程序，即在降低费率的基础上规范缴费。若拒绝缴纳社保费，一些企业将面临降低纳税信用评级、限制领购发票、限制开票等行政惩罚。

第三，欠缴社会保险费。2019 年社保暂缓划归税务部门征收，国务院规定各地不得对历史欠缴问题进行集中清缴，这也在一定程度上造成一些企业变本加厉，一些不合规欠缴行为升级。拒缴与欠缴有着质的差别，企业经济下行、订单不足或是遭遇特别困难，欠缴社会保险费难以避免。对于破产企业，《社会保险费申报缴纳管理规定》规定：用人单位因不可抗力的因素，不能按期办理缴费申报的可以延期申报；不可抗力情形消除后，应当立即向社会保险经办机构报告，由社会保险经办机构查明事实并予以核准。

第四，选择最低标准缴纳社会保险费。选择按最低标准缴纳社会保险费是中小企业一种较为普遍的违规行为。现行社会保险缴费标准为：个人工资<缴费下限（当地平均工资的 60%），按下限基数缴费；缴费下限<个人工资<缴费上限（超过当地平均工资 300% 的部分），以实际工资为基数缴费；个人工资>缴费上限（超过当地平均工资 300% 的部分），按缴费上限基数缴费。按最低标准缴纳社会保险费为何成为普遍现象，主要是因为当地政府对一些经营困难的中小企业采取了一种较为宽容的态度。

上述违规行为在 2019 年之后被严格监督，企业少缴、瞒缴的空间被压缩，基于不增加企业负担、不增加个人负担的原则，政府需要在稳定经济运行的基础上，保证征缴体制健康运行，2019 年一些地区实施了较大幅度降费的政策，以厦门市为例，其社会保险减负政策一览如表 10-16 所示。

表 10-16　厦门市社会保险减负政策一览

项目	2019 年之前	2019 年全年	备注：
养老保险	单位缴费 14%	单位缴费 12%	1. 养老保险缴费基数下限由上一年度社会平均工资的 60% 调整为全市最低工资标准。该改革不包括机关事业单位及参保人员
医疗保险： 本市户籍参保人员 外地户籍参保人员	单位缴费 8% 单位缴费 4%	单位缴费 6% 单位缴费 3%	2. 外来从业人员不缴纳失业保险费 3. 执行年限：2019-1-1 至 2019-12-31
失业保险 失业保险户籍个人缴费	单位缴费 1% 个人缴费 1%	单位缴费 0.5% 个人缴费 0.5%	
工伤保险	—	比之前减半征收	

资料来源：国家税务总局厦门市税务局。

失业保险、工伤保险、生育保险几个险种，目前全国缴费率大体分别降低至 1%、0.75% 和 0.5%，按照国家规定，2015 年底职工基本养老基金累计结余可支付月数超过 9 个月的省（区、市），可以阶段性降低到 19%，2016 年以来 20 多个省（区、市）有所降低，但幅度有限，仅有广东、浙江两省企业的养老保险基金缴费率降低至 14%，2019 年又提升至国家规定的 16%，养老保险作为一个缴费率极高的险种，对于降低企业负担起到重要作用。长期以来，企业加个人的名义上的养老保险缴费率为 28%，虽然实际上远没有28%，郑秉文主张将名义费率分两步降低到 19%。各地较大幅度降低社会保险缴费率，是否会减少社会保险费总量，加重财政危机？事实上，在降费之前，全国大多数地区并没有足额缴费，降低缴费率及缴费基数，加强税收征管与信用制度落实，未必会减少社会保险总缴费数额。

三 从基础养老金全国统筹到养老保险全国统筹

（一）养老保险全国统筹受多个因素制约

党的十九大明确提出，由之前确定的基础养老金全国统筹转变为养老保险全国统筹，这是一个"牵一发而动全身"的体制性改革，许多基础性工作需要从长计议。全国各地企业养老保险的覆盖率、缴费比例和缴费基数、计发办法和计发基数、待遇水平大都存在一定差异，短期内实现养老保险全国统筹必定将遭遇重大的阻力与意想不到的困难，在 2017 年 12 月 1日由中国人民大学国家发展与战略研究院举办的"养老保险全国统筹的困难、条件和措施研讨会"上，韩克庆教授提出，制度惯性、地方保护、部门利益是养老保险全国统筹面临的三大制度困境，全国统筹不单是理论问题、技术问题，更是决心问题和执政理念与能力问题，统筹过程中中央与地方的博弈是无法回避的，是必须解决好的；郑伟教授提出，全国统筹解决不了我国养老保险可持续发展的问题，主要是解决不了不公平的问题，需要采取更多的综合措施；潘锦棠教授不主张降低养老保险缴费率，认为广东省没有权利擅自调低养老保险缴费率，结余下来的资金所有权归属全国而不属于广东省；仇雨临教授认为，在省级养老保险统筹都未能完全实现的情况下，直接实现养老保险全国统筹这一提议值得质疑，需要进行综合改革。

从养老保险的各地实施情况看，即使省级统筹范围内，养老保险关系也是十分复杂的。以广东省为例，珠三角地区外来人口多，参保覆盖率高，基金结余较大，单位缴费率普遍在 9%～12% 的低缴费区，2019 年统一到 16% 的缴费率之前，深圳、珠海、佛山为 10%，东莞只有 9%，且缴费基数较低，普遍低于全省在岗职工平均工资的 60%，企业负担较轻。欠发达地区则相反，覆盖率低，参保缴费人数少，基金结余较少，有的地市出现当期赤字，单位缴费率普遍高于 15%，韶关、河源、汕尾基本养老保险企业缴费率达 18%，最高的达 22%，缴费基数普遍已达到或接近全省在岗职工平均工资的 60%，企业负担较重。各地参保人员和企业对实现养老保险均衡发展的诉求日益强烈[①]。

广东省从 2017 年 7 月 1 日起实行全省企业养老保险基金省级统收统支统管，即在缴费基数、缴费率方面，将全省单位缴费率由 13%～15% 统一至 14%，低于 14% 的地区在 3 年内逐步过渡，同时根据地区经济发展、企业经营和职工收入的不同情况，分四类片区设立缴费基数下限。改革的实施进一步激发了各地参保缴费积极性，促进了参保缴费人数和基金征缴收入的双增长，得到人社部、财政部的充分肯定。

从全国情况来看，普遍存在的问题是：缴费基数不实，实际缴费基数下限偏低，名义缴费率偏高而企业缴费基数实际下限低于名义下限；各地区缴费标准差异明显；养老保险基金滚存积累与经济增长水平不完全匹配。《中国企业社保白皮书 2017》显示，基数合规企业 2015 年为 38.34%，2016 年为 25.11%，2017 年为 24.1%，合规率呈下降趋势。《中国企业社保白皮书 2018》指出，在参保急迫性、险种覆盖上受访企业遵守程度较好，但在参保基数上，合规企业所占比例变化不大，反映出企业社保合规已逐步走过了"不缴社保""迟缴社保"的阶段，进入"缴了但基数不足"的阶段。除此之外在所有受访企业中，有 53% 的企业人力成本占总成本比重超过 30%，其中

---

① 林毓铭：《体制改革：从养老保险省级统筹到基础养老金全国统筹》，《经济学家》2013 年第 12 期。

有 16.27% 的受访企业人力成本占总成本比重达 50% 以上。2018 年仍然有 31.7% 的企业统一按基数下限参保。陕西省政府与陕西省总工会的报告显示：2016 年陕西省欠缴养老保险费的企业达 4700 多户，欠缴金额约 42 亿元①。

实现养老保险全国统筹有一大有利条件是我国至 2017 年城镇职工养老保险滚存积累基金已达 43885 万亿元，而发达地区最担心的是自身多年积累的滚存积累基金被上解统筹，养老保险全国统筹要着手建立中央调剂金制度。国务院要求各省（区、市）从 2018 年 7 月 1 日开始推进养老保险基金统收统支工作，到 2020 年前实现全省（区、市）费率统一、基金统收统支，迈出养老保险全国统筹的关键一步，通过全国基金预算管理明确中央与地方政府责任，2018 年下半年，中央调剂基金总规模达 2422.3 亿元②。养老保险全国统筹改革主要方法包括：一是动用滚存积累基金；二是通过中央调剂金进行余缺调剂；三是中央财政直接补贴。第三种办法是现在常用的办法，包括部分地方财政补贴在内③，建立中央调剂金制度，需要设立一个缓冲期。发达地区巨额的滚存积累基金中有相当一部分是由不发达地区大量劳动力进入发达地区后积累的养老基金，由于之前大量的农民工退保，将巨额的统筹账户基金留在了原来务工的城市，即使之后不允许退保，也在原务工城市留下了 8% 的统筹账户基金，仍然形成了巨额的积累基金，如果发达地区不赞成养老保险全国统筹，有悖于社会公理，毕竟不发达地区为发达地区输入了大量劳动力，一方面贡献了大量的 GDP，另一方面使这些城市的人口红利期大大延长，提供了一定数量的养老保险滚存积累基金。

关于实施养老保险全国统筹，建立养老保险基金中央调剂金制度，国务院印发的《关于建立企业职工基本养老保险基金中央调剂制度的通知》明确提出：其一，由各省份养老保险基金上解形成中央调剂基金，将各省份职工平均工资的 90% 和在职应参保人数两个统计指标作为上解额计算的基数，上

---

① 肖严华、张晓娣、余海燕：《降低社会保险费率与社保基金收入的关系研究》，《上海经济研究》2017 年第 12 期。
② 唐霁松：《防范化解重大风险必须加强社保基金监管》，第五届全国社会保障学术大会，2019 年 2 月 23 日。
③ 唐霁松：《防范化解重大风险必须加强社保基金监管》，第五届全国社会保障学术大会，2019 年 2 月 23 日。

解基金比例从 3% 起步，逐步提高；其二，中央调剂基金实施以收定支原则，当年筹集的资金按照人均定额拨付的办法全部拨付给地方；其三，中央调剂基金纳入中央社会保障基金财政专户实行收支两条线管理，专款专用，不得用于平衡财政预算；其四，中央现行的财政补贴政策和补助方式不变，省级政府切实承担确保离退休职工基本养老金按时足额发放和弥补养老保险基金缺口的主体责任。

调剂金由各省（区、市）的养老保险基金上解的资金构成，由中央政府统一调剂使用，按照人均定额拨付的方式全部拨付给各省（区、市），实现对各省（区、市）养老保险基金的适度调剂，中央调剂基金制度建立的原则是不增加企业整体负担，不提高养老保险缴费率，不影响个人待遇的发放，主要用于平衡各省（区、市）的养老基金负担，提高养老保险基金抵御社会风险的能力，为养老保险全国统筹提供现实基础条件。

养老保险全国统筹的缴费基数、缴费率应当如何科学合理确定，是一个非常关键的问题。从单位缴费比例来看，实行全国统筹后，全国应统一为一个费率，还是应统一为一个区间范围内的费率，并允许各省（区、市）根据自身情况适当体现差别费率；从缴费基数上下限来看，是否应统一以全国职工平均工资的 60% ~ 300% 作为全国统一的缴费基数标准区间，还是应先进行统计分类以体现各省（区、市）不同的生活水平和工资水平。事实上从全国各省（区、市）工资水平看，北京市非私营与私营单位就业人员平均工资大大高于其他省（区、市），而公众视线中的不发达地区青海、贵州的非私营单位工资水平也排名靠前（见表 10-17）。

表 10-17　2017 年部分省（区、市）年均工资及增长情况

单位：元，%

排序	省（区、市）	非私营单位就业人员年均工资	增长速度	排序	省（区、市）	私营单位就业人员年均工资	增长速度
1	北　京	131700	9.8	1	北　京	70738	7.4
2	浙　江	80750	7.8	2	广　东	53347	8.8
3	广　东	79183	7.7	3	重　庆	50450	5.5

续表

排序	省（区、市）	非私营单位就业人员年均工资	增长速度	排序	省（区、市）	私营单位就业人员年均工资	增长速度
4	江 苏	78267	9.4（名义）	4	江 苏	49345	4.6（名义）
5	青 海	75701	11.8	5	浙 江	48289	5.1
6	贵 州	71795	7.4	6	海 南	45640	8.7
7	重 庆	70889	7.1	7	贵 州	41796	5.8
8	四 川	69419	8.6	8	安 徽	41199	4.1
9	云 南	69106	11.6	9	四 川	40087	6.2
10	海 南	67227	6.4	10	广 西	38227	4.2
11	内 蒙 古	66679	7.4	11	河 北	38136	2.6
12	陕 西	65181	7.6	12	陕 西	37472	3.3
13	安 徽	65150	8.9	13	湖 南	36978	—
14	广 西	63821	8.6	14	河 南	36730	8.7
15	湖 南	63690	9.4	15	青 海	36588	3.3
16	河 北	63036	11.8	16	吉 林	33209	8.3
17	吉 林	61451	7.8	17	山 西	31745	3.0
18	山 西	60061	10.6	18	云 南	—	—
19	黑 龙 江	56067	—	19	内 蒙 古	—	—
20	河 南	55495	10.4	20	黑 龙 江	—	—

资料来源：《20省份平均工资出炉　官方解读"被平均"原因》，中新经纬，2016年6月1日，本书做了改进。

国家统计局公布的数据显示，2017年全国城镇非私营单位就业人员年平均工资为74318元，同比名义增长10.0%，增速比2016年上升1.1个百分点，扣除物价因素，实际增长8.2%。2017年全国城镇私营单位就业人员年平均工资为45761元，同比名义增长6.8%，增速比2016年回落1.4个百分点，扣除物价因素，实际增长5.0%[①]。依此看来，城镇非私营单位就业人员年平均工资远远高于私营单位，不同地区、相同单位的不同岗位，甚至同单位的在编人员与非在编人员，工资都有较大的差别，这些差别的存在将不利于养老保险的全国统筹。

---

① 《20省份平均工资出炉　官方解读"被平均"原因》，中新经纬，2016年6月1日。

（二）养老保险全国统筹需要建立三重保障

1. 关于调剂金制度

率先建立中央调剂金制度是养老保险全国统筹的先行基础，将各省（区、市）职工平均工资的高低和在职参保人数两个统计指标作为确定基金上解的基础指标，再按各省（区、市）退休人数和全国人均拨付额两个统计指标向省级统筹基金下拨中央调剂基金，最大限度地解决各省（区、市）负担不均衡的现实的问题。中央调剂基金百分比是一个重要的参数，或高或低，都会对各省（区、市）基金上解和基金下拨产生影响。养老保险全国统筹若不实行差别费率而是固定一个费率，会产生社会不公平问题。除此之外，养老保险全国统筹缴费基数也要有一个清晰的制度框架，还需要联系各省（区、市）的滚存积累基金额和各省（区、市）的老年人口抚养率等进行综合考虑，其研究函数为：

$$调剂基金上解 = f(工资水平, 参保人数, 平均预期寿命)$$
$$调剂基金下拨 = f(退休人数, 人均拨付额, 现有滚存积累$$
$$基金发放月数, 老年人口抚养率)$$

我国养老保险滚存积累基金 2018 年底已达 5 万多亿元人民币。由于地区间经济发展不平衡的问题长期存在，人口流动也出现严重不平衡的问题，基金分布不均衡的结构性矛盾同时存在，从地域看，东部地区流入劳动力人口多、结余多；中西部及东北地区流出劳动力人口多、结余少，特别是在东北三省等老工业基地，经济下行严重加之大量劳动力人口外流、自身缴费人员减少、退休人员增多、老年人口赡养率高，基金出现了当期收不抵支的问题。

2. 关于滚存积累基金

中央调剂金制度虽然已经建立，但目前其还不能有效支撑养老保险全国统筹，上解一定比例的发达省（区、市）的滚存养老保险积累基金是必然事件，因为这些积累基金本身在一定程度上是劳动力流动的结果。从数量上看，不发达地区是贡献者，发达地区是受益者。从公平性来看，大量的外来农民工退保为原务工城市留下了大量统筹账户基金。以广东省为例，2008 年 2 月 23 日央视财经频道《经济半小时》栏目报道：2002 年至 2007 年共办理农民工退保将近 1000 万人次，每 10000 名参保的农民工中就有 1680 人退保而仅有

19 人顺利转保，退保率达 16.8%，顺利转保率只有区区 1.13%。每年春节回家前的大规模退保、订单不足引发的集体退保及企业搬迁与经营不善导致的退保等致使"退保潮"的怪相。

《2007 年世界卫生报告》显示，中国人均寿命男女各为 71 岁和 74 岁，以中位数 72.5 岁推算，60 岁退休可以领取 12.5 年的退休金，总共是 71700 元。如果某人缴纳了 15 年的养老保险费，退休后领取的退休金总额将会是其个人账户的近 4 倍，相反如果某人中途退保，只是一次性取走其个人账户的钱，那么某人所在单位每月向养老保险统筹账户基金贡献了 96 元，1 年共贡献 1152 元。深圳市 2007 年退保的有 83 万人，假定每个退保的人都只缴纳了 1 年的保险，也意味着 1 年里退保人群就把近 10 亿元人民币贡献给了地方社保事业①。

中国养老保险改革进程中的允许退保与之后的不允许退保，都可以体现中国农民工对滚存积累养老保险基金的贡献，因为相当多的农民工因缴费不足 15 年无法享受城镇职工养老保险待遇，他们是城镇养老保险制度参与者，最后却因为多次退保无法积累 15 年缴费期而无法享受终身养老金待遇。何文炯指出，大批中老年农民对国家的历史贡献，并没有在社会保障中得到应有的体现。以养老金为例，目前农民的月基础养老金最低标准为 70 元，这笔资金全部来自国家财政②，而不是来自养老保险制度本身。发达地区滚存积累养老保险基金用于全国统筹，有其合理性与公平性。

3. 关于财政补贴制度

在建立了中央调剂金制度，动用了滚存养老保险积累基金后，财政补贴制度仍不可少。中国现有的城镇职工养老保险制度、行政事业单位养老保险制度、城乡居民养老保险制度三套体系，均有大量的财政补贴基金。就现有的城镇职工养老保险制度全国统筹而言，财政补贴主要用于收不抵支的省（区、市），未来的滚存积累养老保险基金发放月数不足 9 个月的省（区、市），都是风险地区，老年人口抚养比过高的地区，也是风险地区。中央调剂金制度是否统一为一个缴费率，或是依据经济发达的不同水平，实行差别调

---

① 谢元态、汪云兴：《我国农民工"退保潮"问题产生的根源分析——以东莞、深圳为例》，《经济纵横》2008 年第 9 期。

② 何文炯：《社会保障应体现农民的历史贡献》，《中国社会保障》2018 年第 5 期。

剂金制度，需要进行政策规定，差别缴费应该是较为合理的政策选择。滚存积累养老保险基金在人口流动的状况下，仍会不断扩大发达地区养老保险基金的储水池，形成持续的增量基金，这是养老保险全国统筹基金增量的基础，可以促进养老保险的可持续发展，有利于推进社会公平。

在财政补贴问题上，中国人民大学仇雨临教授提出，将中央财政补贴设置为基础性的国民年金，以地方财政补贴作为补充，建立央地责任分担的养老金体系[①]。财政的兜底功能不可或缺，财政需要做好准备对养老保险全国统筹后出现的新的基金随机性短缺随时进行弥补，一方面要做好养老保险基金的应急预算，另一方面也要做好财政补贴基金的常规性年度预算工作。类似黑龙江出现的养老保险基金短缺风险，财政补贴应该重点关注。如果中央调剂金和滚存积累基金向养老保险短缺严重地区调剂过多、时间过长，也会引起其他地区的不满，动摇制度建立的公平基础，还是需要动用财政补贴来解决这一问题，而不仅仅是依赖养老保险制度本身来解决全部的基金短缺问题。

（三）逐步统一全国企业养老保险单位缴费基数与缴费标准

中共中央办公厅、国务院办公厅印发的《国税地税征管体制改革方案》，明确要求，从 2019 年 1 月 1 日起，将养老保险费、医疗保险费、失业保险费、工伤保险费、生育保险费五项社会保险费交由税务部门统一征收。结束多年来的三重征收体制，这三重征收体制为一是由社保部门征收，二是由社保部门核定征收金额然后由税务部门代收，三是社保金额的核定和征收全部由税务部门负责。全国三重征收体制改革，无疑将增加社保缴费，减少少缴与漏缴的问题，解决长期以来缴费基数不实的问题。税务部门垂直管理，也会相对减少地方政府或人社部门对企业的同情或袒护，矫正目前的征缴基数不实的问题。但与此同时税务部门征缴后企业社会保险缴费负担会加重，不利于企业竞争，也可能造成企业减少员工招聘的结果。国务院提出，要适当降低社保缴费率，确保以总体上不增加企业负担为原则，激发市场活力，引导社会预期向好。降低养老保险缴费率的改革正在路上，但是降低缴费率只是阶

---

① 《"养老保险全国统筹的困难、条件和措施研讨会"在中国人民大学召开》，http://nads. ruc. edu. cn/yjdt/2c25f5a977e84cf6a56b44fb14f06bb1. htm。

段性的临时政策。2020年初，受疫情影响，中央相关部门联合下发文件，要求阶段性减免企业社会保险费或减征职工基本医疗保险费。

根据原定的《职工基本养老保险个人账户管理暂行办法》，职工本人一般以上一年度本人月平均工资为个人缴费工资基数，本人月平均工资低于当地职工平均工资60%的，按当地职工月平均工资的60%缴费，超过当地职工平均工资300%的，按当地职工月平均工资的300%缴费。养老保险全国统筹，需要明确以下几个问题。

1. 地区人均工资水平的影响

以平均工资作为缴费基数，各地差异较大，参见本章表10-17，青海、贵州非私营单位就业人员年均工资水平分别列20个省（区、市）的第5位和第6位，贵州私营单位就业人员年均工资列20个省（区、市）的第7位，这两个省均是不发达省份。北京市私营与非私营单位就业人员年均工资水平都在第1位。由于养老保险缴费的基数是决定养老金多少的关键要素，人均工资水平低的地区，相对缴费水平偏低，养老待遇水平偏低，这些地区相对滚存积累基金也偏低，甚至出现负增长。2016年末，东北三省城镇职工基本养老保险结余为−622亿元，黑龙江当年累计结余出现196亿元的赤字。非私营单位就业人员年均工资水平列20个省（区、市）第5位的青海省，养老基金累计结余可支付月数却不足6个月，突破风险警戒线。

工资水平偏低的欠发达地区，虽然地区CPI相对偏低，但其生活水平与发达地区相比，还是存在较大的差距，这些地区青壮年劳动力外流严重，为发达地区养老滚存积累基金做出了贡献。一旦实现养老保险全国统筹，缴费工资基数水平无法在统筹的背景下改变，但养老保险待遇是否会在全国统筹的大背景有所改观值得研究。

2. 缴费基数的影响

按足额工资水平缴费，扩大基金风险池，养老保险滚存积累基金会更快增长，但能否按照预期的缴费设计缴费，取决于企业尤其是中小企业的经济发展状况。广东省从2009年1月1日开始实施地税部门全责征缴社会保险费。课题组在调查过程中发现，一些地区仍存在着按最低工资征缴的现象或是选择性缴费的现象。

国务院要求不要增加企业负担，这在实践过程中会存在一些矛盾，因为降低费率并没有太大的空间，打破现有的征缴现状，真正足额征缴，企业负担会加重，据国泰君安的测算，若足额征缴，企业与个人将补缴共计近 2 万亿元，若企业与个人按照当前费率共同负担，将减少企业利润总额的 13.4%，若完全由个人负担，将进一步压低当前居民消费，会对 GDP 带来 1.5 个百分点的冲击[1]。中国社会科学院财经战略研究院研究员汪德华认为，足额征缴至少将增加企业 30% 的成本[2]，税务部门要设立中小企业缓冲期，给中小企业留出一定的喘息时间与调整期。税务部门给出的信号则是社会保险部门和保险经办机构将不再核定企业和职工应缴纳的社会保险费，由企业按期向税务机关自主申报，企业职工个人缴纳部分仍由企业代扣代缴，不搞突击式、运动式欠费清查[3]。这事实上就意味着在目前经济下行的情况下，2019 年 1 月 1 日起税务部门代缴延期，缴费基数不合规现象还会有一定的存续期，未来的改革任重而道远。

各省（区、市）月最低工资标准有一定的差异，区域内的档次也有较大的差距。上海月最低工资达 2420 元，为全国之最。广东、北京、天津、江苏、浙江这 5 个省市的月最低工资标准超过 2000 元。最低工资标准的差异化，对养老保险全国统筹而言，本人月平均工资低于当地职工平均工资 60% 的，若按当地职工月平均工资的 60% 缴费，全国各地区缴费水平也会参差不齐（见表 10-18）。

表 10-18　31 个省（区、市）月最低工资标准

单位：元

地区	标准实施日期	月最低工资标准				
		第一档	第二档	第三档	第四档	第五档
北京	2018-9-1	2120				
天津	2017-7-1	2050				
河北	2016-7-1	1650	1590	1480	1380	

---

① 《国泰君安：企业与个人将补缴共计近 2 万亿元》，https://www.taoguba.com.cn/Article/2063451/1。

② 汪德华：《社保费明年起由税务部门征收将增加企业 30% 成本》，《商界》2018 年 8 月 25 日。

③ 张钟尹：《多省份早已由税务部门征收社保费，企业负担未大幅增加》，《每日经济新闻》2018 年 9 月 11 日。

地区	标准实施日期	月最低工资标准				
		第一档	第二档	第三档	第四档	第五档
山西	2017-10-1	1700	1600	1500	1400	
内蒙古	2017-8-1	1760	1660	1560	1460	
辽宁	2018-1-1	1620	1420	1300	1120	
吉林	2017-10-1	1780	1680	1580	1480	
黑龙江	2017-10-1	1680	1450	1270		
上海	2018-4-1	2420				
江苏	2018-8-1	2020	1830	1620		
浙江	2017-12-1	2010	1800	1660	1500	
安徽	2015-11-1	1520	1350	1250	1150	
福建	2017-7-1	1700	1650	1500	1380	1280
江西	2018-1-1	1680	1580	1470		
山东	2018-6-1	1910	1730	1550		
河南	2017-10-1	1720	1570	1420		
湖北	2017-11-1	1750	1500	1380		
湖南	2017-7-1	1580	1430	1280	1130	
广东	2018-7-1	2100	1720	1550	1410	
其中:深圳	2018-7-1	2200				
广西	2018-2-1	1680	1450	1300		
海南	2016-5-1	1430	1330	1280		
重庆	2016-1-1	1500	1400			
四川	2018-7-1	1780	1650	1550		
贵州	2017-7-1	1680	1570	1470		
云南	2018-5-1	1670	1500	1350		
西藏	2018-6-1	1650				
陕西	2017-5-1	1680	1580	1480	1380	
甘肃	2017-6-1	1620	1570	1520	1470	
青海	2017-5-1	1500				
宁夏	2017-10-1	1660	1560	1480		
新疆	2018-1-1	1820	1620	1540	1460	

资料来源:人社部官网,2018年10月10日。

3. 缴费率的影响

养老保险缴费率在全国范围内已有了一定程度的下降，但随着人口老龄化、高龄化的深入，降低养老保险缴费率的空间非常有限，养老保险全国统筹要求逐步统一缴费率与缴费基数。从目前的情况看，各地区企业养老保险缴费率并不一致（见表10-19）。

表10-19　东部、中部、西部地区与东北地区企业平均养老保险缴费率一览

单位：%，个

地区	1998 年	2003 年	2008 年	2014 年	2016 年	平均值
东部地区	19.60	19.24	18.90	18.50	17.95	18.84
中部地区	21.55	20.13	20.17	20.00	19.00	20.17
西部地区	22.17	22.17	20.00	20.00	19.17	20.70
东北地区	23.67	25.03	21.33	20.67	20.00	22.14
东北地区高于东部地区百分点	4.07	5.79	2.43	2.17	2.05	3.30
全国	21.36	21.10	19.81	19.58	18.82	20.14

资料来源：华南师范大学课题组《企业养老保险费基费率确定机制研究》，2018。

从表10-19可知，发达地区养老保险缴费率始终低于不发达地区，目前经济下行的东北地区养老保险缴费率反而最高，各地区养老保险缴费率下调幅度有限。

东北地区与东部地区相比，从1998年直至2016年，东北地区养老保险缴费率一直高于东部地区，平均高3.30个百分点，缴费绝对数有所提升，统一缴费率之后，人均工资水平偏低的地区，养老保险缴费总额将下降，东北地区将更加明显。西部地区养老保险缴费率也一直高于东部地区，统一养老保险费率之后，西部地区也将受益。国务院决定，从2019年5月1日开始，社保养老保险缴费率可以降至16%，即缴费率下降的同时降低养老保险缴费基数，各地由过去依据城镇非私营单位在岗职工平均工资，改为以本地区城镇非私营单位和私营单位加权计算的全口径就业人员平均工资为依据，来核定养老保险缴费基数的上下限，通过加权方法使缴费基数降低。个体工商户和灵活就业人员可在本地区平均工资的60%~300%自愿选择缴费基数。

　　将缴费基数统一之后，在现有基础上提高缴费率的可能性不大，缴费率大概率会在现有的基础上有所下降。现存的养老保险滚存积累基金，绝大部分为发达地区所有，可以将不发达地区大量劳动力外流到发达地区所贡献的养老保险统筹账户用于全国统筹，有其理论上的合理性，也有利于化解部分地区养老保险滚存积累基金支付月数风险，加之全国养老保险调剂金的建立与财政补贴机制所提供的基金，养老保险全国统筹的财政经济基础由此可以建立起来并可持续发展。当然，养老保险全国统筹还要有赖于对养老保险目标替代率的控制、多支柱养老保险体系的建立与延迟养老保险退休年龄改革等。

第十一章　医疗保险偿付能力及其监管

　　我国城乡居民医疗保险、城镇职工医疗保险、行政事业单位医疗保险三种制度共同运行，形成了目前中国医疗保险制度的基本框架。大病医疗保险、失能保险、医疗救助保险、大额医疗费用互助等也日益成为重要的重要险种。2009 年新医改实施以来，医疗保险的覆盖面越来越大，报销比例也越来越高，改革的力度也越来越大。我国在改革以医养药体制、取消药品加成、建立家庭医生制度、实施分级医疗、扩大跨省异地就医直接结算范围、减低药价等方面，均取得了突出的改革成效。

第一节　医疗保险制度收支问题及财政补贴状况

　　根据财政部公布的数据，2016 年全国财政医疗卫生支出 13154 亿元，比2015 年决算数 11953 亿元增加 1201 亿元，增长 10%，比全国财政支出增幅6.8% 高出 3.2 个百分点，占全国财政支出的比重从 2015 年的 6.8% 提高到7%。2008~2016 年医院诊疗人次从 17.82 亿人次增长到 32.70 亿人次，增加了 83.50%（见图 11-1）；医院入院人数从 7392 万人增长到 17528 万人，增加了 137.12%（见图 11-2），就医人次的增加从侧面反映了国民的健康服务需求正在快速增长[1]。2016~2020 年，全国财政卫生健康支出从 13159 亿元增长到 17545 亿元，年均增长 7.5%，比同期全国财政支出增幅高出 0.4 个百分点，占全国财政支出的比重由 7% 提高到 7.1%。目前，我国已经基本建立了

---

[1]　参见 2008~2016 年《我国卫生和计划生育事业发展统计公报》。

多层次、广覆盖的全民医疗保障体系，建立起世界上最大的医疗保障网。截至 2021 年底，全国基本医疗保险参保人数超过 13.6 亿人，参保率稳定在 95%以上，职工医保和城乡居民医保政策范围内住院费用报销比例分别达 80%以上和 70%左右，贫困人口住院费用实际报销比例接近 80%，城乡居民高血压、糖尿病门诊用药报销比例超过 55%，大病患者实际报销比例在基本医疗保险报销比例之上再提高 12 个百分点。2021 年，全国基本医疗保险（含生育保险）基金总收入 28727.58 亿元，比上年增长 15.6%；全国基本医疗保险（含生育保险）基金总支出 24043.10 亿元，比上年增长 14.3%[①]。

图 11-1　2008~2016 年医院诊疗人次

图 11-2　2008~2016 年医院入院人数

---

①　参见《2021 年全国医疗保障事业发展统计公报》。

在 2019 年 7 月 1 日至 3 日大连夏季达沃斯年会上，东软集团董事长刘积仁指出，中国医改的核心问题是支付的问题，全世界不管怎么改，我们医疗的费用就没有下降过，一直在往上面走，老百姓对医疗的需求也越来越高，而这个时候，我们一定会面临一个挑战，那就是我们有限的经费怎么样能够保障满足人们对健康、对医疗的需求①。从 2021 年城镇职工医疗保险、城乡居民医疗保险基金运行情况看，收入与支出增长比例都比较大（见表11-1）。

表 11-1　2021 年基本医疗保险收入与支出等指标概况

单位：亿元，%

项目	收入	收入较上年增长比例	支出	支出上年增长比例	统筹账户累计结存	个人账户累计结存
全国基本医疗保险	28727.58	15.6	24043.10	14.3	—	—
城镇职工医疗保险（含生育保险）	19003.10	20.8	14746.73	14.6	17685.74	11753.98
城乡居民医疗保险	9724.48	6.7	9296.37	13.9	累计结存 6716.58	

资料来源：国家医保局发布的《2021 年全国基本医疗保障事业发展统计公报》。

不论是城镇职工医疗保险还是城乡居民医疗保险，医疗费用支出年增长比例都在 10% 以上。2021 年，城镇职工医疗保险参保人员异地就医 6434 万人次，异地就医费用 1663 亿元，其中，住院异地就医 786 万人次，就医费用 1457 亿元。城乡居民医疗保险参保人员异地就医 4318 万人次，异地就医费用 2985 亿元，其中，住院异地就医 1627 万人次，就医费用 2845 亿元。住院费用跨省直接结算 440.59 万人次，涉及医疗费用 1070.20 亿元，医保基金支付 624.63 亿元。对于异地就医结算，如何控制费用增长，是异地医保

① 《刘积仁：中国医改的核心问题是支付问题》，网易财经，2019 年 7 月 5 日。

改革需要关注的重要问题，若异地就医结算医疗费用处于失控状态，改革难以进行。

一 城乡居民医疗保险制度

面对老龄化社会的到来与经济增速的下降，以及人们对卫生健康的需求递增，财政对医疗保险基金的支持力度不断加大，以城乡居民医疗保险制度的为例，实施中央与地方分档分担办法，对于中西部地区，中央财政承担了主要责任。

2017 年参加城乡居民基本医疗保险的人数为 87359 万人，城乡居民基本医疗保险基金累计结存 3535 亿元[1]。为提高参保比例，中央财政与地方财政在城乡居民医疗保险制度的"入口"与"出口"两个实操环节上都做出了巨大努力，随着报销比例的扩大，财政的支付作用将更加明显。2018 年《政府工作报告》提出要提高基本医保和大病保险的保障水平，城乡居民基本医保人均财政补助标准再增加 40 元，其中一半用于大病保险。国家医保局等四部门联合发布的《关于做好 2018 年城乡居民基本医疗保险工作的通知》提出，各级财政人均补助标准在 2017 年的基础上新增 40 元，达每人每年不低于 490 元。2018 年城乡居民基本医疗保险人均筹资 693 元，比上年增加 88 元，增长 14.5%；人均财政补助 497 元，比上年增加 58 元，增长 13.2%[2]。全国城乡居民基本医疗保险人均财政补助标准由 2014 年的 240 元提高到 2018 年的 450 元，中央与地方财政"入口"补贴总量由 2014 年的 754.824 亿元增加到 2017 年的 3581.719 亿元[3]。城乡居民医疗保险报销水平有了较大幅度的提升，以广州市为例，2017 年广州市修订《广州市城乡居民社会医疗保险办法》，并于 2017 年 12 月 29 日正式实施，有效期 4 年，该办法大幅提升了参保人的待遇水平，包括降低住院起付标准和提高住院报销水平（见表 11-2、表 11-3）。

---

[1] 参见人社部发布的《2017 年度人力资源和社会保障事业发展统计公报》。
[2] 参见国家医保局发布的《2018 年全国基本医疗保障事业发展统计公报》。
[3] 根据人社部发布的历年《人力资源和社会保障事业发展公报》推算。

表 11-2　未成年人与在校学生新旧住院待遇对比

单位：元，%

定点医疗机构等级	2017 年		2018 年		2019 年	
	起付标准	报销比例	起付标准	报销比例	起付标准	报销比例
一级	300	85	150	90	150	90
二级	600	75	300	85	300	85
三级	1000	65	500	70	500	80

表 11-3　非从业居民与老年人新旧住院待遇对比

单位：元，%

定点医疗机构等级	2017 年		2018 年		2019 年	
	起付标准	报销比例	起付标准	报销比例	起付标准	报销比例
一级	300	85	150	90	150	90
二级	600	70	300	80	300	80
三级	1000	55	500	60	500	70

由表 11-2、表 11-3 可知，从 2018 年起，起付标准均降低了一半，2019 年起三级定点医疗机构的报销比例较 2018 年又有所提高，以鼓励首诊制。

个人报销金额 =（住院费用 - 起付金 - 自费部分）× 报销比例

江苏扬州市 2018 年也调整了大病保险待遇报销标准：

大病保险合规可报销费用 = 城乡居民基本医保报销后个人承担的合规医疗费用 -
大病保险起付标准

大病保险起付标准暂定为 15000 元，按费用高低分段确定报销比例，实行累加补偿，不设最高支付限额。报销比例具体如下：1.5 万元至 6 万元（含）报销 50%；6 万元至 10 万元（含）报销 55%；10 万元至 15 万元（含）报销 60%；15 万元以上报销 65%。除此之外，恶性肿瘤、血液透析、血友病及肝、肾器官移植患者 15 万元以上的合规医疗费用报销 70%。参保困难人员大病保险起付标准比普通参保患者低 50%，大病保险各分段报销比例比普通参保患者提高5个百分点。

2016~2020年，基本公共卫生服务经费人均财政补助标准从45元提高到74元，增加64.4%。"十三五"期间，中央财政累计下达基本公共卫生服务补助资金2297亿元，支持提高基本公共卫生服务水平，促进基本公共卫生服务均等化；下达重大传染病防控经费980亿元，支持实施国家免疫规划，开展艾滋病、结核病等重大传染病防控工作。2016~2020年，中央财政共下达城乡居民医保补助资金14484亿元（含新疆生产建设兵团和农垦总局），城乡居民医保财政补助标准从2016年的每人每年420元提高到2020年的每人每年550元，个人缴费标准相应提高。为进一步提高大病保障能力，2018年和2019年，城乡居民医保年人均新增财政补助中的一半被用于大病保险，资助符合条件的困难群众参加基本医疗保险，对其难以负担的基本医疗自付费用给予补助，开展疾病应急救助，支持深度贫困地区提高农村贫困人口医疗保障水平。2016~2020年，中央财政共下达医疗救助补助资金（含中央专项彩票公益金）1210亿元，其中，2018~2020年，中央财政每年均通过医疗救助渠道安排40亿元专门用于支持"三区三州"等深度贫困地区，提高农村贫困人口医疗保障水平，实现医疗保障托底。

此外，建立在城乡居民医疗保险制度基础上的长期护理保险对财政的依赖度要大于城镇职工长期护理保险，在大部分情况下，其财政依赖度都高于60%。财政补助长期以来在我国的城乡居民医疗保险制度的资金筹集中就占据较大比例，而长期护理保险制度的资金筹集需要划拨医保基金以及政府补助，这势必会加重我国的财政负担。总体而言，近年来我国城乡居民医疗保险的福利性水平有了进一步的提升，入口端有财政资金作为补贴，出口端的报销比例上升了一个新的台阶，起付标准也大大降低了，基本上已接近极限。

二 城镇职工医疗保险制度

城镇职工医疗保险制度实行社会统筹与个人账户相结合的财政体制和市县级统筹体制，起始于1998年。用人单位的缴费比例为工资总额的6%左右，个人缴费比例为个人工资的2%，各省（区、市）用人单位的缴费比例有所差别。单位缴费的医疗保险费用一部分用于建立社会统筹基金，一部分根据年龄的大小划入个人医疗账户，统筹基金主要用于住院和部分慢性病门诊治疗的费用，有起付标准和最高支付额，个人账户基金主要用于支付门诊费用，城镇职工医疗保险相关统计数据一览如表11-4所示。

表11-4 城镇职工医疗保险相关统计数据一览

单位：万人，亿元，%

年份	职工参保人数	离退休职工参保人数	基金收入	基金支出	期末滚存结余基金
1998	402	108	20	16	10
1999	470	124	25	17	18
2000	4332	170	124	89	—
2001	5471	1815	384	244	253
2002	6926	2474	608	409	451
2003	7975	2927	890	654	379/291
2004	9045	3359	623	464	553/405
2005	10022	3761	1405	1079	750/258
2006	11580/236（农）	4152	1747	1277	1077/675
2007	13420/3131（农）	4600	2257	1562	2477
2008	14988/4266（农）	5008	3040	2084	2290/1142
2009	16410/4335（农）	5527	3672	2797	2882/1394
2010	17791/4583（农）	5944	4309	3538	3007/1734
2011	18948/4641（农）	6279	5539	4431	3518/2165
2012	19861/4996（农）	6624	6939	5544	4187/2697
2013	20501/5018（农）	6942	8248	6801	4807/3323
2014	21041/5229（农）	7255	9687	8134	5537/3913
2015	21632/5166（农）	7531	11193	8114	6568/4429
2016	21720/4825（农）	7812	13084	10767	7772/5200
2017	22288/6225（农）	8034	17932	14422	9679/6152
2018	23308	8373	13538	10707	11466/7284
2019	32925	8700	15845	12663	14128/8426

续表

年份	职工参保人数	离退休职工参保人数	基金收入	基金支出	期末滚存结余基金
2020	34455	9026	15732	12867	15327/10096
2021	35431	9324	19003	14747	17686/11754
平均发展速度	122.51(全口径)	124.30	138.52	138.44	145.76(全口径)
平均增长速度	22.51(全口径)	24.30	38.32	38.44	45.76(全口径)

注：表中的"（农）"为农民工参加城镇职工医疗保险的人数；"期末滚存结余基金"中"/"前面的数据为统筹账户积累基金，"/"后面的数据为个人账户积累基金。

资料来源：根据人社部发布的历年《人力资源和社会保障事业发展统计公报》和国家医保局发布的《全国基本医疗保障事业发展统计公报》整理。

人社部发布的历年《人力资源和社会保障事业发展统计公报》未能反映财政对城镇职工医疗保险的补贴数据。在财政部 2017 年财政收支情况中，医疗卫生与计划生育支出 14600 亿元，公共卫生事业支出经费中包含了对城镇职工医疗保险的财政补贴，没有专门的官方统计数据。在新医改之前，在各个流通环节允许药品加成 15%，药品销售收入占医院总收入的 42%左右，政府财政补贴比例在 7.0%左右（见图 11-3）。新医改提出取消药品加成，监管越来越严格，要求加大财政投入的呼声日趋高涨。

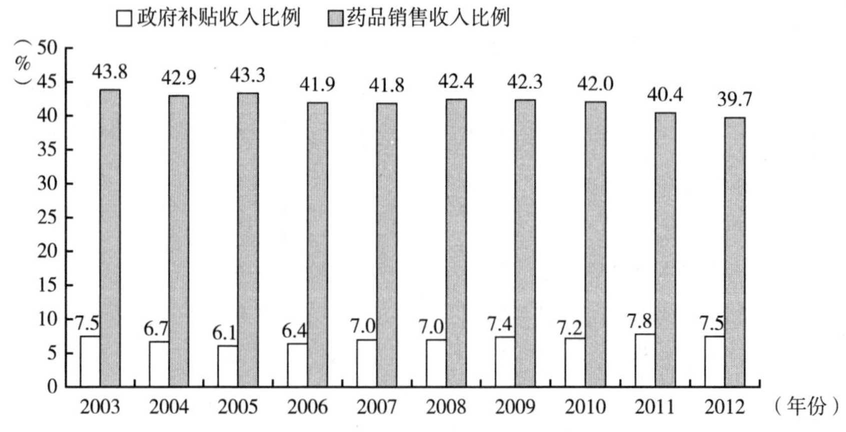

图 11-3　2003~2012 年政府补贴与药品销售收入示意

　　城乡医疗救助也是政府的一个较大的补贴项目，为了支持各地进一步完善城乡医疗救助制度，全面开展重特大疾病医疗救助工作，中央财政2018年下达城乡医疗救助补助资金126.2亿元（不含疾病应急救助补助资金，下同），加上已提前下达的107.9亿元和在新疆生产建设兵团部门预算中安排的0.9亿元，2018年共下达城乡医疗救助补助资金235亿元，由各地统筹用于做好资助城乡困难居民参加城镇居民基本医疗保险和新型农村合作医疗，对城乡困难居民符合规定的医疗费用给予资助以及全面开展重特大疾病医疗救助等工作。从报销比例看，近年来，报销比例呈提高趋势，参保者的负担减轻了，政府负担加重了。往年平均报销比例远高于平均缴费率，从经费出口端来看，财政补贴的作用功不可没。各省（区、市）医疗费用报销比例对比如图11-4所示。

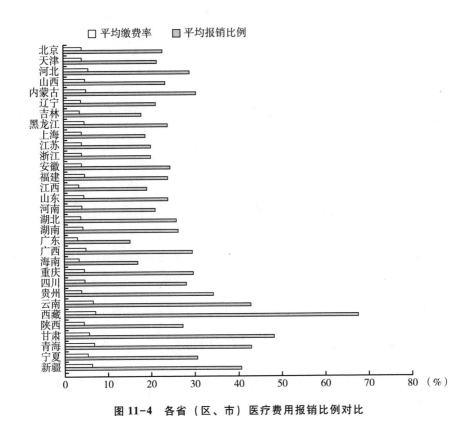

图11-4　各省（区、市）医疗费用报销比例对比

不同地区、不同时间的报销比例有所差异，以北京城镇职工医疗保险报销比例为例，在职职工到医院的门诊、急诊看病后，2000元以上的医疗费用才可以报销，报销比例为50%；70周岁以下的退休人员，1300元以上的费用可以报销，报销的比例为70%；70周岁及以上的退休人员，1300元以上的费用可以报销的比例为80%。北京的做法是退休者年龄越大，报销比例越高，在职职工的报销条件要求更高一些。根据社会保险的刚性原则，理性地看待报销比例问题，如果报销比例上升过快，可能会不利于医疗保险的可持续发展，要把握好满足患者的报销意愿与控制医疗保险经费的平衡。

$$个人报销比例 = 统筹报销额／（医疗费总额 - 全自费额 - 起付标准额 - 部分先自付额）× 100\%$$

此前全国政协的一个调研显示，各地的重复参保率在10%以上，个别地方甚至达30%[①]。一些农民工在当地加入了城乡居民医疗保险，到城镇务工后又参加了城镇职工医疗保险，不但加重了个人负担，也增加了财政负担。如果按照10%的比例估算，2017年末，参加城镇职工基本医疗保险的农民工有6225万人，以2017年各级财政对居民医保的补助标准为人均450元计算，财政重复补贴可能超过280亿元人民币。这是一个最低的估计数据，实际数据可能比这大得多，许多农民工到城镇务工，企业迅速为农民工缴纳"五险一金"，是否重复参保无人过问，造成了财政补贴的巨大损失。

第二节　非医保因素对医保基金偿付能力的影响

医疗费用增速超过GDP增速是常态，分析医疗费用快速增长的原因，非医保因素不可低估，生态问题、制度管理问题、不当医疗行为与思想观念等都促使医疗费用增长，影响了医疗保险费用正常的偿付能力，造成了浪费。

一　生态安全问题隐性高抬了医疗费用

改革开放40多年来，在中国经济突飞猛进的同时，也伴随着一系列生态问题。2013年1月14日《中国气候公报》公布，2013年的霾天创52年来最

---

① 汤南：《广东千亿社保基金委托经营延期三年》，《广州日报》2015年7月22日。

多。大气污染致使心血管疾病、呼吸系统疾病等的发病率增加。从全世界范围来看，大气污染是肺癌的一个致病因子，中国发病率最高的癌症是肺癌，2012 年全球新增肺癌病例 180 万，死亡人数 159 万，其中超过 1/3 的病例出现在中国①。

据广州市《2013 年广东农村民意白皮书》，在广东农村环境污染导致的不适类型中，不适者选择"呼吸道疾病"的占 64%，选择"咽喉类疾病"的占 41%，选择"皮肤类疾病"和"失眠、烦躁类疾病"的分别占 24% 和 22%。在工业化进程中，农村土地和水资源受到不同程度的污染。广州市社情民意研究中心的调查显示，在广东省经济发展水平最高的珠三角地区，居民对环境状况的满意度最低，对空气、水及土壤等具体环境的不满意度在各地区中最高，且三年来不满意度逐年提高。尤其是空气环境，珠三角地区居民对其的不满意度在 2013 年高达 45%，较 2011 年上升 17 个百分点。对于空气质量，近半数居民认为越来越差，而且多达 71% 的人表示生活已受到影响，高出其他地区近 15 个百分点。对于水环境，居民满意度也进一步下降，不满意度较 2011 年上升 8 个百分点，至 40%，满意度则降至 26%。对土壤环境的满意度同样呈下降趋势，三年来不满意度翻了一倍。

为此，要尽快实行土地健康养护、水环境污染与空气环境污染防治问责制，同时明确造成污染的行为人对污染的防治、人身健康的损害、农民收益的损失等承担责任。政府应调动一切资源，重点监管生态环境引发的土地安全、水源安全及食品安全乃至公民健康问题，谨防这些因素致使医疗费用支出的成本压力加大。

二　思想观念与医疗行为的改变使医疗费用支出增加

1. 剖宫产率过高，花费了更多的生育保险费用

我国一些大城市的剖宫产率曾高达 50% ~ 60%，但是在 20 世纪 80 年代，中国剖宫产率低于 5%，而欧美国家剖宫产率在 10% ~ 15%，最低控制在 3% 以内。

其一，中国是世界上剖宫产率最高的国家之一。2010 年有 1600 万婴儿出

───────────

① 《世卫组织报告称四种癌症新增病例中国居全球之首》，《海峡都市报》2014 年 2 月 10 日。

生，其中将近一半是剖宫产。其二，在多种因素的共同影响下，孕产妇对于分娩存在不同程度的恐惧，这也是导致剖宫产率上升的主要原因之一，但剖宫产存在一定的手术风险，且给产妇造成的影响也较大。所以临床医生一般建议在产妇身体条件允许的情况下，最好选择阴道分娩。而围生期护理对于孕妇分娩方式的选择及妊娠结局的影响较大。

原创力知识共享平台分享的资料《剖腹产成功率及术后两大微症》显示，如果产妇选择剖宫产，其面临的从血栓、感染到麻醉剂并发症在内的死亡风险要比选择自然分娩高出 3.6 倍，而且剖宫产产妇在孩子出生后面临的死亡风险也会比通过阴道分娩高得多。既然如此，我们为何不能让更多的人选择阴道分娩，既可以维系更多孩子与母亲的健康，又能节约生育费用与后续医疗费用。

2. 滥用抗生素等药物增加了巨额的医疗费用

20 世纪 90 年代初，我国公立医院就开始实行"全额管理、定额补助、超支不补、结余留用"政策，由于政府所拨经费不足以维持医院的正常运行，药品收入加价 15%便成为除服务收费和政府补助外医院之外的主要收入之一，流通环节过多，层层加码与回扣使输液成为医疗行为的一个赢利渠道。

输液相比口服药物有更明显的功效但具更大的危险性，在国外医疗管理中，输液受到严格控制，建立了较为完善的医疗质量考核监控体系：一是如果某位医生的输液量过高，将会被约谈，需要做出合理的解释；二是医疗保险机构也会介入调查医生的不良行为，一旦医生不能做出符合医疗需求的解释，该医生很可能面临被吊销医疗执照的处分，或者其处方不能得到医保报销。在严格的制度监管之下，各医生必须避免非理性医疗行为。

医生的道德风险行为通常被称为供给诱导需求，在卫生经济学中，往往用委托-代理理论来描述和分析这种医患关系。世界卫生组织 2012 年的一份相关资料显示：中国医院住院患者的抗生素使用率高达 80%，其中使用广谱抗生素和联合使用两种抗生素的占到 58%，远远高于 30%的国际水平。

如果医院在医疗服务和药品销售上具有垄断地位，那么医院及医生就有可能借助高价药品来谋取尽可能大的经济利益。滥用抗生素会造成毒副作用、过敏反应、二重感染、耐药四重危害。据报道，滥用抗生素造成 30 万中国 7

岁以下儿童耳聋，占总体聋哑儿童的 30%～40%，在住院的感染病患者中，耐药菌感染的病死率为 11.7%，普通感染的病死率只有 5.4%[①]。广东省妇幼保健院教授常燕群在接受采访时透露，我国儿科疾病占所有就诊人数的 20%，不合理用药比例高达 12%～32%，儿童药物不良反应率是成人的 2 倍。例如，据中国聋儿康复研究中心的统计，我国 7 岁以下聋儿超过 30% 是药物过量造成的毒副作用所致[②]。

3. 重复检查浪费了大量的医疗费用

重复检查造成了医疗费用的极大浪费，也加大了患者的负担甚至耽误了就诊时间，如何节约医疗费用，减少重复检查，以加拿大维多利亚医院（Royal Jubilee Hospital）医疗信息整合中心为例，医院医疗信息整合中心将同一样本送到不同医院，患者在任何一家医院检查的 X 光、超声波、心电图、生化指标等全部由医疗信息整合中心负责保管，发送到转治医院，住院期间的全部信息传送到医疗信息整合中心，保证信息共享，这一做法值得我国借鉴。

我们欣喜地看到，在用药方面，各大医院已加强了对针剂、抗生素药物的控制与使用，取得了良好的效果。剖宫产率得到了一定控制，并将生育保险与医疗保险合并在一起，降低了管理成本，产生了一定的经济效益。

三　套取医保基金形成灰色产业链或是严重侵吞医疗费用

套取医保基金形成灰色产业链。一是根据国家有关规定，医保卡里的钱，只能在定点医院看病或在定点药店买药时才能使用，然而"医保卡兑换现金"的小广告却经常可见，无疑这已形成了一条灰色产业链。除此之外，医保类电话诈骗案件也屡见不鲜，诈骗者声称参保人的社保卡（医保卡）已被冻结或有异常需要处理，以此骗取参保人的身份证号、社保卡（医保卡）号、密码等个人信息，甚至骗取参保人银行卡号并要求转账到其指定的所谓的"基金安全账号"。二是一些定点医疗机构存在欺诈、骗取医疗保险基金等违法违规行为，影响了医疗保险基金使用的合法性与合规性，

---

① 石珊珊：《儿童滥用抗生素的危害》，http：//ask. 39. net/question/39548209. html。
② 《7 岁以下聋儿超三成是药物过量所致》，《深圳晚报》2013 年 5 月 9 日。

包括冒名顶替、挂床住院、虚记费用、串换药品或诊疗项目、伪造证明或骗取基本医疗保险基金的行为。除此之外，一些医院存在将基本医疗保险不予支付的医药项目变通记入基本医疗保险予以支付的项目及为不符合条件的参保人员办理特殊疾病的行为或是利用门诊特殊疾病的患者超量购药、搭车开药、从中牟利的行为。

加强医疗费用监管是我国急需解决的一大突出问题，如北京朝阳区检察院查获一起孤寡老人的照料者先后 8 次拿着假票据，与退休医生共同诈骗，从社保中心领取了 27 万余元的医保报销款的诈骗案。又如河南省破获一起 4 个市级和 31 个县的医疗机构等单位通过虚假病例、挂床住院、滥开药物等手段套取医保资金 1366 万余元的诈骗案。我国医疗保险监管中急需要建立多元监管体系，多管齐下控制假票据、查处假住院等各种骗保行为。

第三节　基于安德森模型的老年人医疗支出的影响

随着中国人口老龄化程度的加深，各种慢性病与新增疾病谱系的增加，老年人的医疗支出增长提速，对医疗基金提出了越来越高的要求。本书基于安德森（Andersen）医疗服务利用行为模型框架（安德森模型），利用中国健康与养老追踪调查（CHARLS）2015 年的数据，建立影响中国老年人医疗卫生支出的 Tobit 模型，结果表明：安德森模型在一定程度上解释了影响中国老年人医疗支出的原因；老年人的心理健康情况与其医疗支出显著相关；社会支持在老年人的生活中具有重要作用，社会支持度越高，心理越健康积极，老年人患病越少，从而在医疗方面的开支就越少。因此国家应加大积极老龄化社会的建设，通过构建积极的老龄化社会缓解伴随着老龄化程度加深出现的各种问题。

一　老年人医疗支出比重加大

随着中国老龄化社会的到来，老年人对医疗服务使用的大幅增加，医疗费用问题日渐突出。党的十九大报告提出了实施健康中国战略，而"健康中国"包含了积极应对人口老龄化的要求。民政部公布的数据显示，截至 2020 年 11 月，中国 60 岁以上老年人口已达 2.64 亿人，占总人口的 18.7%，预计到 2050 年，老年人口总数将超 4 亿人，老龄化水平将达 30% 以上[①]。与此同时，中国的人均卫生费用不断攀升。《2021 年我国卫生健康事业发展统计公报》显示，2021 年全国卫生总费用初步推算为 75593.6 亿元，其中，政府卫生支出 20718.5 亿元，占 27.4%；社会卫生支出 33920.3 亿元，占 44.9%；个人卫生支出 20954.8 亿元，占 27.7%。人均卫生总费用为 5348.1 元，卫生总费用占 GDP 的比例为 6.5%。为应对人口老龄化与医疗卫生费用支出的挑战，中国的医疗卫生体制改革正在进行。为控制医疗费用的不合理增长，医疗保险的支付方式逐步从后付制向预付制转变。原卫生部的资料显示，60 岁以上老年人慢性病患病率是全部人口慢性病患病率的 3.2 倍，伤残率是全部人口伤残率的 3.6 倍，老年人平均消耗的卫生资源是全部人口平均消耗的卫生资源的 1.9 倍。原卫生部部长陈竺曾指出，"未来 30 年中国的慢性病将处于一个井喷的时期，部分省份的高血压患者每 10 年增加 1 倍，糖尿病患者每 5 年增加 1 倍"。

老年人的医疗费用支出问题成为中国在医疗卫生发展的进程中必须重点解决的一个问题。医疗费用支出作为老年人使用医疗卫生服务的重要指标，具有一定的研究意义。本书基于安德森模型，利用 2015 年 CHRALS 问卷调查数据，探讨影响老年人医疗支出的因素，研究的意义主要在于以下两个方面。

（1）通过实证研究明确哪些因素在影响着老年人医疗支出，从而可以有针对性地采取措施，有效地控制医疗费用支出，提高老年人的医疗水平。

（2）安德森模型是国外学术界公共卫生管理领域的一项重要研究成果，近年来在我国深受关注，被广泛应用于老年人研究，并在不断地本土化。以安德森模型作为基本的研究框架对老年人医疗支出的影响因素进行实证分析将有助于为安德森模型的本土化运用提供一些新的经验数据。

---

① 高建刚、王冬梅：《城镇居民医疗支出的不均等性及影响因素分析》，《经济经纬》2010 年第 3 期。

二 老年人医疗的相关文献

(一) 安德森模型的应用

国外公共卫生管理领域的学者安德森在 1968 年提出了医疗服务利用模型，该模型在国外受到不少关注。李月娥和卢珊对安德森模型的应用进行了总结，认为该模型应用于住院服务、心理健康服务、医疗服务费用、药物使用、护理服务、老年人生活质量以及疾病筛查等[①]。A. Laurie（A. 劳丽）、Junfang Wang（琼范王）、L. Hochhausen（L. 霍钱豪森）、Dirk Heider（德克·海德）、Ronald Anderson（罗纳德·安德森）、Hawranik（霍兰克）、Pamela（帕梅拉）、K. Larsson（拉尔森）、M. Thorslund（M. 索罗斯露德）、M. Baernholdt（M. 贝姆霍里特）、P. B. Wright（P. B. 赖特）等也对此开展了相关研究。其中，Dirk Heider（德克·海德）等通过实证分析发现，在德国需求因素对总医疗支出、住院支出、护理性支出有显著影响。但是安德森模型在中国的应用仍处于起步阶段，学者们在机构养老意愿、社区居家护理选择意愿、失能老年人长期照顾等方面检验了安德森模型，在医疗支出方面，有学者尝试运用其进行分析，但是数据不够新，在指标选取方面仍有欠缺。

(二) 老年人医疗支出的影响因素

从现有研究来看，影响城市老年人医疗支出的因素是复杂的，可以大致分为人口统计特征变量、健康状况、家庭能力、地区现状、社会经济地位、医疗保险和教育程度七大类，可以归纳至安德森模型中的前置性因素、使能性因素和需求性因素中。

健康状况是影响医疗支出的最直接的因素，疾病风险越高使用医疗服务的可能性越高，在医疗卫生领域的支出占比越高。经济因素是影响老年人医疗支出的次要因素。老年人由于生理原因对医疗卫生服务存在刚性需求，老人的需求能否得到充分满足还受老年人及其家庭的经济情况的影响。胡宏伟

---

① 李月娥、卢珊：《安德森模型的理论构建及分析路径演变评析》，《中国卫生事业管理》2017年第 5 期。

等的研究发现：慢性病对老年人医疗保健支出的影响突出①。高建刚和王冬梅运用 DID 方法分析提出：影响家庭医疗支出总额的主要因素之一是家庭可支配收入②。陈培榕等用 2011~2012 年的 CHRALS 数据实证检验了"健康状况和经济医疗保障水平是老年人医疗服务利用的主要影响因素"这一点③。

　　医疗保险对老年人医疗支出的影响显著，医疗保险对老年人医疗支出的作用是增加还是减少仍存在一定的争议。温劭君和宋世斌发现医疗保险使老人的总医疗支出显著增加约 19%④。胡宏伟等用普通最小二乘法和工具变量方法研究发现，城镇居民医疗保险没有显著增加老年人的家庭负担⑤。马宁宁和李勇发现，"医疗保险显著增加老年人患病后及时就医的概率的同时，也会降低医疗卫生费用支出，医疗保险对老年人就医行为及费用支出有显著的积极作用"⑥。医疗保险对老年人医疗支出是否存在显著影响，影响为正向还是负向，两者间的相关性有多强还缺乏统一的实证定论。

　　关于人口特征对医疗支出的影响，学者已有不少研究。宋璐和左冬梅研究发现：女性大病成员医疗支出显著低于男性，老年大病成员医疗支出显著低于其他年龄组成员⑦。封进等认为：城市居民的人均医疗支出随年龄的增长而显著增加，农村居民的人均医疗支出与年龄增长的关联并不显著⑧。但是，对于如何针对人口统计学变量即人口特征提出医疗支出建议的相关研究也有待补充。

---

① 胡宏伟、张小燕、郭牧琦：《老年人医疗保健支出水平及其影响因素分析——慢性病高发背景下的老年人医疗保健制度改革》，《人口与经济》2012 年第 1 期。

② 高建刚、王冬梅：《城镇居民医疗支出的不均等性及影响因素分析》，《经济经纬》2010 年第 3 期。

③ 陈培榕、吴拉、朱丽莎：《老年人医疗服务利用及其影响因素分析——基于中国健康与养老追踪调查的数据》，《中国社会医学杂志》2015 年第 2 期。

④ 温劭君、宋世斌：《医疗保险对我国农村老年人健康需求的影响研究》，《中国卫生经济》2013 年第 7 期。

⑤ 胡宏伟、张澜、李佳怿、杜雅轩、王静茹：《城镇居民基本医疗保险会加重老年人医疗负担吗？——基于家庭医疗负担的制度评价》，《老龄科学研究》2010 年第 4 期。

⑥ 马宁宁、李勇：《我国老年人医疗卫生费用支出影响因素实证分析》，《中国药物评价》2016 年第 3 期。

⑦ 宋璐、左冬梅：《农村老年人医疗支出及其影响因素的性别差异：以巢湖地区为例》，《中国农村经济》2010 年第 5 期。

⑧ 封进、余央央、楼平易：《医疗需求与中国医疗费用增长——基于城乡老年医疗支出差异的视角》，《中国社会科学》2015 年第 3 期。

通过梳理已有研究，本研究尝试以安德森模型为分析框架，构建实证分析模型。在此基础上，运用 2015 年 CHARLS 的数据，以老年人为研究对象，揭示老年人医疗支出的现象差异及造成这种差异的内在与外在原因，探索缓解医疗支出压力的有效途径。

三　研究设计

（一）数据来源

本研究将运用安德森模型对 2015 年 CHARLS 调查数据进行追踪分析。中国健康与养老追踪调查（China Health and Retirement Longitudinal Study，CHARLS）是由北京大学国家发展研究院主持、北京大学中国社会科学调查中心执行的大型长期追踪调查项目，CHARLS 于 2011 年在全国展开，覆盖 150 个县级单位，450 个村级单位，约 1 万户家庭中的 1.7 万人，旨在收集一套代表中国 45 岁及以上中老年人家庭和个人健康和养老状况的高质量微观数据，这些样本每两年追踪一次，调查结束一年后，数据将对学术界公开。本研究运用的是 2015 年的 CHRALS 数据，数据库总样本量为 16406 个，在删除无效值与极端值后，样本总量为 7581 个。

（二）研究假设

安德森于 1968 年提出了医疗服务利用模型，最初用于分析家庭服务医疗利用的影响因素，自创建以来经历了五次修正。本研究借鉴得到最大认同的安德森模型原始版本，分析前置性因素、使能性因素与需求性因素如何影响中国老年人的医疗支出。在 2015 年 CHARLS 数据中，前置性因素包括年龄、性别、婚姻状况、受教育程度，使能性因素包括户口、家庭收入、医疗保险、生活满意度、社会支持，需求性因素包括疾病数量、自评健康、身体健康（PCS）、心理健康（MCS）。根据安德森的论述，三类因素对医疗行为存在显著影响，本研究提出以下假设。

H1：需求性因素与老年人医疗支出有显著相关关系。

H2：使能性因素与老年人医疗支出有显著相关关系。

H3：前置性因素与老年人医疗支出有显著相关关系。

（三）研究方法

由于医疗支出变量存在较多的 0 值，且删去后会严重影响样本结果，数据不符合典型的正态分布，故排除线性回归模型。本研究运用 Tobit 模型分析前置性因素、使能性因素与需求性因素对医疗支出的影响。首先对三类因素进行描述统计，简单分析数据的分布情况，然后探索三类因素间的相关性与多重共线性以避免自变量间的内生性，最后运用 Tobit 模型逐步构建影响老年人医疗支出的因素。

四　研究结果

（一）自变量

在样本中，63.1%的老年人属于年轻老年人，93.7%的老年人受教育程度在小学及其以下，女性的占比与男性相当，20.2%的老年人处于单身状态，即在婚姻中处于鳏寡状态或未婚状态。在受教育程度方面，由于成长背景的关系，老年人受教育程度普遍在小学及其以下。年轻老人居多的老龄化结构会带给医疗服务巨大的潜在压力。

样本的人口学特征与我们在社会上观察到的特征相似，样本具有一定的代表性，此外样本中 27.4%的老年人来自农村，72.6%的老年人来自城市，医疗保险覆盖率高达 97.3%。由于中国家庭保障在养老中具有重要作用，因此用家庭收入衡量老年人群体的收入。家庭年收入均值为 23366元，老年人晚年的经济水平因家庭、地区存在差异，标准差为 12479 元，家庭收入最高的可达每年 40 万元，但是仍然存在家庭年收入为 0 元的家庭。由此可见，对于不同的家庭而言，老年人的医疗费用支出压力各不相同。

在社会支持维度中，运用经济支持量化老年人获得的社会支持，社会支持包括来自孩子与父母的经济支持。样本中 36.4%的老年人得到每月2000 元以上的社会支持。家庭收入与社会支持均可说明，老年人的养老与医疗责任主要落在了家庭身上，家庭扮演着重要的角色。老年人对生活总体感到满意，认为不满意的仅占 8.0%，这说明中国老年人对待晚年生活的态度普遍比较积极。

在需求性因素方面，由于生理原因，老年人群体对医疗服务具有刚性需求。但是在主观与客观的健康评价中，老年人自我感觉远远优越于自身的客观健康情况。从客观健康来看，不论是疾病数量还是身体健康（PCS）分数，均表明中国老年人健康情况不容乐观。患有慢性疾病老年人的比例高达99%，其中大部分患有1种到3种疾病。

身体健康（PCS）分数计算中，满分为100分，分数越高代表老年人的生活越无法自理。身体健康（PCS）的均值为55.60分，众数为52分，即老年人在生活中无法自理的约占50%，老年人或多或少地需要得到他人的照料。但是在自评健康情况中，30.1%的老年人认为自己健康，认为健康情况一般的约有五成，认为自己不健康的有1686人，占22.2%。进一步反映中国老年人心态积极状况的是心理健康（MCS）分数，该分数满分为100分，分数越高代表老年人心态越积极，消沉与抑郁的情绪越少。心理健康（MCS）的均值为78.54分，最小值也为71分，即老年人整体心态积极乐观。在需求性因素方面，老年人对自身医疗服务需求的主客观认识存在鲜明差异（见表11-5）。

表11-5 描述统计

变量			频数（次）	百分比（%）
前置性因素	年龄	1=60~69岁	4783	63.1
		2=70~79岁	2114	27.9
		3=80岁及其以上	684	9.0
	性别	0=男	3746	49.4
		1=女	3835	50.6
	婚姻状况	0=单身	1530	20.2
		1=已婚	6049	79.8
	受教育程度	1=小学及其以下	7103	93.7
		2=中学	353	4.7
		3=大学及其以上	125	1.6

续表

变量			频数（次）	百分比（%）
使能性因素	户口	1＝农业	2076	27.4
		2＝城市	5505	72.6
	家庭收入		均值:23366元 最大值:400000元 最小值:0元 标准差:12479元	
	医疗保险	0＝无	202	2.7
		1＝有	7379	97.3
	生活满意度	1＝满意	2978	39.3
		2＝一般	3420	45.1
		3＝不满意	607	8.0
	社会支持	1＝0元	3351	44.2
		2＝1~2000元	1471	19.4
		3＝2001元及其以上	2759	36.4
需求性因素	疾病数量	0＝无	73	1.0
		1＝有	7508	99.0
	自评健康	1＝健康	2285	30.1
		2＝一般	3610	47.6
		3＝不健康	1686	22.2
	身体健康（PCS）		均值:55.60分 最大值:100分 最小值:41分 众数:52分 标准差:8.73分	
	心理健康（MCS）		均值:78.54分 最大值:100分 最小值:71分 众数:73分 标准差:6.15分	

注：婚姻状况缺失值为2，生活满意度缺失值为576，身体健康（PCS）缺失值为10。

（二）因变量

老年人医疗费用年支出额平均值为 4668.63 元，最大值为 100 万元，最小值为 0 元，标准差为 16317.90 元，个体间的差异较大（见表 11-6）。80 岁及以上老年人的平均医疗支出费用为 6200.90 元，70~79 岁老年人的平均医疗支出费用为 4529.04 元，60~69 岁老年人的平均医疗支出费用为 4512.39 元。女性的医疗支出较男性高，女性老年人较男性老年人平均每年多支出 300 元。国家统计局数据显示，2014 年人均卫生费用为 2581.66 元，2015 年人均卫生费用为 2980.80 元。从样本数据来看，中国老年人的医疗支出费用高于全国人均卫生支出费用。

表 11-6　医疗费用支出描述统计

因变量	均值（元）	标准值（元）	最大值（元）	最小值（元）	样本数（份）
医疗费用年支出额	4668.63	16317.90	1000000.00	0.00	7581

（三）Tobit 模型实证

在模型构建前，首先对样本进行相关性分析，初步探索自变量与因变量的关系，减少模型构建时的错漏。数据表明，老年人的医疗支出与年龄、性别、户口、生活满意度、社会支持、自评健康显著相关，Lambda 系数分别为 0.006、0.026、0.004、0.002、0.004、0.029、0.167、0.011，且 sig 值均小于 0.005。同时，老年人医疗费用支出与身体健康（PCS）、心理健康（MCS）存在显著的相关关系，斯皮尔曼相关系数分别为 0.039 和 -0.330，且 sig 值为 0.000。这说明需求性因素对老年人医疗支出的影响最为明显，在进行回归分析时应首先考虑需求性因素。在构建模型前对方程进行多重共线性检验，可减少自变量间的内生性问题对模型的影响。多重共线性检验表明，需求性因素存在一定的多重共线性，因此用身体健康（PCS）与心理健康（MCS）即可代表主客观的需求。Tobit 模型对应的相关指标数值如表 11-7 所示。

表 11-7　**Tobit 模型对应的相关指标数值**

变量	Tobit 模型		
	模型一	模型二	模型三
需求性因素			
疾病数量	913. 1416	1065. 761	1210. 651
	(2173. 347)	(2338. 105)	(2336. 536)
自评健康	266. 8676	91. 46975	87. 52091
	(295. 2847)	(336. 2166)	(336. 1812)
身体健康(PCS)	40. 1314*	38. 10659*	41. 64522*
	(24. 22411)	(25. 69776)	(25. 76225)
心理健康(MCS)	-187. 0443***	-210. 0188***	-209. 1011***
	(34. 62325)	(37. 81259)	(37. 80453)
使能性因素			
户口		296. 9728	320. 0463
		(505. 5358)	(505. 919)
家庭收入		-0. 029209*	-0. 029262*
		(0. 0207271)	(0. 0207227)
医疗保险		259. 2298	292. 3746
		(1415. 28)	(1414. 222)
生活满意度		261. 1698	258. 8123
		(374. 9923)	(374. 888)
社会支持		-496. 1989**	-482. 2244**
		(257. 1582)	(257. 1776)
前置性因素			
年龄			497. 2145
			(365. 0708)
性别			256. 5507
			(461. 6666)
婚姻状况			-987. 0276*
			(599. 7138)
受教育程度			-1250. 541*
			(690. 8189)
	样本量=7571	样本量=7001	样本量=6999
	卡方=33. 29	卡方=38. 49	卡方=49. 27
	P 值=0. 0000	P 值=0. 0000	P 值=0. 0000
	Pseudo R^2=0. 0002	Pseudo R^2=0. 0003	Pseudo R^2=0. 0004

注：括号内为标准误；* 表示 P<0.1, ** 表示 P<0.05, *** 表示 P<0.01。

由于健康状况是影响医疗费用支出的直接原因，因此本研究首先将需求性因素与医疗支出构建为模型一，接着依次加入使能性因素与前置性因素构建模型二与模型三。三个模型的 P 值均为 0.0000，卡方值分别为 33.29、38.49、49.27，Pseudo R^2 值分别为 0.0002、0.0003、0.0004，这说明模型通过检验，且拟合度在三类因素均加入时解释力最强，符合安德森模型的解释。

需求性因素是影响医疗费用支出的直接因素，心理健康（MCS）较身体健康（PCS）对医疗支出的影响更为显著。在 99% 的置信区间下，心理健康（MCS）与医疗费用支出存在非常显著的负相关关系，心理健康（MCS）分数每提高 1 分，老年人在医疗方面少支出 187.0443 元。由于心理健康（MCS）在分值计算时分数越高代表老年人的心态越积极，因此两者的负相关可解释为情绪抑郁、消沉、萎靡的老年人在医疗方面的支出更多。

身体健康（PCS）与医疗费用支出在 90% 的置信区间内存在正相关关系，由于身体健康（PCS）在分值计算时分数越高代表老年人生活越无法自理，因此，这种正相关关系说明生活无法自理的老年人的医疗费用支出越高，老年人身体健康（PCS）每提高 1 分，即生活不能自理的分值每提高 1 分，其在医疗方面需要增加 40.1314 元的支出，这与先前学者们的研究契合，且符合安德森模型的原理。心理健康（MCS）对医疗费用影响的显著高于身体健康（PCS）因素，关注老年人的心理健康对改善医疗服务使用情况有积极的影响。

模型二中加入了使能性因素，模型的拟合度有所改善，其中家庭收入与医疗支出存在显著的负相关关系，社会支持与医疗支出在 95% 的置信区间内存在显著的负相关关系。老年人得到的社会支持每多 1 元，其在医疗费用上的支出便少 496.1989 元。这可能是由于获得社会支持越多的老年人平日得到的照顾更多，保健的理念更强，其身体与心理都更为健康，因此在医疗方面的支出更少。这说明，对于控制老年人对医疗服务的刚性需求而言，社会支持是重要的一个缓冲器。同时由于 97.3% 的老年人购买了医疗保险，医疗保险数据不符合正态分布规律，因此借助于数据无法较好地判断医疗保险对老年人医疗支出影响的正负性。

前置性因素在三类因素中对医疗费用的影响最小，婚姻状况与受教育程度因素与医疗费用支出呈负相关，鳏寡、未婚、受教育程度低的老年人的医疗费用支出更多。这可能是由于这类老年人得到的社会资源与社会照顾最少，其生理与心理的状况比平均水平差，因此其在医疗方面的支出更多。

从模型三可见，需求性因素、使能性因素和前置性因素均与医疗费用支出存在不同程度的相关关系，前置性因素最弱，使能性因素次之，需求因素最强。在影响老年人医疗支出的诸多因素中，健康状况是最直接的因素，社会支持是最主要的因素。

安德森模型在一定程度上解释了影响中国老年人医疗支出的因素。需求因素中的身体健康（PCS）、心理健康（MCS），使能性因素中的家庭收入、社会支持，前置性因素中的婚姻状况与受教育程度与老年人的医疗支持存在显著相关关系，且由三类因素共同构成的 Tobit 模型对医疗支出的解释力度更大。因此，可得出如下结论，老年人的心理健康情况显著影响老年人的医疗支出水平，社会支持在老年人生活中具有不可比拟的作用。社会支持力度越高，心理越积极健康，老年人患病越少，在医疗方面的支出也越少。这说明国家应加大对积极老龄化的投入，通过积极老龄化社会的构建来缓解医疗支出问题。

第四节　三项改革对医疗保险基金偿付能力管理的影响

2016 年新医改方案提出：深化医药卫生体制改革的总目标是建立覆盖城乡居民的基本医疗卫生制度，为群众提供安全、有效、方便、价廉的医疗卫生服务。医疗保险制度改革、医疗卫生体制改革、药品生产流通体制改革（统称为三项改革），缺一不可，任何一项改革滞后，或是三项改革不协同、不融洽，改革都难以成型。2010~2021 年的 GDP 增长率与医疗卫生费用总支出增长率相比，后者远高于前者（见表 11-8）。

表 11-8 2010~2021 年 GDP 年增长率与医疗卫生费用总支出增长率比较

单位：%

	2010 年	2011 年	2012 年	2013 年	2014 年	2015 年	2016 年	2017 年	2018 年	2019 年	2020 年	2021 年
GDP 增长率	10.60	9.60	7.90	7.80	7.30	6.90	6.70	6.80	6.70	6.0	2.2	8.1
医疗卫生费用总支出增长率	13.38	21.27	14.93	12.07	10.93	14.35	14.20	13.49	10.27	12.4	21.78	9.4

尽管个人卫生支出占比由 2011 年的 35.3% 下降到 2021 年的 27.7%，但如果按照人均支出额看，个人实际人均支出额由 526 元增加到 1425.55 元。三项改革的步伐加快，更加注重医保政策的公平性与可及性，将群众受益作为医保改革的出发点和立足点，主要表现为以下几点。

一 医疗保险制度改革

医疗市场的失灵一度给政府的医疗保险改革敲响警钟，2005 年国务院发展研究中心关于中国医改基本不成功的研究结论，表明了中国医疗保险改革不能依靠市场解决看病贵和看病难的问题，随后中国开始了一系列的医疗保险机制改革。

其一，打破城乡二元分割格局，将新农合与城镇居民医疗保险并轨，推动城乡基本医保整合，将城乡居民大病医疗保险、老年长期护理保险移交给商业保险公司经办管理。2016 年全国老龄办等部门共同发布的"第四次中国城乡老年人生活状况抽样调查结果"显示我国失能半失能老人已达 4063 万人，占老年人口的 18.3%。《关于开展长期护理保险制度试点的指导意见》（人社厅发〔2016〕80 号文件）规定：试点阶段，长期护理保险制度原则上主要覆盖职工基本医疗保险参保人群，可通过优化职工医保统账结构、划转职工医保统筹基金结余、调剂职工医保费率等途径筹集资金。虽然试点阶段试点城市长期护理保险的主要覆盖人群是城镇职工，但各地在实施过程中也逐步将城乡居民参保人群纳入长期护理保险。从支付角度看，依附于城乡居民医疗保险的老年长期护理保险对财政补贴的依赖程度远远高于城镇职工医疗保险，应当高度重视基金风险控制。

其二，完善医保筹资待遇调整机制，逐年提高城乡居民医疗保险筹资标准，增加财政补贴，提高城乡居民医疗保险定点医疗机构的报销比例。启动职工医疗保险二次补助（一些地方的省总工会参与其中），在经过基本医疗保险、大病医疗保险、大额医疗保险和公务员补助等报销后，剩余自付费用部分由工会提供的二次补助基金进行补助。报销比例有所提高，但要注意社会保障"只能上不能下"的制度刚性，参保者的预期膨胀，医保基金紧张会引起参保者的失望情绪。随着医疗费用的上涨，即使提高报销比例，个人支出也可能比以前多。鼓励医院控制医疗费用，扭转过去"小病大治"、过度医疗的局面，让参保者享受到政策红利，斩断药品利益链的改革正在加快进行。

其三，实施医保扶贫政策，实现医疗保险贫困群众全覆盖。城乡居民大病医疗保险、城镇职工大病医疗保险报销比例达 80% 以上，大大降低了贫困群体的医疗费负担。医保扶贫政策是一个重要的民生问题，需要财政资金的长期支持，但其偿付能力受到地方财力的影响，可相应扩大调剂范围，解决困难连片地区群众的大病治疗问题，呼吁贫困人群做好健康管理，通过疾病的预防来降低发病率，从而从根本上减少医保基金的补贴支出。

其四，从 2017 年开始，我国全面推进医保支付方式改革，在县级公立医院和试点城市公立医院全面推进按病种付费、按人头付费和总额预付等复合性付费方式改革。复合性付费方式改革与定点医疗机构签订总额付费服务协议，将三级、二级、一级医院的医疗保险转诊率分别控制在一定的比例范围内。制定单病种住院医药费用限额付费价格，实行最高限价管理。医疗服务项目可以相应提高服务价格但同时依法进行定价管理，将谈判药品纳入药品目录清单管理，减轻重特大疾病患者的医疗费用负担，实行差别化报销控制。

其五，健全医保经办服务体系。加强医疗保险信息系统建设，在所有公益医疗定点机构实施先住院、后结算的工作流程，开展年度考核和准入评估，明确对跨省异地就医医院实施异地结算。对异地安置的退休人员和长期居住人员、常驻异地工作人员及异地转诊人员进行异地就医登记备案，方便患者的异地医治和异地报销。但异地就医医疗平均费用高于本地医疗平均费用的问题对异地医疗费用结算改革是一个挑战，主要原因是各地的医保目录、医疗收费标准有很大的差别，异地就医医疗费用的核实报销也存在人情化的问题。

二 医疗卫生体制改革

（一）"看病贵、看病难"的由来

2005 年国务院发展研究中心提出的关于中国卫生医疗体制改革基本不成功的结论引起了强烈的社会反响，社会开始反思中国 20 年医改之路为何不成功。当时农村 7000 万贫困人口中有 3000 万贫困人口属于因病返贫，对"看病贵、看病难"的学术研究，主要体现在对于"看病贵、看病难"的指标设计与指标考察，将农村与城市"看病贵、看病难"进行对比。对"看病贵"的两种理解为：一是通过纵向比较看病的费用有明显上升趋势；二是看病的费用或增长速度超过了患者的消费预期或患者的消费承受能力。

对农村和城市看病分别进行抽样调查，通过以下指标反映"看病贵"的问题。

指标一：城乡居民两周以内患者未就诊比例

（1）两周内未就诊，但进行了自我治疗

（2）两周内未采取任何措施

两周内未治疗的原因（分城乡居民）

1）自感病轻

2）经济困难

3）无有效措施

4）没有时间

5）交通不便

6）其他

指标二：城乡居民应住院而未住院的比例

指标三：城乡居民应住院而未住院的原因

（1）自认为没有必要

（2）没时间住院

（3）经济原因

（4）其他原因

指标四：住院病人出院的原因（分城乡居民）

（1）病愈后医生要求

（2）未愈医生要求

（3）自己要求

对病人自己要求出院的原因调查（分城乡居民）

1）久病不愈

2）经济困难

3）医院条件所限

4）其他原因

（4）其他原因

我国财政投入占医院支出的比重偏低，医院被推向市场，药品加成无节制，且中间环节多，这是"看病难、看病贵"等诸多问题的根源所在。"看病难"主要体现在大城市、大医院看病难、住院难，"一号难求"，其主要原因包括：医疗费用高、看病手续烦琐、医护人员水平有限、误诊情况时有发生、地区偏远、卫生资源分配不均、城乡差距大等。T. Jimmy 在《看凌晨 4 点中国和美国医院，这才是医患关系真相》一文中写道：全中国排名第一的北京协和医院，凌晨四点开始，一千余人已经排起了长长的队伍，有的人甚至从零点开始就开始排队，还不一定能挂上号。在复旦大学附属儿科医院、上海市儿童医院等就诊，普遍排队时间在 3~4 个小时。医院周末门诊不开放，加剧了老百姓看病难。从卫生总费用情况看，2005 年个人医疗费用支出比重为52.51%，政府支出比重仅有 17.93%。2010 年和 2015 年，个人医疗费用支出比例分别下降到 35.29% 和 29.27%（见表 11-9）。受疫情影响，2020 年的卫生总费用占 GDP 比重的增长幅度较大。

表 11-9　1978~2020 年卫生总费用一览

年份	卫生总费用（亿元）	政府支出比重（%）	社会支出比重（%）	个人支出比重（%）	人均卫生费用（元）	卫生总费用占 GDP 比重（%）
1978	110.21	32.16	47.41	20.43	11.45	3.00
1985	279.00	38.58	32.96	28.46	26.36	3.07
1990	747.39	25.06	39.22	35.73	65.37	3.96

年份	卫生总费用(亿元)	政府支出比重(%)	社会支出比重(%)	个人支出比重(%)	人均卫生费用(元)	卫生总费用占 GDP 比重(%)
1995	2155.13	17.97	35.63	46.40	177.93	3.51
2000	4586.63	15.47	25.55	58.98	361.88	4.57
2005	8659.91	17.93	29.87	52.51	662.30	4.62
2010	19980.39	28.69	36.02	35.29	1490.06	4.84
2015	40974.64	30.45	40.29	29.27	2980.80	5.98
2020	72306.40	30.40	41.80	27.70	5146.40	7.12

资料来源:《中国统计年鉴2016》和《2020年我国卫生健康事业发展统计公报》。

(二) 建立分级诊疗制度

就中国医改而言，建立分级诊疗制度的目的之一就是解决"看病难"的问题。分级诊疗制度采取实施医联体和集团化两大策略。医联体是指区域医疗联合体，由同一个区域内的所有医疗资源包括同一区域内的三级医院、二级医院、社区医院、村医院组成。医疗卫生体制改革的重点是强化家庭医生的主导地位，即建立以家庭健康医生为主导，以卫生院护士、公卫人员为支持的家庭健康医生团队，为辖区居民提供签约式服务，家庭健康医生为家庭和个人提供健康管理服务。

家庭医生制度作为舶来品，目前中国还没有形成真正的家庭医生主导责任制度，居民和家庭医生双方大多仍处于无联系状态。建立完善大医院接诊基层转诊病人的优先机制，使首诊制有扎实的医疗基础，可以让更多的人认可首诊制。提高医联体内的基层医院通过家庭医生转诊挂号的比例，力争达到大医院挂号量的20%。完备建构医联体完善家庭医生责任制度，保证分级诊疗制度的顺利推广。2020年国家要求分级诊疗模式逐步形成，基本建立符合国情的分级诊疗制度。

以广州市为例，在分级诊疗体制下，一些社区医院的基本功能已逐渐完善，开设全科、中医科、针灸科、康复科、妇科、儿童保健科、保健科、计免门诊等，拥有数字DR、彩色B超仪、全自动生化分析仪、尿液分析仪、全自动五分类血球仪等医疗设备，配有常规的急救设备、药品以及社区常见病、多发病的常规治疗药品，并建立了本辖区内的居民健康档案，可以负责本辖区内居民的常见病、多发病的医疗、预防、保健、体检、康复、急救等，还可以承担慢性病管理、老年人健康管理、妇女保健及计划生育的指导、儿童保健、计划免疫、传染病控制、肿瘤随访、大肠癌筛查、重性精神病患者及残疾人管理、健康教育、社区医生家庭签约式服务等基本公共卫生服务工作。除此之外，这些社区医院也与大医院建立了双向转诊的合作关系，以便于对疾病进行及时有效的控制及患者愈后的康复、健康指导等工作的开展[1]。

（三）建立现代医院管理制度

《国务院办公厅关于建立现代医院管理制度的指导意见》（国办发〔2017〕67号）要求，"到2020年基本建立权责清晰、管理科学、治理完善、运行高效、监督有力的现代医院管理制度"，建立维护公益性、调动积极性、保障可持续的运行新机制和科学合理的补偿机制。2018年，广东省政府随之出台了《广东省深化公立医院综合改革行动方案》提出综合改革的十条意见，在现代医院管理制度、高水平医院建设、医联体建设、财政投入、医疗保障、医疗服务价格、薪酬制度（院长年薪制）、药品耗材采购（2018年底前取消医用耗材加成）、互联网+医疗健康、综合监管机制十个方面确定了32项改革任务，省财政安排60亿元左右分两批支持约20家重点医院实施高水平医院建设"登峰计划"，实现政事分开、管办分离。

"取消药品加成和挂号费、诊疗费，设立医事服务费"是北京"医药分开"的改革的主要内容之一。从媒体反映的情况看，北京市医改不但没有为患者节约医疗费用反而加重了患者的费用负担。医院原有的"以药养医"的补偿机制一旦被打破，现代医院损失的利润部分如何补偿是医改需要解决的关键问题。医疗服务价格调整、政府财政补偿、公立医院自行消化是解决该问题的三条途径，医院、政府等各主体按照不同的比例共担。能否不降低医院原有的利益分配，不降低医护人员的收入与医院的基础设施建设费用标准等也是医改面临的重要问题。改革的帕累托效应是应该尽可能使受益者增多、

---

[1]　资料来源于对广州市社区医院的调查。

损益者减少。医疗服务价格调整在一定程度上会减少药品价格降低后患者的增益部分，公立医院自行消化依赖于现代医疗内部的挖掘革新改造、医疗管理成本与运行成本的降低。为保证公立医院的公益性要解决好对公立医院的财政补偿问题，在地方财政补偿不充分的地区，不得不依赖于中央财政弥补药品收入的减少部分，自行消化的路径较为有限。

现代医院管理改革的内容之一便是限制医生处方权限，所有处方经过审核方可进入划价收费和调配环节，其中包括对抗生素的严格限制、对剖宫产比例的限制、对每张处方的用药费用的限制等。这些限制均有利于降低医疗费用，减少资源浪费。政府要求从 2018 年 8 月 1 日起，社保定点药店销售的床单、被罩、卫生纸、化妆品、食品油等日用百货全部下架，终止医保卡购买日用百货的非法行为，不得划卡销售除药品、消杀类产品及医疗器械以外的其他商品，充分保证医保卡用于医疗消费。

三 药品生产流通体制改革

《国务院关于印发"十三五"深化医药卫生体制改革规划的通知》（国发〔2016〕78 号）提出，"十三五"期间，要在分级诊疗、现代医院管理、全民医保、药品供应保障、综合监管等 5 项制度建设上取得新突破，同时统筹推进相关领域改革。药品流通体制改革，取消了药品 15% 的利润率层层加成，减少了中间流通环节，取得了一定的成效，也在一定程度上缓解了医患矛盾。这是因为过度医疗等医疗失范行为、医疗费用上涨是医患矛盾发生的重要原因（见图 11-5）。

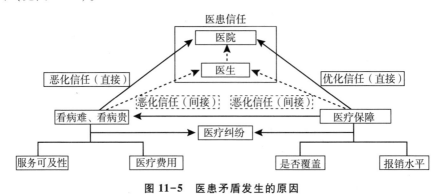

图 11-5 医患矛盾发生的原因

过去很长一段时间，政府对公立医疗机构投入不足，药品流通环节复杂，行业集中度、规模化程度偏低，物流配送水平偏低，经营费用较高，这都导致药品流通成本居高不下。医院收入严重依赖于药品收入，药品收入越高，在一定程度上也就表明过度处方问题就越严重，由此也就导致了饱受社会诟病的"以药养医"问题。医疗体制的不完善和医疗行业的两个自然特征结合在一起，使得医药市场供求关系具有一种"反常"特征，即在医疗机构作为销售终端的部分医药市场上，药品价格越高，利润越高，销售量越大。

药品流通体制改革之后，要保证药品的正常供应，大力减少流通环节，破除地方保护主义，加快构建药品流通全国统一开放、竞争有序的市场格局，形成现代药品流通新体系，扶持低价药品生产，保障市场供应，保持药价基本稳定。尤其是要降低癌症药品的价格及其他进口药品的价格，利用国际医疗市场的特性，合法生产一批仿制药，如医治白血病的格列卫，印度成功地仿制，一盒格列卫仅销售 200 元人民币，药效达原产药的99.7%，而在我国国内要买到一盒瑞士原产的格列卫，需要 23000 元至25000 元。只有减轻参保者的医疗费用负担，医疗保险基金的偿付能力才能得到有效的提升。

第五节　医疗保险基金偿付能力管理

医疗保险基金偿付能力涉及不同保险的费用来源问题，城镇职工医疗保险的个人缴费和单位缴费收入包括基金的存量、流量和增量三部分。存量包括个人医疗账户的滚存积累额、社会统筹医疗账户的滚存积累额，如 2021 年末基本医疗保险统筹基金累计结存（含生育保险）17685.74 亿元，个人账户累计结存 11753.98 亿元，城乡居民基本医疗保险基金累计结存 6716.58 亿元；流量主要反映医疗保险基金的当年收支状况，收支相抵的当年节余量；增量反映报告期与基期相比的收入或支出的增加量。政府对医疗保险的支出主要体现在财政的医疗费用投入，取消药品价格加成后，政府对医院的投入要相应增加，否则"以药养医"体制难以终结。2013～2017 年全国财政医疗卫生累计支出 59502 亿元，4 年内年平均增幅为 11.7%，高于同期全国财政支出增幅2个百分点①。与2010年相比，2020年政府卫生支出增长16265.8亿元，占全国卫生总费用的比重增长1.7%。

流量指标中一个很重要的指标是报销比例，从目前情况来看，各地医疗费用报销比例越来越高，从50%左右提升到目前的80%左右，这是一件好事，降低了患者的医疗费用负担，但又要看到，医疗费用基数在不断增加，加之报销比例上升，费用支出绝对额逐年加大，不得不充分考虑医疗保险的可持续发展问题，考虑社会保障的刚性原则对医疗保险可持续发展的冲击。对患者而言，报销比例越高越好，但对医疗保险制度本身而言，其资源是有限的，报销比例过高会使制度的可持续性受到不利影响。从增量指标看，中国人口老龄化速度加快，缴费人口与非缴费人口的比例正在发生变化，2017年参加职工基本医疗保险的人员中，参保职工22288万人，参保退休人员8034万人，二者之比仅为1:2.77；2007年参加职工基本医疗保险人员中，参保职工18020万人，参保退休人员4600万人，二者之比为1:3.92。

《国务院关于印发"十三五"深化医药卫生体制改革规划的通知》提出了到2020年医药卫生体制改革的19项主要目标，其主要目标之一为个人卫生支出占卫生费用总支出的比重下降到28%左右，由于卫生费用总支出包括政府支出、社会支出和个人支出三个部分，而将个人卫生支出占卫生费用总支出的比重下降到28%左右，就势必要提高政府支出和社会支出的比重，与"基本医保政策范围内报销比例稳定在75%左右"关联非常大，因为体制内人群非报销部分就是个人医疗费用支出部分，在医保制度全民覆盖的情况下，全体公民都将成为体制内人群，所以"个人卫生支出占卫生费用总支出的比重下降到28%左右"与"基本医保政策范围内报销比例稳定在75%左右"是基本吻合的对应变量。目前如果适当控制医保报销比例，便可以基本保证医疗保险的可持续发展。

公立医院医疗费用增长幅度稳定在合理水平，衡量这个合理水平的一个重要指标是卫生费用支出占GDP的比重，从1978年到2015年，卫生费用总支出占GDP的比重在3%到5.98%之间，卫生总费用支出从1978年的110.21

---

① 参见《国务院关于财政医疗卫生资金分配和使用情况的报告》。

亿元上升到 2015 年的 40974.64 亿元，年均增长速度计算为 17.35%。2011 年之后，我国 GDP 的增速在 7% 左右，中国卫生费用总支出增长速度仍大于 GDP 增长速度（见图 11-6）。

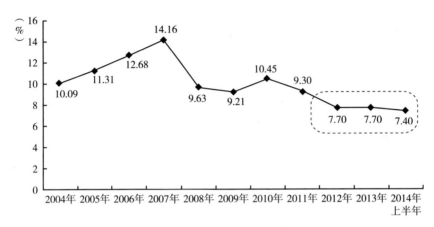

图 11-6　2004~2014 年上半年中国 GDP 增长速度

　　在未来中国卫生费用总支出增长速度大于 GDP 增长速度的情况下，如何使卫生费用支出保持在一个合理的水平，是一个需要讨论和决策的问题，将卫生费用支出控制在与 GDP 增长速度同步的水平不太现实，最佳的选择是加大卫生费用支出占财政支出的比例。以美国为例，医疗保健由公共部门和私人机构负责提供资金。公共部门直接提供占总费用 46% 的资金，私人健康保险和私人慈善机构提供 39% 的资金，剩下的 15% 由个人承担[1]。要保持我国公立医院的公益性，在合理节约的情况下，个人卫生费用支付比例大致固定下来，政府支付比例与社会支付比例，就基本上可以确定下来，即通过落实政府公立医院的长效投入机制逐步偿还和化解公立医院的长期债务，建立公立医院服务收费新机制，取消"以药养医"体制后的损失补偿问题就可以被基本解决。

　　深化医药卫生体制改革的主要目标包括建立药品出厂价格信息可追溯机制，并形成数家年销售额超过数千亿元的超大型药品流通企业，药品批发百

---

① 〔美〕詹姆斯·亨德森：《健康经济学》（第 2 版），向运华、钟建威、李华璐、颜韬译，人民邮电出版社，2008。

强企业年销售额占批发市场总额的 90% 以上。这是一项非常大手笔的举措，大力减少中间流通环节，政府控制绝对的流通市场，切除价格加成的通道，药品价格可以得到一定程度的控制，医疗保险的偿付能力也可以在一定程度上得到保证。财政对医疗保险基金的补偿能力取决于经济的发展水平，近年来我国 GDP 增长速度控制在中等水平，增幅有所下降，但增长量仍然巨大，在健康中国战略的引领下，政府下决心打破"以药养医"体制，加大对公益医院的补贴。

国务院发布的《医疗卫生领域中央与地方财政事权和支出责任划分改革方案》（国办发〔2018〕67 号），进一步明确了中央财政与地方财政各自事权与相对应的财政支出责任，以及中央与地方各自的主体责任与补助责任。责任边界的进一步明晰有利于改革的深化。

责任划分按照隶属关系划分为中央财政事权或地方财政事权，由同级财政承担对医疗卫生机构改革和发展建设的补助责任；中央所属医疗卫生机构承担地方政府委托的公共卫生、紧急救治、援外、支农、支边等任务，这些地方事务由地方财政给予合理补助；地方所属医疗卫生机构改革和发展建设为地方财政事权，由地方财政承担支出责任；地方所属医疗卫生机构承担中央财政的事权任务，由中央财政给予合理补助。

卫生健康能力的提升战略包含的人才队伍建设、重点学科发展等项目为中央与地方的共同财政事权，由中央和地方财政共担支出责任；地方自主实施的卫生健康能力提升项目为地方财政事权，由地方财政承担支出责任；许多具体的医疗卫生工作项目诸如中央与地方的战略规划、综合监管、宣传引导、健康促进、基本药物和短缺药品监测、重大健康危害因素和重大疾病监测、妇幼卫生监测、经办服务能力提升、信息化建设、人才队伍建设等，都具体明确了中央财政与地方财政的事权与责任范围或中央与地方财政的共同事权与责任。权责利相结合、边界明晰、财产权明晰、中央财政与地方财政的关系清晰、偿付责任到位有助于健康中国战略的落实到位。

第十二章　劳动保障偿付能力及其监管

劳动与社会保障是指为分散劳动者的特定风险而建立的社会保障制度，主要包括工伤保险、生育保险和失业保险三个险种①。生育保险与医疗保险性质类似，"十三五"期间将其与医疗保险合并。

第一节　经济景气指数下降与对失业保险偿付
能力管理的挑战

就业是民生之本，也是最大的民生工程，在中国老龄科学研究中心所做的民意测验中，50.46%的老年人"比较担心"或"非常担心"子女失业，从另一个侧面也反映了我国就业不稳定或就业质量有待进一步提升的问题（见表 12-1）。

表 12-1　老年人是否担心子女失业调查

单位：%

选项	合计	60~64 岁	65~69 岁	70~74 岁	75~79 岁	80 岁以上
毫不担心	16.23	13.88	15.62	17.26	17.73	20.65
不太担心	18.40	16.70	17.37	20.66	19.74	20.05
一般	13.04	14.03	12.94	12.99	10.48	13.49
比较担心	27.98	28.32	29.50	27.66	27.99	24.53
非常担心	22.48	24.98	22.81	19.58	22.49	19.36
合计	98.13	97.91	98.24	98.15	98.43	98.08

资料来源：中国老龄科学研究中心发布的《2010 年中国城乡老年人口状况追踪调查数据分析》。

---

① 杨翠迎主编《社会保障学》，复旦大学出版社，2015。

由表 12-1 可知，不论在哪个年龄段"比较担心"与"非常担心"二者之和的比例都在 50% 左右，说明有丰富人生经历的老人们，还是非常关注失业这一敏感问题，希望子女有稳定的工作和收入。

在去产能、降库存及中美贸易摩擦的背景下，近几年我国经济增速有所放缓。2018 年外部环境中的不确定性因素增多，国内结构调整处于攻关期，2018 年第二季度，GDP 增速下降（见表 12-2）。2018 年 6 月，全国城镇调查失业率为 4.8%，与上月持平，比上年同月下降 0.1 个百分点；31 个大城市城镇调查失业率为 4.7%，与上月持平，比上年同月下降 0.2 个百分点。2018 年第二季度末，外出务工农村劳动力总量为 18022 万人，比上年同期增加 149 万人，增长 0.8%，外出务工劳动力月均收入为 3661 元，同比增长 7.5%[1]。2018 年第二季度人民币兑美元进入贬值通道。截至 2018 年 7 月 18 日，美元兑人民币中间价报为 6.6914，与 4 月初相比，贬值幅度达 6.6%（见图 12-1）。2018 年外部贸易环境恶化，投资增速创 1999 年以来新低，2018 年 6 月消费总额位于 15 年以来的最低点，居民杠杆率从 2008 年的 18%，攀升到 2018 年第一季度的 50%，增长 32 个百分点，中美贸易进出口均有所回落。传统的"三驾马车"的集体滑落，使企业的扩大再生产受到影响，企业利润空间受限，就业景气度下降，就业质量也受到影响。

表 12-2 2016~2018 年 GDP 增长速度

单位：%

年份	第一季度	第二季度	第三季度	第四季度
2016	6.7	6.7	6.7	6.8
2017	6.9	6.9	6.8	6.8
2018	6.8	6.7	—	—

资料来源：国家统计局。

中国就业研究所与智联招聘联合发布的 2018 年第三季度《中国就业市场景气报告》显示，"今年三季度招聘需求人数同比下降了 27%，求职申请人数

---

[1]　国家统计局：《中国 2018 年第二季度 GDP 上半年经济数据如何》，2018 年 7 月 16 日。

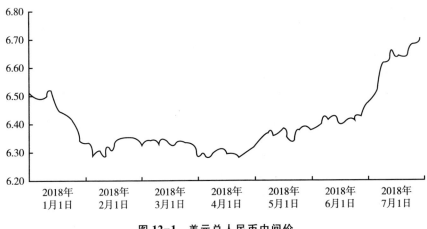

图 12-1　美元兑人民币中间价

同比下降了 9.86%"①。国家统计局数据显示，2018 年 7 月反映人民币汇率波动对生产经营造成一定影响的企业比重环比上升 3.1 个百分点，受贸易摩擦等的影响，部分企业出口订单和原材料进口有所回落，新出口订单指数和进口指数分别为 49.8% 和 49.6%，均位于临界点以下，综合 PMI 产出指数为 53.6%，低于上月 0.8 个百分点，其中构成综合 PMI 产出指数的制造业生产指数和非制造业商务活动指数分别为 53.0% 和 54.0%，环比均有一些回落②。中美贸易摩擦使中国企业受到较大影响，就业率发生一些变化。以广州市南沙区为例，南沙区 2012 年和 2014 年先后被国务院批准为国家级新区和自贸试验区，形成了"双区"叠加的发展优势，南沙区的开发成为中国新一轮改革开放的重要先行地，成为新时期代表国家参与新一轮经济全球化竞争与合作的重要载体和平台，并形成了现代服务业与先进制造业并重的产业框架。从 2018 年上半年经济数据看，南沙"双区"GDP 增速仅有 1.6%，而 2017年，南沙"双区"的 GDP 增速为 10.5%③，不可否认，作为拥有全球单港排名前 12 位的港口及航运枢纽、现代服务业与先进制造业并重的产业框架的南沙"双区"，中美贸易摩擦及经济形势的变化，对其经济发展所造成的影

① 王晓慧：《裁员凶猛：国务院新政严守就业红线》，《华夏时报》2018 年 12 月 7 日。
② 国家统计局服务业调查中心：《2018 年 7 月中国制造业采购经理指数和非制造业商务活动指数延续扩张态势》，https://www.china1baogao.com。
③ 数据来源于广州市统计局。

响是巨大的。

中国人民银行调查统计司在 2018 年第二季度所做的问卷调查中指出：2018 年第二季度就业感受指数[1]为 45%，比上一季度下降 0.9 个百分点，其中 15.5%的居民认为"形势较好，就业容易"，52.2%的居民认为"一般"，32.3%的居民认为"形势严峻，就业难"或"看不准"，就业预期指数[2]为52.3%，比上一季度下降 1.8 个百分点。[3] 中国中小企业的平均寿命只有 2.5 年左右，集团企业的平均寿命仅有 7~8 年。中小企业生命周期短，职工就业保障性差。居民的就业感受与就业预期源于自己的主观感悟与对国际国内形势的客观判断，居民对就业前景的看好度不高主要是由于目前不少中小企业的经济活力不足。

课题组在珠三角地区的调研中发现，部分劳动者对就业机会并不太珍惜。从广东省近几年情况看，每年农历新年一过，企业便会面临"招工难"的问题。港资企业华丰隆玩具有限公司 2019 年农历新年前上班人数有 3300 多人，年后第一天回来上班的仅有 2000 多人，公司经过一个月的调整才陆续恢复到正常的用人水平[4]。对于更多的中小企业来说，迅速补齐人手并非易事，房价高、原材料成本高、税收高、产品销售困难、企业利润低，职工工资增长空间有限，珠三角地区渐失工资优势，加之缴纳"五险一金"的硬性要求，一些企业实行"机器换人"或迁移厂址。

珠三角地区的产业层次偏低，整体劳动力素质偏低，一些劳动者要么缺乏权益保护意识，不知道如何维权，要么当权益受到侵害后容易采取非理性方式，通过非法律渠道反映诉求。一些企业为了减少生产经营成本，也采取了规避劳动合同的签订、克扣工资等非理性方式。

劳动力供求结构出现新常态表现为三个方面：一是劳动力市场由长期过

---

[1] 就业感受指数是反映居民对当前就业情况感受的扩散指数。该指数的计算方法是，先扣除选择"看不准"的居民数，然后分别计算认为本季度就业"增加"与"基本不变"的居民占比，再分别赋予 1 和 0.5 的权重后求和得出。

[2] 就业预期指数是反映居民对未来就业预期的扩散指数。该指数的计算方法是，先扣除选择"看不准"的居民数，然后分别计算预计下一季度就业"好"与"一般"的居民占比，再分别赋予 1 和 0.5 的权重后求和得出。

[3] 《央行调查：近 40%的居民预期下季房价上涨 23%有购房意愿》，界面新闻，2018 年 6 月 15 日。

[4] 吴少龙、卓泳：《珠三角制造业升级困境：招不到人，用不了机器人》，《证券时报》2018 年4 月 17 日。

剩转为短缺；二是劳动力工资水平由相对稳定转为较快增长；三是劳动就业的主要矛盾由总量性矛盾转为结构性矛盾①。

随着中西部地区经济的发展，珠三角地区的工资比较优势已逐渐丧失，来粤务工的劳动力出现分流和回流现象，珠三角地区劳动力供给有所减少，刘易斯关于农村可以无限提供劳动力的模式已不适合中国，一些工资低、待遇差的企业面临着劳动力短缺与招工难问题，人力资源市场和定点监测企业的求人倍率②均在 1.3 左右波动。一方面，企业用工成本整体上涨，最低工资标准 10 年翻番，与职工利益最多的加班费和社保费快速增长；另一方面，劳动力主体年龄结构正在发生转变，新生代务工人员成为企业劳动力市场主体，年龄偏大的外来务工人员从事建筑等危重行业的人数增多，新生代这一群体流动性大、工作期望高，企业招聘条件与劳动者求职产生"错位"，劳动力供求的结构性矛盾突出。如佛山市某电器有限公司在 2017 年春节期间招聘了 1600 多名新员工，不到一个星期就有 800 多人离职，尽管企业美化了食堂、宿舍，还有下午茶、加班餐等福利，但工资无比较优势，无法留住新员工。

据《2016 年农民工监测调查报告》，在东部地区务工的农民工月均收入为 3454 元，比上年增加 238 元，增长 7.4%；在中部地区务工的农民工月均收入为 3132 元，比上年增加 224 元，增长 7.7%；在西部地区务工的农民工月均收入为 3117 元，比上年增加 153 元，增长 5.2%；在中部地区务工的农民工月均收入增速分别比东部、西部务工的农民工高 0.3 个百分点、2.5 个百分点。东部地区基本失去工资优势，加上中部地区没有像珠三角地区对"五险"参保和足额参保的严格要求，也迎合了一些年轻农民工不愿参保的想法。劳动者对福利待遇的提升、工资上涨、补缴非足额社保等的诉求逐渐增多。新生代务工人员成为劳动生力军，他们的维权观念明显更强，诉求内容和方式也更加多元化。

---

① 徐平华：《我国劳动力市场新常态与应对》，《中国经济时报》2018 年 5 月 23 日。

② 求人倍率是劳动力市场在一个统计周期内有效需求人数与有效求职人数之比，它表明了当期劳动力市场中每个岗位需求所对应的求职人数。理论上求人倍率可以反映一个统计周期内劳动力市场的供需状况，求人倍率大于 1，说明职位供过于求，求人倍率小于 1，说明职位供不应求。

就大学生就业情况看，大学毕业生人数屡创新高（见图 12-2），高等教育在学规模和毛入学率也呈上升趋势（见图 12-3）。

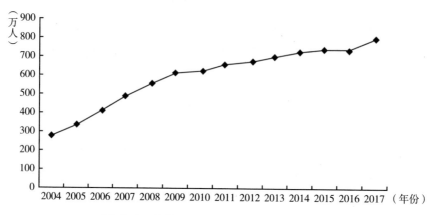

图 12-2 全国 2004~2017 年大学生毕业人数

资料来源：教育部历年统计数据与《2017 年全国教育事业发展统计公报》。

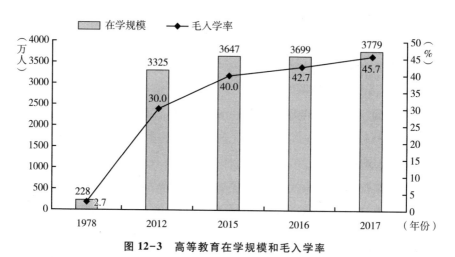

图 12-3 高等教育在学规模和毛入学率

资料来源：教育部历年统计数据与《2017 年全国教育事业发展统计公报》。

全国各地教育相关部门每年都会公布当地大学生的一次性就业率、起薪工资水平，但不同专业、不同地区就业率参差不齐，起薪工资水平参差不齐的结构性问题仍旧严重，一次性就业率指标也值得商榷。

第二节　失业保险基金的使用方式改革

失业保险是指国家通过立法强制实行的由用人单位和职工个人集中建立基金，对因失业而暂时中断生活来源的失业者提供物质帮助的制度，它是社会保障体系重要的组成部分，也是社会保险的主要项目之一。《失业保险条例》规定失业保险基金用于下列支出：失业保险金，领取失业保险金期间的医疗补助金，领取失业保险金期间死亡的失业人员的丧葬补助金和其供养的配偶、直系亲属的抚恤金，接受职业培训、职业介绍的补贴等，还有国务院规定或批准的与失业保险有关的其他费用支出。由于我国调查失业率与登记失业率不一致，采用登记失业率不能反映中国失业的真实情况，历史上国有企业职工下岗后必须进入国有企业下岗职工再就业服务中心3年，减少了失业保险基金的使用。失业保险基金滚存积累基金比较多，加上各级地方财政又设立了财政就业专项基金，与失业保险基金的使用有些重复，其中社会保险补贴与公益性岗位补贴占了相当大的比例，以广州市为例，2012年广州市就业专项资金用款单位分布情况如表12-3所示。

从全国失业保险基金的支出与使用情况看，累计结余比例偏高，从2016年开始，政府设立了稳岗补贴基金，全国失业保险基金收支情况测算如表12-4所示。

由表12-4可知，其一，参保人群中，农民工参保人数平均增长速度为13.64%，快于失业保险总参保人数平均增长速度4.72%，一方面这是因为各地政府越来越重视农民工失业保险参保问题，另一方面是因为在产业工人中，农民工所占比例越来越大，农民工占比平均增长速度达8.52%。其二，2015年起失业保险基金收入开始下降，一方面是受各地下调失业保险基金费率的影响，另一方面则与缴费基数有关系。其三，累计结余平均增长速度高达17.40%，一方面说明失业保险基金使用面还可以相对扩大，另一方面说明缴费率还有下调的空间。其四，年末失业保险基金领取人数和生活补助领取人数两个指标变化不大，前者与我国的登记失业率长期比较稳定有关，后者难以解释。

单位：万元

表 12-3 2012 年广州市就业专项资金用款单位分布情况

地区	扶持公共就业服务	职业培训、鉴定补贴	职业介绍补贴	社会保险补贴	公益性岗位补贴	其他就业补助支出	特定就业政策支出——"双转移"工作补贴	特定就业政策支出——创业促进就业工作补贴	就业见习补贴	合计
广州市本级	6	3	1	2	2	4	3	4	91	116
荔湾区	21	6	0	1916	1694	0	35	274	0	3946
越秀区	24	9	0	1655	1420	0	20	157	0	3285
海珠区	20	5	3	1752	1527	0	30	137	0	3474
天河区	24	5	0	802	686	0	24	84	0	1625
白云区	21	5	8	696	608	0	12	14	0	1364
黄埔区	11	3	0	156	123	0	0	43	0	336
萝岗区	7	2	0	152	124	0	1	6	0	292
南沙区	2	1	0	11	10	0	3	2	0	29
番禺区	2	2	0	28	37	0	32	28	0	129
从化市	3	6	0	2	1	0	0	3	0	15
花都区	2	1	0	2	2	0	0	4	0	11
增城市	2	3	0	0	0	0	0	9	0	14
合计	145	51	12	7174	6234	4	160	765	91	14636

注：社保补贴中包括灵活就业社保补贴，社区就业社保补贴，招用失业人员、高校毕业生社保补贴，招用农村劳动力社保补贴，招用随军家属社保补贴、自主创业社保补贴。社保补贴涉及养老保险、医疗保险、失业保险、工伤保险、生育保险，并涵盖国有企业、个体企业、私人企业及其他类型企业。广州市中央财政补助资金和省级促进就业创业发展专项资金共 24852 万元。2020 年广州市就业专项基金每年都在正常发放。

资料来源：广州市财政局。

表 12-4 全国失业保险基金收支情况测算

单位：万人，亿元，%

年份	总参保人数	其中：农民工	农民工占比	当年基金收入	年末失业保险基金领取人数	生活补助领取人数	稳岗补贴	累计结余	当年收入与累计结余比
2008	12400	1549	12.49	585	261	93		1310	44.66
2009	12715	1643	12.92	580	235	108		1524	38.06
2010	13376	1990	14.88	650	209	59		1750	37.15
2011	14317	2391	16.70	923	197	64.4		2240	41.21
2012	15225	2702	17.75	1139	204	72		2929	38.89
2013	16417	3740	22.78	1289	197	77		3686	34.97
2014	17043	4071	23.89	1380	207	78		4451	31.01
2015	17326	4219	24.35	1368	227	71		5083	26.92
2016	18089	4659	25.76	1229	230	76	259	5333	23.05
2017	18784	4897	26.07	1113	220	66	198	5552	20.05
平均增长速度	4.72	13.64	8.52	2015起收入下降	基本稳定	基本稳定		17.40	-8.51

注：表中生活补助领取人数是指劳动合同期满未续签或提前解除劳动合同的农民合同制工人。2016 年全年共向 46 万户企业发放稳岗补贴 259 亿元，惠及职工 4833 万人。2017 年共向 45 万户参保企业发放稳岗补贴 198 亿元，惠及职工 5192 万人。2018 年上半年向 16 万户企业发放稳岗补贴 52 亿元，惠及职工 1470 万人，向 22.4 万人发放技能提升补贴 3.7 亿元。

资料来源：根据历年《人力资源和社会保障事业发展统计公报》整理计算。

2020 年 5 月，人社部和财政部联合发布了《关于扩大失业保险保障范围的通知》（人社部发〔2020〕40 号），该通知明确了阶段性实施失业补助金政策、阶段性扩大失业农民工保障范围、阶段性扩大失业农民工保障范围等政策，规定 2020 年 3 月至 6 月，对领取失业保险金和失业补助金的人员发放的价格临时补贴，补贴标准在现行标准的基础上提高 1 倍。

2015 年广州市劳动报酬争议案件和解除劳动合同争议案件合计占相关部门受理该类案件总数约 70%。随着社会发展以及职工队伍的发展壮大，劳动者维权意识的提高，劳动仲裁诉求标的日益多元化，珠海 95% 以上的相关案件涉及两种或两种以上仲裁请求，而且各种法律关系错综复杂。

珠三角地区超过 98% 的企业与劳动者签订了劳动用工合同并为劳动者办理了"五险一金"，但本书课题组在 2017 年下半年对珠三角地区重大劳动关系的调查中发现，相当一部分企业在与招聘员工签订劳动用工合同并为其办理"五险一金"后，招聘员工在入职后短期内就离职了，签订的劳动合同形同虚设。调查中发现有的企业新员工入职一个月内的离职率甚至超过 50%。有的新员工因工作内容、工作环境与自己的期望有差距，有的劳动者有更高收入的企业可以入职，还有的劳动者入职后因为人际关系复杂立即离职，等等。良好的合作取决于双方利益的平衡，双方关系不是零和博弈，并非一方的获利必然让另一方的受损。劳动合同的"脆弱性"导致了一些企业仅仅是在招聘方面就花费了很多时间、精力和成本，员工队伍不稳定，一些福利设施改善后仍然难以满足新入职劳动者的需要。因此如何使劳动关系保持和谐是许多企业面临的重要任务。

课题组在调查中还发现，一些小微企业劳动合同的签订、履行和解除都很随便，没有什么约束，劳资双方在没有完全"协商一致"的情况下，签订的劳动合同并不规范，大部分企业没有按职工本人工资收入如实申报社保缴费基数，以最低工资标准作为缴费基数的现象较为普遍，劳动者一方在薪酬福利、劳动安全环境、社会保险等方面在很大程度上迁就企业的意愿。若处理不当，这种情况可能会引起劳动纠纷，还有一些劳动者即使与企业签订了劳动合同，想上班就上班，不想上班了就离职。有的员工离职后竟然在没有与企业沟通并办理相关手续的情况下又返回上班了。可见企业与劳动者虽然签订了劳动合同，但其真正的约束力比较有限，再加上受当前复杂多变外部环境的影响，劳动关系的不稳定强，可持续弱，给用人单位也给劳动者双方带来不良的影响。

随着企业用人自主权和劳动者择业自主权双向权利的确立，企业作为商业组织，愈加重视劳动生产率的提高，力求降低人工成本与管理成本，谋求劳动队伍的最佳组合和实现企业利润最大化。而劳动者本身为了追求个人的奋斗目标，拥有较为宽松的劳动环境，尽可能取得期待的劳动报酬和充分实现自身的价值，也在谋求适宜自己的工作岗位或工作单位。劳动关系的动态变化与调整，有利于调动企业和劳动者双方的积极性。

表 12-4 中生活补助领取人数是指劳动合同期满未续签或提前解除劳动合同的农民合同制工人，从 2008 年到 2017 年，其统计数据并没有多大变化。事实上，在重大劳资关系中，关于劳动合同的纠纷事件最多，也最复杂。其中的经济补偿问题引发了一些道德方面的问题。比如，课题组在深圳市坪山区某企业的调查中，某员工不想再签订第三次劳动合同，不主动辞职，故意在禁烟区抽烟，以达到厂方单方面解聘多得到经济补偿目的。

中国 GDP 增长与就业增长并无正相关关系（见图 12-4）。经济高增长与就业低增长促使政府 2016 年起对企业发放稳岗补贴，鼓励企业少裁员或是不裁员，这是维稳体制的一种政策安排抑或是后金融危机时代的产物。2008 年金融危机爆发之后，国务院发布的《关于做好当前经济形势下就业工作的通知》明确提出，规范企业裁员行为，切实保障劳动者合法权益。企业需要裁减人员 20 人以上或裁减人员不足 20 人但占企业职工总数 10%以上，需提前 30 日向工会或者全体职工说明情况，听取工会或者职工意见后，向当地劳动行政部门报告裁减人员方案。目前政府对企业少裁员或是不裁员实施奖励补贴政策，这里存在三个问题：一是当企业生产能力过剩、订单减少的时候，企业该不该裁员；二是企业订单不足和经营困难时，企业裁员有利于企业的发展，裁员后产品的劳动力成本下降，产品价格也会随之下降，这样就能刺激社会消费，有利于推动整个经济的重新活跃；三是裁员是企业的正常经营行为之一，政府有没有必要以补贴去影响企业对裁员的决策，因为企业处于冗员状态是对企业发展是不利的。

目前以"只有提高工资才能继续吸引劳动力转移"为特征的刘易斯转折点已经到来，工资基数与工资增长成为吸引农民工的一个重要变量。尽管签订劳动合同制约了资方，因解聘也会提高劳动力成本，但这并不是建立在供

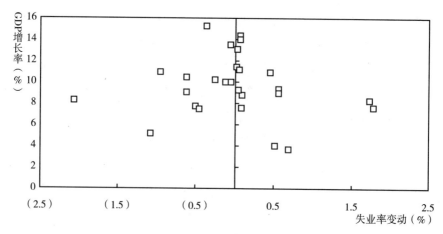

图 12-4 中国 GDP 增长与就业增长关系

求关系基础上的工资上涨，供需匹配度（供需匹配度=农民工求职比重/企业需求比重×100%）已经发生了变化。

在中国的政策文件中，失业是一个敏感的指标，很长一段时间，我们用"待业"代替"失业"，用"下岗职工"代替"失业人员"，用"登记失业率"代替"调查失业率"。之前的职工再就业服务中心人为地降低了真实的失业率，事实上掩盖了社会矛盾，不利于政府决策。

就业是最大的民生，前已述及，各地财政部门均专门设立了就业专项基金，专款专用，与失业保险基金的功能部分重合，同时地方政府还设立了大学生创业基金等，全社会对就业给予了高度关注，尽管 2014~2019 年，失业保险基金收入持续下降，但失业保险基金累计结余却是增加的，这与各级政府设立的就业专项基金和其他就业基金或创业基金有关。

与其他几个险种相比，中国的失业保险基金的偿付能力是最为充足的。对于数以亿计的农村剩余劳动力来说，即使不能在城市务工，也能在自己的土地上劳动，不存在完全形式上的失业问题。国家统计局称，2018 年上半年全国城镇调查失业率连续三个月低于 5%，这是 2016 年国家统计局建立全国劳动力月度调查制度以来的最低的城镇调查失业率水平[1]。

---

[1] 邱宇：《中国上半年就业数据亮眼 城镇调查失业率建立以来最低》，中国新闻网，2018 年 7 月 17 日。

需要警惕的是，近年来房地产业的用地成本、租金成本有所增加，不少中小企业陷入了发展困境，面临被限产、停产、关停的风险，中小企业经营风险加大。在全球贸易保护主义兴起的背景下，原材料价格上涨过快（国家统计局 2018 年 7 月公布的数据显示制造业原材料价格指数从 50.4% 上升到 57.9%）、高房价、高税费和高人力成本使制造业发展面临困境。中国的制造业为中国创造了数以亿计的就业岗位，制造业自身的困境加之中美贸易摩擦使中国贸易出口企业受到冲击，就业压力随之发酵，我们有必要建立失业警戒指标体系。

在就业景气指数不佳的情况下，建立预防性的失业预警制度，对突发情况下可能出现的较大规模造成地区性失业或阶段性失业采取预防和控制举措。建立失业预警制度的目的是确保各级政府失业调控目标的实现，控制失业率并保持就业局势的稳定和社会经济的良性发展，这对于政府从宏观上制定相应的新就业政策，促进社会经济的可持续发展具有重要的现实意义。以 2020 年为例，疫情对经济的影响最直接表现为对就业的影响，企业的正常生产受到影响。

《中华人民共和国就业促进法》强调了各级政府促进就业的职责所在。及时建立失业预警机制是指当失业率等指标达到或超过一定程度的边界、影响就业局势稳定和社会经济协调发展时，随即以多级响应的方式发出预警报告（中国的城镇失业率警戒线为 7%），并启动相应的失业应急预案；当采取的应急就业政策措施生效、失业率等指标回归到正常的调控范围内时，警报即可自行解除。就业是最大的民生工程，任何情况下，都要将就业问题摆在首位，建立失业预警制度，更是要将促进就业作为政府工作的重要内容。

第三节　工伤保险费率适时调整适应新势态

工伤问题非常复杂且难以应对，支出数额大。工伤保险作为劳动者在工作中或在规定的特殊情形下，遭受意外伤害或患职业病，暂时或永久丧失劳动能力以及死亡时，劳动者或其遗属可从国家和社会获得物质帮助的一种社会保险制度，从保险企业的各种责任保险发展而来过渡为政府保险项目。自工业革命以来，世界范围内工业伤害与职业病问题越来越多，工伤认定难、工伤纠纷案不断升级。

一 工伤及职业病问题突出

据国家市场监督管理总局的分析，八成的事故发生在中小企业，八成是人为因素导致，八成发生在发达地区。全国约有 83% 的中小企业存在不同程度的职业危害，近 34% 的中小企业员工接触尘毒有害作业[①]。中华社会救助基金会大爱清尘基金发布的《中国尘肺病农民工生存状况调查报告（2015）》显示，目前全国尘肺病农民工患者已超过 600 万人，相当于青海省的总人数。所有职业病中尘肺病约占 90%，在尘肺病患者中，农民工占 95%。得了尘肺病后，诊断难，鉴定更难，中小企业[②]及煤炭等高危行业"小散乱差"的状况还未得到根本性改变，是事故多发区和重灾区[③]。

2016 年 1 月全国安全生产工作会议披露：2016 年我国发生安全事故 6 万起，死亡 4.1 万人。《2016 年度人力资源和社会保障事业发展统计公报》统计数据显示，"全年认定（视同）工伤 104 万人，比 2015 年减少 4 万人。全年评定伤残等级人数为 53.5 万人，比上年减少 0.7 万人。全年享受工伤保险待遇人数为 196 万人，比上年减少 6 万人"。

应急管理部发布的相关报告显示，2018 年 5 月以来，全国较大事故环比上升，其中煤矿、金属非金属矿山、工贸行业、道路运输、水上运输较大事故均环比上升。水上运输事故总量、较大事故、重大事故均同比上升；化工较大事故起数、死亡人数同比"双上升"；煤矿事故总起数、较大事故起数同比上升[④]。工伤事故的行业性特征比较明显，如煤矿、建筑、交通、化工等行业，加强某些特定行业的风险监控尤其重要。

二 工伤赔偿金剧增与工伤纠纷缠访案例上升

因涉及人身伤害问题及工作收入中断问题，工伤纠纷属于五大险种中矛盾最为集中、处理难度最大、诉讼时间最长的民事纠纷。工伤判案从以前商

---

① 姬薇：《全国职业病报告数据触目惊心 职业病防治法缺陷暴露》，https://www.lawyers.org.cn/info/128d250b1ca4de2547014a3ac980728c。
② 黄镇东：《职业病集中分布在中小企业，尘肺病占 78.8%》http://www.sina.com.cn。
③ 骆琳：《为加快经济发展方式转变提供安全生产保障》，《求是》2010 年第 15 期。
④ 参见《应急管理部公布 1—5 月全国安全生产形势》，中国政府网，2018 年 6 月 8 日。

业保险公司法律认定的过错举证责任发展到无过错责任，赔付概率增大，职业伤害从最初的雇主赔偿发展到雇主责任保险再到政府举办社会工伤保险部分取代商业保险的雇主责任保险，从私法跨越到社会法，其发展过程包含进入法律诉讼的漫长程序，从相关部门的工伤级别判定到受伤害者不服判定再到上诉至人民法院。工伤问题是劳资矛盾中一个重要事项，正如西尔弗所说，"资本转移到哪里，劳工与资本之间的冲突很快就会到哪里"[1]。劳资冲突中，关于工伤认定的劳资纠纷案件近年来呈上升趋势。

发生工伤事故或患职业病之后，工伤认定是劳动行政部门依据法律授权对职工因事故伤害（或者患职业病）是否属于工伤或者视同工伤给予定性的行政确认行为。工伤问题涉及的外来务工人员偏多，包括工伤认定和劳动能力鉴定两个方面。

在工伤事故认定中，《工伤保险条例》第五十五条规定："有以下情形之一的，有关单位或个人可以依法申请行政复议，也可以依法向人民法院提起行政诉讼：（一）申请工伤认定的职工或者其近亲属、该职工所在单位对工伤认定申请不予受理的决定不服的；（二）申请工伤认定的职工或者其近亲属、该职工所在单位对工伤认定结论不服的；（三）用人单位对经办机构确定的单位缴费费率不服的；（四）签订服务协议的医疗机构、辅助器具配置机构认为经办机构未履行有关协议或者规定的；（五）工伤职工或者其近亲属对经办机构核定的工伤保险待遇有异议的。"如果获胜，可以推翻原有的工伤结论。

工伤认定产生纠纷的主要原因有以下几种，一是矛盾双方认识上的分歧和利益上的冲突，或是在法律条文上难以界定。二是用人单位认为受伤者违章作业。三是工伤认定已不在时效性期间内。比如江苏南通如东县的男子王某，每天提前一个小时去上班。近期王某出门时发生车祸。公司认为其违反公司制度提前上班，不应该认定为工伤。如东县人社局受理后做出王某所受事故伤害为工伤的决定，并下发"工伤认定决定书"[2]。四是用人单位因没有按时足额为劳动者缴纳社会保险费，导致劳动者无法享受工伤待遇。如一些

---

① 贝弗里·J.西尔弗：《劳工的力量——1970年以来的工人运动与全球化》，张璐译，社会科学文献出版社，2012。

② 木须虫：《提前上班出车祸算不算工伤，还得靠制度兜底》，《工人日报》2018年8月3日。

化工企业未给工人缴纳工伤保险，当发生的严重工伤事故时，工人无法获得赔付。

课题组在对珠三角地区劳资关系的调查中发现，广东省社保系统已发生多起工伤者及其家属因不服工伤认定结论或劳动能力鉴定结论而不断缠访、闹访甚至砸毁公物的极端案件。工伤认定的首要条件是要有劳动关系的证明，有劳动关系才可以仲裁，工伤纠纷面对的是劳动过程中的工伤受害者，出于同情，往往以政府部门的退让而结束。调研中本书课题组也发现另一种情形，在劳动者发生工伤事故后，想方设法规避赔偿责任的用人单位有不少，当双方对工伤认定存在诸多争议时，多通过诉讼渠道来解决，而不是调解委员会，但不容忽视的是，由于法院诉讼程序多、时间长、成本高，许多打不起官司、拖不起时间和伤痛的劳动者只能被迫放弃赔偿或者接受象征性赔偿。仍以广东省为例，2010 年与 2015 年的工伤保险基金支出比为 1∶2.45，工伤保险基金支出增加了 1 倍多（见表 12-5）。

表 12-5　2010~2015 年广东省工伤保险基金支出统计

单位：亿元

	2010 年	2011 年	2012 年	2013 年	2014 年	2015 年
工伤保险基金支出	20	29	36	39	47	49

资料来源：《广东省社会保险白皮书 2015》。

工伤保险基金支出增长较快，一方面有医疗费用上涨的原因，另一方面也有工伤事故增多的原因或是赔付标准提高的原因。

第四节　工伤保险基金偿付能力的分析

工伤保险基金由用人单位缴纳，个人不缴费，实行差别费率与浮动费率制。工伤保险基金通过社会保险经办机构向用人单位广泛筹集资金，是劳动者因工伤残、发生职业病或死亡之后用于本人或遗属的经济补偿基金。工伤保险遵循"统筹共济"原则和商业保险的"大数法则"，在维护企业生产安全经营中具有重要作用。

较长时间以来，我国的工伤保险基金一直存在着一个奇怪的现象：一方面，工伤人员多，需要工伤保险救助的人多，但实际上享受工伤保险待遇的人数并没有什么变化；另一方面，工伤保险基金被大量积存、闲置，2017年底，全国工伤保险结存基金加上储备金结存达1607亿元人民币（见表12-6）。之所以会出现这种大量结存的局面，是因为工伤保险的认定范围比较窄，补助标准较低，认定程序较为烦琐。

表 12-6　2008~2021 年工伤保险基金收支情况

单位：万人，亿元，%

年份	年末参保人数	认定工伤人数	评定伤残等级人数	享受工伤待遇人数	保费收入	保费支出	累计结存	储备金结存
2008	13787	95.0	38.0	118	217	127	335	50
2009	14896	95.0	39.0	130	240	156	404	65
2010	16161	114.1	41.9	147	285	192	479	82
2011	17696	120.1	51.0	163	466	286	642	101
2012	19010	117.4	51.3	191	527	416	737	125
2013	19917	118.3	51.2	195	615	482	996	168
2014	20639	114.7	55.8	198	695	560	1129	190
2015	21432	107.6	54.2	202	754	599	1076	209
2016	21889	104.0	53.5	196	737	610	1172	239
2017	22724	104.0	52.9	193	854	662	1337	270
2018	23874	110	56.9	199	913	742	15	294
2019	25478	113.3	60.7	194	819	817	1783	262
2020	26763	112.0	60.4	188	486	820	1449	174
2021	28287	129.9	77.1	206	952	990	1411	164

注：工伤保险基金应当留有一定比例的储备金，用于统筹地区重大事故的工伤保险待遇支付，储备金不足支付的，由统筹地区的人民政府垫付，储备金占基金总额的具体比例和储备金的使用办法，由省、自治区、直辖市人民政府规定。

资料来源：根据人社部发布的历年《人力资源和社会保障事业发展统计公报》计算整理。

2012年12月24日中国之声报道：在煤矿、危险化学品、烟花爆竹和建筑施工等高危行业中，农民工从业比重较大，同时他们也是事故死亡人数中较多的群体，工伤死亡人员中，农民工所占比重达70%，新得职业病的患者中，农民工所占比例高达 90%，在个别行业甚至高达 100%[1]。

2008~2017 年，农民工参加工伤保险的平均增长率为 5.21%，与农民工进城务工人员数量的平均增长率2.70%[2]相比，农民工参保工作还是取得了一定的进展。但是农民工在工伤赔偿过程中却很是艰难，据北京义联劳动法援助与研究中心发布的数据，涉及劳动关系纠纷的工伤案件，从申请工伤认定之日计算，如将所有的程序进行完毕，前后需要 12 道程序，耗时 3 年以上；职业病案件更是要经历 15 道程序，耗时更长。即使所有的法律程序进行完毕，仍有 72.4% 的用人单位拒绝赔偿，被拒绝的工人不得不启动工伤保险待遇的仲裁和诉讼程序，进一步延长了工伤索赔时间。

我国工伤保险的累计结存率和储备金结存率高，从 2012 年到 2021 年分别达 14.84% 和 18.37%。近几年来，全国各地纷纷调整了工伤保险费率，即按照"以收定支、收支平衡"的原则，在工伤保险统筹范围实现工伤保险基准费率和浮动费率的统一，在此基础上适当下调工伤保险费率。安徽省一类至八类工伤风险类别行业的基准费率分别为该行业用人单位工资总额的 0.2%、0.4%、0.6%、0.8%、1.0%、1.3%、1.6% 和 1.9%。以建设项目为单位参加工伤保险的各类建筑施工企业，按照项目工程合同造价的 1.2‰缴纳工伤保险费，较 2015 年该省确定的 2‰下调了 0.8‰，费率下调后，预计每年将为用人单位减轻工伤保险缴费负担 2.4 亿元[3]。工伤事故的减少，很大程度上得益于安全生产过程中人、财、物的投入。

第五节　工伤赔偿、职业康复及偿付能力管理

工伤赔偿标准，又称工伤保险待遇标准，是指工伤职工、工亡职工亲属依法按照《工伤保险条例》规定的工伤保险待遇项目和标准支付费用应当享受的赔偿项目和标准。工伤涉及医疗问题，与医疗有太多的交集，各地医疗条件不同，工伤赔偿标准不一致，国家规定的工伤赔偿项目主要包括治疗费、住院伙食补助费、外地就医交通费和食宿费、康复治疗费、辅助器具费、停

---

[1]　《工伤死亡事故中农民工占七成　安全培训尚不到位》，中国新闻网，2012 年 12 月 24 日。
[2]　根据国家统计局发布的《农民工监测调查报告》计算。
[3]　参见《安徽省工伤保险费率管理暂行办法》。

工留薪期工资、生活护理费、一次性伤残补助金、一次性就业补助金和一次性工伤医疗补助金、伤残津贴等。

工伤赔偿期限包括申请工伤认定期限、申请劳动能力鉴定期限、申请工伤待遇赔偿期限，工伤认定过程中容易发生纠纷，劳动能力鉴定过程中同样也存在一些摩擦，因为这都是比较复杂的问题。"工伤赔偿标准计算表"中有详细的计算公式可以参考。

全国各地的工伤赔偿标准不完全统一，一些地区有专门针对农民工的工伤赔偿标准，以建筑工程为例，因为其有一定的建设工期，实行工伤保险费总额包干制，工伤保险缴费设定专门计算公式。

建筑工程工伤保险费率可以由人社、城建等相关部门根据工伤保险基金运行情况进行适时调整。参照《国民经济行业分类》（GB/T4754-2002），我国将现有行业风险分为较小风险、中等风险、较大风险三类，有三种不同的工伤保险缴费率。在统筹地区范围内，按照本地区行业特点将差别费率分为五档到十五档的不等档次，根据每年的工伤事故发生率和职业病发生率进行浮动费率的调整。工伤保险费率实施差别费率制与浮动费率制，将年度工伤事故发生率、年度安全生产标准化达标率、作业场所职业病危害因素检测等三个统计指标严格纳入考核范围，对不同企业实行差别费率制度，当企业安全生产状况得以改善，事故发生率降低，可以实施浮动费率，减少企业缴费。工伤保险费率实施差别费率与浮动费率制的积极意义在于，一是可以在参保人数持续增加的基础上，使生产性事故减少，工伤认定人数和工伤发生率呈下降趋势；二是在工伤职工待遇水平持续增长的基础上，工伤保险基金缴付率呈下降趋势，保证工伤保险制度的可持续发展。

工伤赔偿中，工伤的等级鉴定是一个复杂的问题，《劳动能力鉴定　职工工伤与职业病致残等级》（GB/T16180-2006）规定，54种情况的职工工伤与职业病可以评定为十级伤残。劳动能力鉴定由专业机构进行，劳动能力鉴定是指劳动功能障碍程度和生活自理障碍程度的等级鉴定：将劳动功能障碍划分为十个伤残等级，最轻的为十级，最重的为一级。生活自理障碍划分为生活完全不能自理、生活大部分不能自理和生活部分不能自理三个等级。工伤伤残等级待遇对照如表12-7所示。

表 12-7　工伤伤残等级待遇对照

待遇	一级	二级	三级	四级	五级	六级	七级	八级	九级	十级
伤残就业补助金	27 个月本人工资	25 个月本人工资	23 个月本人工资	21 个月本人工资	18 个月本人工资	16 个月本人工资	13 个月本人工资	11 个月本人工资	9 个月本人工资	7 个月本人工资
伤残津贴	本人工资的 90%	本人工资的 85%	本人工资的 80%	本人工资的 75%	本人工资的 70%					

如果职工劳动聘用合同期满终止，或者职工本人提出解除劳动聘用合同，由工伤保险基金支付一次性工伤医疗补助金，由用人单位支付一次性伤残就业补助金，其具体标准由各省、自治区、直辖市人民政府自行规定。

职业康复是针对每一个职工而言的，以工伤职工重返工作岗位为目的，是用以恢复工伤职工工作能力的一种系统性的身体康复服务。通过职业康复的各种技术手段，帮助身体障碍者或伤病者恢复机能，促使他们重新参与社会活动，实现就业或再就业。职业康复包括的主要内容如下：职业能力评估、工作分析、功能性能力评估、工作模拟评估；工作强化训练、工作重整和体能强化、工作行为训练、工作模拟训练及工作安置。职业康复一般在人社部门管辖的工伤康复医院进行，要求通过专业化的职业病治疗，让工伤职工早日恢复身体健康，经过劳动能力鉴定中心的再次鉴定确认劳动能力后，能够重返工作岗位。

职业康复医院隶属于人社部门，也需要置于现代医院改革、药品流通体制改革、医疗保险三大改革的轨道之中。职业康复的周期长、费用高，患者大都属于困难群体。据统计，2013 年我国共报告职业病 26393 例，其中尘肺病 23152 例，急性职业中毒 637 例，慢性职业中毒 904 例，其他职业病 1700 例[①]。也有报告称，我国高达 2 亿劳动者在劳动过程中遭受不同程度的职业病伤害[②]，由于职业病认定和职业病诊断不规范，有相当一部分患者尤其是劳务派遣工难以依法得到赔偿。

职业康复的医疗经费大部分来自工伤保险缴费，其诊断过程、诊断医师

---

① 《去年中国新增 2.3 万尘肺病例　占职业病报告数近九成》，中国新闻网，2014 年 6 月 30 日。
② 贾玥：《滥用劳务派遣 "非解决不可" 农民工落户城市不是梦》，人民网，2011 年 3 月 9 日。

的资质、职业病康复结果的评定都置于法律与医学的双重管理之下。签订企业职业卫生条款，依法执行劳动合同，督促企业参加工伤保险，依法对工伤职工给予合理医疗，帮助他们重返工作岗位，都是现有企业要重视的工作。2017 年底，22724 万名职工参加了工伤保险，其中 193 万名职工享受了工伤保险待遇，工伤保险支出基金达 662 亿元，人均年支出达 34301 元，其中包括了参保职工在遭受工伤、患职业病后在定点医院、康复机构支出的治疗费用、护理费用、辅助器具的使用费用等①。

从我国工伤基金的积累情况看，2017 年底累计结存和储备金结存共有 1607 亿元人民币，以 2017 年工伤保险基金支出 662 亿元为参照，可以满足 2.43 年的基金供给，其结存量是充足的。工伤保险在我国的统筹范围较低，以市县级为主，其中化工行业、煤矿及各类矿山、建筑行业等风险程度较高的行业，一旦形成本地区的产业龙头或产业链，更容易推高工伤保险事故的发生率和职业病的发生率，所以工伤保险制度要尽快走向省级统筹，以使储备基金结存在更大的调剂空间中发挥作用。

---

① 根据人社部《2017 年度人力资源和社会保障事业发展统计公报》计算。

第十三章　社会保险基金投资对强化偿付能力负有重大使命

我国社会保险现有五个险种，养老保险与医疗保险实行社会统筹与个人账户相结合的筹资体制，失业保险由单位和个人共同缴费，工伤保险完全由单位缴费，生育保险在"十三五"期间并入医疗保险制度。我国社会保险基金总量巨大，如何实现投资与保值增值，是一个非常重要的社会课题。

第一节　社会保险基金贬值削弱了偿付能力

全国社会保障基金（习惯于称社会保障基金而不叫社会保险基金）于2000年8月设立，主要用于养老保险、医疗保险等的社会保障储备基金，资金来源包括中央财政每年预算拨款、国有资本划转、基金投资收益和国务院批准的其他方式筹集的资金，由全国社会保障基金理事会负责投资与管理运营，专门用于人口老龄化高原期①的养老保险等社会保障支出的补充和调剂。中国劳动和社会保障科学研究院院长金维刚透露："到本世纪中叶，老龄化人口达到峰值，预测老龄人口将达到4.87亿，占总人口35%。"② 迄今为止，全国社会保障基金还没有被正式动用，至人口老龄化高峰期到来前，可以形成

---

① 清华大学社会科学学院教授董克用认为，人口老龄化高峰期和高原期是具有显著差异的，高峰期是在达到峰值后开始下降，而高原期则是在相当长一段时期内保持高位而不下降，这一概念必须明确，它决定着应对人口老龄化的发展战略需要关注的周期长短。第七次全国人口普查已经出现人口老龄化高原期的表述。高峰期有一个高峰平台，也称高原期。

② 《人社部专家预测老龄化峰值，35%为老龄人口》，《中国经营报》2017年7月31日。

较大规模的积累基金。2000~2050 年中国 65 岁及以上老年人口比例如图 13-1
所示。

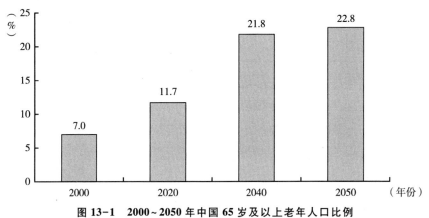

图 13-1 2000~2050 年中国 65 岁及以上老年人口比例

资料来源：《2018—2024 年中国养老产业市场专项调研及投资前景分析报告》。

建立国家社会保险型缴费机制，始于改革开放初期，我国五大社会保险
全面启动，养老保险、医疗保险、失业保险实行单位缴费与个人共同缴费，
工伤保险和生育保险，仅由单位缴费，迄今为止，已经形成了一定规模的社
会保险滚存积累基金，人社部发布的《2017 年度人力资源和社会保障事业发
展统计公报》显示，2017 年全年五项社会保险基金收入合计 67154 亿元，比
2016 年增加 13592 亿元，其中全年基本养老保险基金收入 46614 亿元，比上
年增长 22.7%，全年基本养老保险基金支出 40424 亿元，比上年增长 18.9%，
年末基本养老保险基金累计结存 50202 亿元。

在看似庞大的数字背后，存在着地区间巨大的收支结构与存储结构问题，
养老保险、医疗保险、失业保险、工伤保险、生育保险发展速度有快有慢，
覆盖人群数量不一（见表 13-1）。

表 13-1 2013~2021 年社会保险参保人数

单位：万人

险种	2013 年	2014 年	2015 年	2016 年	2017 年	2018 年	2019 年	2020 年	2021 年
养老保险	81968	84232	85833	88777	91548	94293	96754	99865	102871
医疗保险	57073	59747	66582	74392	117681	134459	135407	136100	136297

险种	2013 年	2014 年	2015 年	2016 年	2017 年	2018 年	2019 年	2020 年	2021 年
失业保险	16417	17043	17326	18089	18784	19643	20543	21689	22958
工伤保险	19917	20639	21432	21889	22724	23874	25478	26763	28287
生育保险	16392	17039	17771	18451	19300	20434	21417	23500	23752

资料来源：根据人社部发布的历年《人力资源和社会保障事业发展统计公报》整理。

2013~2021 年，医疗保险的平均增长速度为 11.50%，处于加速发展通道之中，基本实现了制度内全覆盖。养老保险和医疗保险两个项目由于兼顾了城乡居民，不是原来定位的在职职工概念，因此比其他三个项目的覆盖人群要大得多，失业保险、工伤保险、生育保险三个险种的覆盖人群大体上差不太多。这可能隐含着另一个问题，全国企业的在职职工规模远不止 2 亿人左右，2017 年城镇就业人员为 46773 万人。在职职工中包括农民工在内，人社部门要求的"五险一金"政策并没有得到很好的落实，课题组在 2017 年珠三角地区的调研中也反映了这一问题，"五险"参保加上公积金，有相当一部分中小企业承受不了这一社保成本，选择性参保或非足额缴费还是一个普遍性的问题。除了养老保险和医疗保险两个项目之外，失业保险、工伤保险、生育保险三个险种的指标体系还存在比较大的缺陷。

失业（工伤、生育）保险实纳率（%）= 实际纳入失业（工伤、生育）保险人数／
应该纳入失业（工伤、生育）保险人数 × 100%
失业（工伤、生育）保险单位纳入率（%）= 已经纳入失业（工伤、生育）保险单位数／
应该纳入失业（工伤、生育）保险单位数 × 100%

除了全国社会保障基金之外，社会保险五大险种所筹集的资金一般用于银行存款、购买国债，与多年的银行负利率的相伴相随，社会保险基金发生了较大幅度的贬值。郑秉文认为，中国社保制度投资体制始终缺位，庞大的社会保险基金作为财政专户存款"躺在银行里睡大觉"，跑不赢通货膨胀，多年来处于贬值风险之中。社会保险基金存在银行，年均收益率还不到同期银行活期存款利息的 2%，与 CPI 年均复合增长率高达 4.8% 相比，贬值近 1000 亿元，以社会平均工资增长率 14.8% 作为参照，潜在的福利损失相当于 1.3

万亿元①。之前的新农保基金、现在的城镇居民养老保险基金以及城镇居民医疗保险基金，均有一定的积累规模，但基金贬值风险加剧，社保基金的主要投资渠道是银行，"五险"积累基金的平均收益率低于物价增幅。社保基金的偿付能力自然而然地被削弱，这种削弱是一种非常可怕的无形损失。自国家规定社保基金停止所有投资以来，深圳将闲置资金全部用于购买国债和转存银行定期存款，但近年来存款利率和国债利率不断下调，社保基金没有增值反而贬值，养老保险共济基金累计赤字达 15 亿元②。

发达地区有非常庞大的"五险"基金滚存积累，非发达地区滚存积累基金严重偏低甚至出现负储备，如黑龙江省。以发达省份广东省为例，为保证离退休人员养老保险费的按时足额发放，全省多个统筹地区也只能挤占和挪用个人账户基金，造成严重的个人账户"空账"现象，珠三角地区缴费人数多，赡养率偏低，基金大量结余，而广东的北部山区和东西两翼，缴费人数少，偿付能力低，基金维系困难。以赡养率为例，2015 年，深圳市的赡养率仅为 2.8%，而湛江市的赡养率高达 61.4%，后者是前者的近 22 倍。

中央有关文件严格规定，社会保险结余基金除了按规定预留必要的支付费用外，全部存入银行和购买国债，一律不得进行其他任何形式的投资。由此，广州市财政局针对社保基金财政专户制定了《广州市财政局社会保险基金保值增值暂行办法》（2013），该文件规定在现行政策框架下，改变原先社保基金只存放 1 年定期存款的做法，在保证基金待遇按时给付的前提下，结合各险种的不同特点，通过合理调整存放定期存款的期限，提高基金收益率。如具体针对职工养老保险、失业保险等结余较多、运行比较稳定的险种采取三年或五年期定期进行存储；针对居民医疗保险、生育保险等结余相对较少、风险较大的险种采取一年期定期或活期存储的方式进行保值增值。事实上，存期越长，表面上看获得了更多的存款利息，但随着货币贬值速度的加快，多获得的利息无法抵销货币贬值的损失，其购买力指数随着时间的延续而下降。

---

① 金辉：《社保基金投资体制改革要加速——访中国社科院世界社保研究中心主任郑秉文》，《经济参考报》2015 年 7 月 31 日。

② 张小玲：《社保基金面临贬值风险　深圳探索保值途径》，《南方都市报》2016 年 5 月 19 日。

$$物价真实涨幅 = (1 + M2 \text{ 的增长速度}) / (1 + GDP \text{ 增长速度}) - 1$$
$$人民币贬值速度 = 1 - 1 / (1 + 物价真实涨幅)$$

2018 年 4 月，人民币结束前期升值趋势，进入贬值通道，而同期美元指数上涨 5.04%，但在 2019 年末，人民币又开始升值。如何促使社保基金合理投资，减少货币贬值带来的社保基金缩水是一个重要的问题。比如借道 QDII 基金直投海外，可以有效分散人民币贬值风险，还可以获取美元预期升值收益，虽然这种投资手段可能有效，但不符合我国社保险基金投资的政策规定。

第二节 社会保险基金保值增值的投资工具与路径选择

社会保险基金保值增值的投资工具名义上很多，如实业投资、债券投资、国内外股票投资、基金投资、银行存款、购买国债等，但由于社保基金（特别是养老金）属于老百姓的"活命钱"，投资政策的出台要特别慎重。

一 地方政府委托养老金投资取得了成效

经国务院特别批准，全国社会保障基金理事会 2012 年 3 月受广东省人民政府委托，投资运营广东省企业职工基本养老保险结存资金 1000 亿元人民币，投资期限定为两年。从全国范围看，这种方式打破了"社会保险结余基金除按规定预留必要的支付费用外，全部存入银行和购买国债，一律不得进行其他任何形式的投资"这一规定，该基金权益 2012 年末的余额为 1034.09 亿元，取得收益 34.09 亿元。"入市"的千亿养老金年化收益率 2012 年达 6.73%[1]，这远远高于存入银行和购买国债的盈余率。获得国务院特批的广东原始 1000 亿元社保基金委托运营合作在原有的两年投资期限合同的基础上，再延期三年，头两年所取得的 117.78 亿元收益已经收回，并回赠给了企业职工参保人的个人账户。

---

[1] 郭晋晖：《全国社保基金跑赢通胀 广东千亿养老金分享高收益》，《第一财经日报》2014 年 3 月 27 日。

据《2016 年全国社会保障基金理事会社保基金年度报告》，2016 年，广东委托资金权益 1213.79 亿元，其中委托资金 1000 亿元，累计投资收益 331.37 亿元，扣除按合同约定返还首个委托期两年期应得收益 117.78 亿元后，首个委托期满到 2016 年末的投资收益累计达 213.79 亿元。2016 年，山东委托资金权益 1050.19 亿元，其中，委托资金 1000 亿元，投资收益累计达 50.19 亿元。

截至 2018 年 9 月底，北京、山西等 15 个省（区、市）政府与全国社会保障基金理事会签署委托投资合同，合同总金额为 7150 亿元，其中 4166.5 亿元资金已经到账并开始投资[1]。人社部基金监管局局长唐霁松在第五届社会保障学术大会上指出，全国已有 17 个省（区、市）委托全国社会保障基金理事会进行养老基金投资，但委托数额不到滚存积累基金的 15%[2]。他希望各地方政府加大委托投资力度，争取更多的投资回报。

2015 年 8 月，国务院下发通知，养老金可以入市投资股票、股票基金、混合基金，股票型养老金产品的比例合计不得高于养老基金资产净值的 30%。2017 年底经过江苏省政府批准，1000 亿元企业职工养老保险滚存积累基金采取保底收益的方式，委托全国社会保障基金理事会投资运营，期限为五年。截至 2017 年底我国城镇职工基本养老保险基金累计结存高达 43885 亿元，从此数据来看，广东、山东、江苏委托全国社会保障基金理事会投资运营的数千亿元养老金仅仅是"毛毛雨"。广东省投资 1000 亿元养老金委托投资五年，取得了 33% 的投资收益，发挥了一定的示范效应。

2018 年 10 月 31 日，人社部在新闻发布会上宣布，截至 2018 年 9 月底，北京、山西等 15 个省（区、市）政府与全国社会保障基金理事会签署委托投资合同，合同总金额为 7150 亿元，其中 4166.5 亿元资金已经到账并开始投资[3]。事实上各地省级政府是否委托全国社会保障基金理事会进行养老金投资运营，由养老金结余较多的市（县）决定，前提是要保证本地养老金足额发放。2018 年中国股票市场表现不佳，各地方政府投资态度非常谨慎。采取传

---

① 陶凤、肖涌刚：《央企去年 750 亿资金划拨社保》，《北京商报》2019 年 1 月 18 日。

② 唐霁松：《防范化解重大风险必须加强社保基金监督》，第五届社会保障学术大会，2019 年 2 月 23 日。

③ 《人社部新闻发布会上，养老金又传来好消息！》，中国经济网，2018 年 11 月 7 日。

统的养老保险基金存入银行和购买国债的方式，地方政府不用担负政策风险，但养老金的贬值风险可能会加大。

二 从历史上看全国社会保障基金投资收益颇丰

全国社会保障理事会成立至今，其资金来源总体包括中央财政年度预算拨款、国有股减持转入资金、经国务院批准的以其他方式筹集的资金、投资收益、股权资产等。2021年，全国社会保障基金理事会社保基金资产总额达30198.10亿元，自成立以来年均投资收益率达8.30%，累计投资收益额达到17958.25亿元。全国社会保障基金理事会投资数据显示，到2021年末，财政性拨入全国社保基金资金和股份累计10291.62亿元，经过多年的投资运作，2021年末，社保基金权益总额27005.04亿元[1]（见表13-2）。

表 13-2　2008~2021 年社保基金收益率情况

单位：%，亿元

年份	当年投资收益率	资产总额	自成立以来的年均投资收益率	累计投资收益总额
2008	−6.79	5624	8.98	1598
2009	16.12	7766	9.75	2449
2010	4.23	8567	9.17	2773
2011	0.84	8688	8.40	2846
2012	7.01	11060	8.29	3492
2013	6.20	12416	8.13	4187
2014	11.69	15356	8.38	5612
2015	15.19	19138	8.82	7908
2016	1.73	20423	8.37	8227
2017	9.68	22231	8.44	10074
2018	−2.28	22353.78	7.82	9552.16
2019	14.06	26285.66	8.14	12464.06

---

[1]　参见《全国社会保障基金理事会社保基金年度报告（2021年度）》。

年份	当年投资收益率	资产总额	自成立以来的年均投资收益率	累计投资收益总额
2020	15.84	29226.61	8.51	16250.66
2021	4.27	30198.10	8.30	17958.25

资料来源：历年《全国社会保障基金理事会社保基金年度报告》。

自成立以来，全国社会保障基金理事会已经交出一份相当不错的答卷，没有辜负全国人民的期望，尽管近年来中国股票市场表现低迷，甚至一些年份排名全球股市的倒数第一或第二位（见表13-3）。

表13-3　世界主要指数三年数据对比表

指数名称	2015-6-8收盘点位	2018-6-8收盘点位	区间涨跌幅（%）
美国纳斯达克指数	5021.63	7645.51	52.25
美国道琼斯工业指数	17766.55	25316.53	42.50
美国标普500指数	2079.28	2779.03	33.65
印度孟买Sensex30指数	26523.09	35443.67	33.63
俄罗斯RTS指数	929.78	1142.90	22.92
中国台湾加权指数	9368.43	11156.42	19.09
韩国综合指数	2065.19	2451.58	18.71
德国DAX指数	11064.92	12766.55	15.38
中国香港恒生指数	27316.28	30958.21	13.33
英国富时100指数	6790.04	7681.07	13.12
法国CAC40指数	4857.66	5450.22	12.20
日本日经225指数	20457.19	22694.50	10.94
中国上证指数	5131.88	3067.15	-40.23
中国深证成指	17452.31	10205.52	-41.52

资料来源：理想论坛（www.55188.com）。

纵观最近十多年中国的股票市场，景气度偏低。2015年6月15日至9月15日3个月的时间内，A股共发生了16次千股跌停，平均每四个交易日发生一次，2016 年第一个交易日，A 股熔断机制正式生效的第一天，新年首个交易日，盘中便两次触发熔断机制，A 股提前收市[①]（见表 13-4）。

表 13-4　2015 年 6 月至 2019 年 6 月四大指数表现

指数	区间涨跌幅	指数	区间涨跌幅
上证综合指数	-37.75%	中证 500 指数	-53.87%
沪深 300 指数	-22.41%	创业板指数	-56.87%

资料来源：南方基金管理股份有限公司。

2018 年 1 月下旬开始，上证综合指数、深证综合指数、创业板指数均出现了 10% 以上的跌幅。美国道琼斯工业指数、纳斯达克指数等也起伏波动较大，在推出 500 亿美元征税清单之后，2018 年 6 月 19 日，美国继续提出将制定 2000 亿美元征税清单，加上其他外部因素影响，中国股市在 2018 年 6 月 19 日出现大跌。沪指大幅低开后，开盘直接失守 3000 点，午后跌幅进一步扩大，跌破 2900 点，最大跌幅近 5%，创两年内新低，下跌动能非常强劲，创业板盘中大跌逾 6%，创 2015 年以来的新低。两市逾千股跌停，跌幅超过 9% 的个股超过两千只，两市所有板块都沦陷。上证综合指数、深证成指下跌幅度创当日世界股市跌幅之最，分别为 3.78% 和 5.31%，香港恒生指数当日下跌幅度也达 2.78%（见表 13-5）。

表 13-5　2018-6-19 主要股指下跌情况对照

指数名称	下跌情况	指数名称	下跌情况
美国道琼斯工业指数	24682.67 304.80　1.22%	日本日经 225 指数	22278.48 401.85　1.77%
美国纳斯达克指数	7680.68 66.35　0.86%	韩国综合指数	2340.11 36.13　1.52%
美国标普 500 指数	2751.14 22.61　0.82%	富时新加坡 STI 指数	3301.35 22.69　0.68%

---

① 王洁：《3 个月 16 次千股跌停 3000 点关口再度告急》，《北京晨报》2015 年 9 月 16 日。

续表

指数名称	下跌情况	指数名称	下跌情况
英国富时 100 指数	7596.40 34.93 0.46%	中国香港恒生指数	29468.15 841.34 2.78%
法国 CAC40 指数	5388.11 62.36 1.14%	中国上证综合指数	2907.82 114.08 3.78%
德国 DAX 指数	12677.76 156.35 1.22%	中国深证成指	9414.76 528.37 5.31%

注：在第 2 列和第 4 列中，每方格内上面的数字表示股指点位，左下方数据表示下跌点位，右下方数据表示下跌百分率。

资料来源：根据 2018 年 6 月 19 日的网络资料整理。

自 2008 年 6 月 19 日起，中国股市绝大部分时间处于下跌通道中，到 2018 年 8 月 16 日，上证综合指数报收 2705.19，跌幅 0.66%，深证成指报收 8500.42，跌幅 0.94%，上证综合指数一度跌破 2700 点。而在此期间，美国纳斯达克指数、道琼斯工业指数、标普 500 指数却处于快速上升通道中，即使到了 2021 年 6 月，上证综合指数仍在 3600 点左右徘徊，始终难以突破。

股市低迷对全国社会保障基金理事会、中国养老保险基金和其他社保基金投资都是一个严峻的考验。新华社解读养老目标基金时提到：未来养老目标基金会成为 A 股市场重要的基金品种。网易财经认为：养老目标基金进入资本市场是我国探索养老第三支柱的重要一步，未来会成为 A 股市场重要的基金品种，渐进式地为市场带来稳定长期资金，转变人们的养老投资理念①。

以广发基金为例，发行的养老保险基金收益高于全国社会保障基金理事会的收益（见表 13-6）。

表 13-6 2021 年 6 月 9 日广发基金发行的养老基金（FOF）

基金名称	发行日期	单位净值	日涨跌	近三个月	2021 年以来
广发养老 2040	2020-5-22	1.1863	0.08%	4.73%	2.90%
广发养老 2035	2020-9-9	1.0957	0.00%	4.25%	2.69%
广发稳健养老	2018-12-25	1.1840	0.00%	2.34%	1.95%

---

① 《早知道：首批养老目标基金获批 新华社撰文解读》，网易财经，2018 年 8 月 17 日。

续表

基金名称	发行日期	单位净值	日涨跌	近三个月	2021 年以来
广发养老 2050	2019-4-26	1.3733	0.32%	4.97%	1.64%
广发均衡养老三年持有混合	2019-9-24	1.2921	0.12%	4.35%	1.42%

资料来源：根据广发基金管理有限公司 2021 年 6 月 9 日的资料整理。

除了城镇职工养老保险统筹基金之外，城镇职工医疗保险统筹基金及个人账户基金、城镇职工养老保险个人账户基金、城乡居民养老保险与城乡居民医疗保险基金，都有相当大的滚存积累，截至 2021 年底，社会保险基金滚存积累基金如表 13-7 所示。

表 13-7　2021 年底社会保险基金滚存积累基金

单位：亿元

养老保险			医疗保险			失业保险	工伤保险
城镇职工养老保险	城乡居民养老保险	企业年金	城镇职工医疗保险统筹账户（含生育保险）	城乡居民医疗保险	个人医疗账户		
52574	11396	24600	17685.74	6716.58	11753.98	3313	1411

注：工商保险基金内含储备金 270 亿元。

资料来源：《2021 年度人力资源和社会保障事业发展统计公报》。

由表 13-7 可以得出，五大保险（包括企业年金在内，企业年金已经有一个较好的资金运作模式）总滚存积累基金高达 129450.3 亿元，这是一个庞大的统计数字，一方面展现了改革开放以来社会保险取得的巨大成就，另一方面也使社保基金面临如何保值增值的问题。

全国社会保障基金理事会的职能中也包括为地方政府理财的职能，其除了为广东省、山东省、江苏省等提供职工基本养老基金的投资服务之外，还负责做实个人账户中央补助资金，如 2016 年，吉林省人民政府经财政部、人社部批准，与全国社会保障基金理事会签署个人账户中央补助金委托投资管理合同。

第三节　社会保险基金管理的政府规制

改革社会保险基金管理体制的重点如下：一是将各种来源的社会保险基金全部纳入财政专户管理，并责令有关部门治理企业欠费（国务院规定 2018 年之前的非足额欠费不清理，2020 年受疫情的影响，国务院和各省级政府均要求阶段性减免企业社保费）；二是通过政府预算外基金、10% 的国有资产变现收入、事业单位的业务补偿性收入等渠道筹集一部分基金用于社会保险事业经费；三是设立总会计制度，规范财政专户管理。社会保险基金管理是一项重大任务，政府规制直接关系到基金的安全问题。

一　社会保险基金管理的主要任务

社会保险基金是维系社会保险运行与可持续发展必不可少的重要战略资源。社会保险经办机构财务管理目标就是要多渠道筹措社会保险基金，盘活社保基金并使投资效益尽可能最大化，同时要坚持兼顾公平与效率原则，以审慎严密的办法监控基金，充分保证社保基金的发放。社会保险经办机构财务管理要以财务收支和社会保险基金活动为中心，大力提高理财水平，推动社会保险事业基金收支活动的可持续发展。目前社会保险基金管理的主要任务包括以下几方面。

一是认真贯彻执行国家有关的法律法规和系列政策体系的要求，进一步扩大社会保险覆盖面与基金筹资水平，降低征缴成本与管理成本，在 2019 年之后的征缴体制改革中，需要建立企业与个人诚信机制，更需要进一步在扩大社会保险基金积累上做文章。

二是正确处理国家、企业与个人三者之间的关系，提高参保者的社会保险意识，要在经济中高速增长和在社会经济同步发展的基础上逐步提高参保者的经济待遇水平，并尽力缩小养老保险待遇差距，强化权利与义务的关系，明确个人在社会保险中的责任，财务部门要做好基金年度核算工作，保证社会保险基金收入到位并保证社会保险基金的及时足额发放。

三是严格财政收支两条线管理，做好成本核算管理工作与社会保险基金预决算工作。健全社会保险基金财务会计管理制度，社会保险机构要按照财务会计制度的要求，定期或不定期地向政府和社会公布社会保险基金运行情况与投资收益状况，反映财政专户基金收支及结余情况，做好基金运行分析、评估与相关信息的披露工作，保证参保人的知情权。

四是在遵纪守法的基础上，严格财务管理纪律，加强对社保基金的财务管理与监督，确保社保基金安全，尽可能实现保值增值，切实维护参保者的合法权益。政府相关部门要切实履行政府行政职能，做好规制工作与社会治理，强化对社会保险的财务审计，保证行政监督的科学有序，杜绝社保基金的非理性投资与无效投资，采取切实有效的措施保障社会保险基金不被非法挪用、占用。

二 社会保险基金预算、决算与财务分析

社会保险基金预算要求社会保险经办机构根据社会保险制度实施计划和任务编制书的要求，经过法定审批程序执行基金财务计划。经办机构在年末按财政部门要求，根据本年度执行情况和下年度基金收支增减变动预测编制下年度基金预算草案，按照法定程序得到审批后严格执行。社会保险基金预算管理包括财务收支现金预算管理、以投资收益为核心的盈利趋势预测、以购建固定资产和对外投资为主的投资预算等内容。社会保险预算的审批程序要严格按照《中华人民共和国预算法》执行。为何建立社会保险预算体系？其目的就是运用国家财政预算的公共调控职能，按照新常态下管理体制改革的要求，充分保障社会保险制度的可持续发展，实现社会保障制度的全覆盖。为此，要做好以下几方面工作。

第一，编制要求与编制原则。预算编制一是要坚持以收定支、以筹定支原则，充分考虑多重因素对预算的正面及负面影响；二是努力扩大征缴面与征缴额，改革征收体制，严格处置恶意欠缴社保基金的行为，敦促企业合规缴纳；三是在现收现付体制下，坚持当年基金收支平衡、略有节余原则，若实施基金制，要努力研究积累系数与积累率对度过人口老龄化高峰期的影响，考虑企业与个人的承受能力。

第二，社会保险基金预算审批。预算编制先由上级或同级政府出台基金收支增长和相关平衡指标的宏观调控计划，社保机构在预测年度基金增减变动因素的基础上，提出基金预算草案，分类审核汇总后报经财政部门审核，

同时报经同级政府审批；按法定程序审核批准后的预算，由财政部门及时向社保部门批复执行，并报经上级财政和社保部门备案（见图 13-2）。

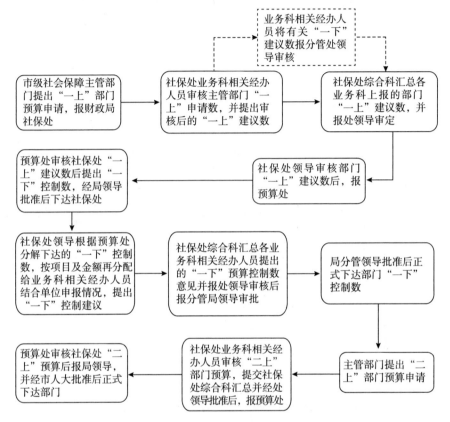

图 13-2　社会保险基金基层管理部门预算编报审核流程

第三，社会保险基金预算的执行与调整。通过分险种考核、分开核算、理顺征缴关系、强化征收管理等严格执行社会保险基金预算，做到应缴尽缴、确保收入任务的完成。预算支出管理要严格防止基金流失，杜绝假冒领取行为，在统筹范围内合理调度社保基金，满足社保基金的支付需求。经办机构要认真分析基金收支情况与动态变化并掌握投资盈利情况，并定期向同级财政和社保部门报告收支情况。社会保险基金经营管理机构调整预算方案要说明更改理由，上报社保部门和财政部门审核，经同级人民政府批准后，由财政部门向社保部门下达预算调整计划同意文本，并呈报上级财政部门和社保部门备案。

第四，社会保险基金决算。年末社会保险基金经营管理机构要根据财政部门规定的表式、时间和要求编制年度社会保险基金财务报告，在规定期限内经社保部门审核汇总报经同级财政部门审核，对不符合法律、法规及政策制度规定的，财政部门有权予以调整，经财政部门审核无误后，由同级政府批准，批准后的年度基金财务报告为基金决算。2021年中央社会保险基金收入决算情况如表13-8所示。

表13-8　2021年中央社会保险基金收支决算情况

单位：亿元

项目	企业职工基本养老保险基金	城乡居民基本养老保险基金	城镇职工基本医疗保险基金	城乡居民基本医疗保险基金	工伤保险基金	失业保险基金	中央社会保险基金收入决算数
收入	348.02	2.12	64.52	10.55	1.65	4.08	1317.75
其中：保险费收入	161.86	1.19	59.14	4.09	1.58	3.99	749.3
财政补贴收入	179.16	0.52	4.5	6.27			549.64
支出	367.18	0.63	51.22	9.54	2.87	2.43	1308.47
支出总量	9661.7						10602.99
本年收支结余	10.06	1.49	13.3	1.01	1.22	1.65	18.38
年末滚存结余	170.38	8.58	75.18	15.27	3.84	13.22	395.78

资料来源：财政部发布的《关于2021年中央社会保险基金决算情况的说明》。

社会保险基金财务分析要求对基金财务报表的所有会计资料、统计资料与业务资料以及辅助资料进行综合汇总，联系社会保险基金运行整体情况加以全面的分析研究。

1. 社会保险基金财务分析的目的

社会保险基金财务分析就是尽最大的可能保证社保基金的收支管理、投资管理的顺利进行，推动实现社会保险可持续发展这一总体目标。社会保险基金财务分析既要追求经济效益也不能放弃社会效益，要提高经办管理绩效，尽可能实现社会保险基金在资本市场与产业化投资方面实现最大限度的增值，保障参保人的经济利益，维护社会稳定，提升社会保险基金的偿付能力，具体要做好以下工作。

（1）财务预测。我国早在 1999 年 6 月颁布的《社会保险基金财务制度》（财社字〔1999〕60 号）中就明确规定，各级社会保险机构必须于年末根据上年度预算执行情况和本年度收支预测，编制企业社会保险基金预算草案。社会保险基金财务分析被纳入社会保险会计核算体系，这凸显了其重要的决策属性与决策价值。财务预测需要对会计、统计及业务资料进行综合分析，对基金运行未来的发展趋势做出判断评估，从多种可供选择的方案中择取最优方案。如美国自 2003 年起建立了社会保障随机预测模型 OSM（OCA Stochastic Model）来评估社会保险基金在未来面临的不确定性，建立了社会保险基金长期微观预测模型 CBOLT（The Congressional Budget Office Long Term Model），用于量化社保基金模型的不确定性[1]。

（2）财务控制。社会保险基金运行实施过程中的各项财务指标，难免会出现偏差，在执行过程中对社会保险基金财务预算进行必要的动态调整与随机干预，有利于及时发现偏差，实现预算目标。为此，社会保险基金投资过程中要尽可能地通过财务分析与统计判断纠正投资失误，通过技术修正减小经济损失。针对社会保险基金运行建立一整套财务指标监控体系，有利于对社会保险基金运行进行事前、事中与事后控制，减少投资失误率，提高投资效益。

（3）财务绩效评估。社保财务绩效评估是人社部门及财务部门在履行社会保险职能的过程中对社保基金耗费所产生的社会经济效益的评估，尤其是对社保基金偿付能力的评估，其主要涉及社会保险财政预算执行情况评估、社会保险基金收支情况评估、基金投资运行情况评估、基金投资结构分析评估等。财务绩效分析评估要以统计事实为依据，找出问题的发生原因以明确未来工作重点与纠错方向。社会保险基金财务绩效评估要求建立社会保险基金运营效益的综合统计指标体系，结合国家宏观调控政策的实施状况与社会经济发展势态做出公平的价值判断，找出需要努力的方向，更好地促进社会保险的健康发展。

---

[1] 王晓军、王述珍：《社会保障基金长期财务随机预测模型的比较与选择》，《统计研究》2012 年第 9 期。

2. 社会保险基金财务分析报告

社会保险基金财务分析报告根据日常会计核算资料定期编制，用以反映一定时期内的基金财务状况和财政预算执行结果，社会保险基金财务报告主要包括基金资产负债表、基金收支表、财务情况说明书、附注及明细表，基金资产负债表和基金收支表为最核心的内容。

（1）社会保险基金资产负债表。资产负债表是反映经营单位在某一时点（月末、季末、年末）的全部资产、负债和净资产等财务状况的会计报表。社会保险基金负债表重点反映社会保险基金财务状况，社会保险基金资产负债从保险资产、保费收入与支出、保险基金负债和保险净资产方面，综合反映社保部门的期末结存情况。如全国社会保障基金理事会各年度的社保基金资产负债表（见表13-9），要反映社会保险基金的财务状况与偿债能力的强弱。

（2）社会保险基金财务状况分析。社会保险基金资产总额及其分布状况可以反映社会保险各险种的基金总量如收入、支出、积累额的大小及动态变化，反映社保基金的存量、流量与增量等时间序列数据的变化。养老金的各种负债指标，如显性负债、隐性负债、或有负债等，在一定程度上反映社保基金所承受风险的大小。对资产总额与负债总额占比即资产负债率的分析的目的就是要把握社会保险基金在报告期的偿付能力及风险状况。负债总额与所有者权益总额之比即负债权益比。

（3）社保基金资产结构分析。社保基金资产主要由缴付现金、银行存款、财政专户、中短期投资收益、暂付款等项目构成，社会保险各项目基金的收入来源与支出都要受到国家法律制度的约束。通过对社会保险基金的资产结构分析，我们可以了解社保基金资产的组成结构、基金的盈利能力、预防风险能力的承受力大小、养老保险基金可支付月数等，这有利于为优化基金资产结构和改善基金财务状况提供有力的决策参考。社保基金资产结构分析包括以下内容。

其一，基金资产结构及影响程度分析，包括各社会保险项目资产占比，各项目资金支出结构，通过结构分析，反映其影响程度，揭示一些财务派生性指标，反映社保基金的风险点与社保基金运用的真实潜力。

其二，基金资产结构的收益性分析，基金资产中的现金、财政专户及暂收款属于保值性资产，银行存款、短期投资、长期投资则属于增值性资产，资产价值中包含一个超出成本价值的收益额，该资产被投出而使该潜在收益

表13-9　社保基金资产负债表

2017年12月31日

编制单位：全国社会保障基金理事会　　　　　　　　　　　　　　　会社基 01

单位：人民币元

项　目	期初余额	期末余额	项　目	期初余额	期末余额
资产：			负债：		
银行存款	2259797301.99	13092180755.26	应付证券清算款	5187409642.20	4328766610.03
结算备付金	5608904689.48	10002595154.10	交易类金融负债	46523120.44	32876947.67
存出保证金	358623976.92	358593943.30	融资回购	79095935789.79	130969441342.68
交易类金融资产	722710236343.79	873644199310.85	应付交易费用	158178648.77	161643566.05
融券回购	42702655763.17	44092109669.97	应付管理人报酬	778699009.56	870122609.98
应收证券清算款	4483051259.02	7404226818.42	应付托管费	501406164.00	553321976.25
应收利息	21805249576.47	24272738440.31	应交税费		133612526.29
应收股利	110865046.04	107941712.17	应付利息	49746012.70	7649140437.54
应收退税款	55272968.93	80378148.14	应付款项	7536098953.26	6439705169.32
可供出售金融资产	237119468804.11	281518461993.70	其他负债	167151950.15	
持有至到期投资	822509783258.66	795618207797.76	负债合计	93521149290.87	151434524185.81
长期股权投资	162133200923.54	172847833970.62	基金权益：		
其他资产	186497380.03	84631162.29	全国社保基金	1537688860421.65	1754215176585.21
			个人账户基金	118151029013.32	127406116932.18
			地方委托资金	226398352566.80	114080970297.25
			基金公积	58902213793.55	75867177585.64
			报表折算差额	7720192205.96	120133290.80
			基金权益合计	1948860648001.28	2071689574691.08
资产总计	2042381797292.15	2223124098876.89	负债和基金权益总计	2042381797292.15	2223124098876.89

社保基金会负责人：　　　　　财务负责人：　　　　　编制人：

额能被实现的资产，称为收益性资产。通过对资产类资产结构的收益性分析，可以了解基金资产的整体收益水平，在不影响基金运行的情况下，调整资产结构，提高基金资产的实际赢利能力。

其三，基金资产风险性分析，社会保险基金投资结构、投资比例、投资方向、投资组合都可能存在投资风险问题，基金投资组合可以帮助投资者适当地规避一些投资风险，鸡蛋不要放在同一个篮子里，盈亏相抵但并不一定能实现投资收益的最大化。权衡风险发生的不确定性与规避投资风险，要求在财务分析中与基金托管机构或投资部门一道，选择最优的资产结构与投资结构及最佳的投资组合。

其四，基金资产结构的弹性分析，资产结构弹性是指资产总量可随时调整的可能性以及资产内部结构能随时调整的可能性两者的统一。资产结构弹性分析要比较报告期与基期的资产结构指数，从中判断金融资产比重变化的影响，以确定资产结构弹性。资产结构弹性资产的拥有量也必须适度，进行资产弹性分析的目的在于根据社保基金所处的具体环境确定金融资产合理的持有量，保持资产的最佳结构并获取最佳经营效益。

（4）基金负债结构分析。社会保险基金负债结构主要分析负债期限结构。统筹账户不足，大量地使用个人账户基金致使负债关系形成，如养老保险项目中代际拆借的混账经营。分析资产负债表中长期借款与短期借款的比例关系及各自与基金资产之间的偿付关系，分析资产负债率状况，把握基金的财务运行风险，反映偿还债务的保障程度，如分析动用国有企业 10% 的利润抵偿"中人"的视同缴费是否有效，基金负债结构分析有利于降低基金运营风险，维持社保基金的短期与中期平衡。

三　社会保险基金监管模式与财务监督

据财联社统计，截至 2019 年 1 月 31 日，2018 年年报预亏损上限超过 10 亿元的 A 股公司达到 96 家，亏损总额达 2050.84 亿元。其中净亏损超过 20 亿元的达到 35 家，超过 50 亿元的也达 7 家。东方精工大幅亏损，社保基金 502 组合亏损严重，2019 年人福医药亏损 22 亿元到 27 亿元，社保基金 418 组合和 118 组合合计持有人福医药股数超过 4000 万股①。投资不慎，社保基金

---

① 财联社：《一口气连踩 7 颗雷，南方基金成为踩雷王》，2019 年 2 月 1 日。

亏损严重，会给社保基金带来重大损失。

日本政府养老投资基金（Government Pension Investment Fund，GPIF）发布的《2018 财年第三季度报告》显示，该基金创下了市场化运作以来最大的单季亏损纪录，亏损达 14.8 万亿日元（约合人民币 9115 亿元），投资回报率为−9.06%[①]。类似日本养老保险基金投资亏损的问题，必须启动财务监管机制进行事中控制。

（一）　加强社会保险基金监督管理重在确立保障机制

1. 确保基金的安全和完整

作为社会的安全网和稳定器，社会保障制度也是建设社会主义和谐社会极其重要的内容。切实管好用好社会保险基金，确保基金安全完整、保值增值，是参保人的嘱托，更是政府义不容辞的重要责任。任何单位和个人都不得侵占、挪用，更不能贪污。从维护广大人民群众根本利益出发，充分认识到社会保险基金的重要社会职能，将管好、用好老百姓的"养命钱"作为社会天职，不断规范社保基金管理，加强基金严格监督，维护基金安全，以高度的"以人民为中心"的社会责任，切实做好社会保障基金监督管理工作。

2. 维护参保者的正当合法权益

社保基金是社会保险得以延续的保证，是社会保障制度重要的物质基础，社保基金的安全与完整，直接关系到广大参保人员的终身利益。目前以五种社会保险为主的社会保险基金的结余基金只能存银行、购买国债或是委托全国社会保障基金理事会进行投资。为维护参保者的正当合法权益，使全体参保人享受社会发展经济成果，要加强社保基金监管，保证社会保障制度良性运转和可持续发展，确保社保基金安全。

3. 实现社保基金的保值增值

社保基金管理事关改善民生、社会稳定和国家的长治久安，为了使基金的有效运行，管理和运营好社会保障基金的责任十分重大。在经济下行，各种社会不确定性因素加剧的情况下，在养老保险基金将实施全国统筹的大背景下，要进一步巩固现有基金筹资渠道，加大基金投入尤其是将国有企业股

---

① 《一个季度亏 9115 亿！世界最大养老基金炒股创亏损纪录》，每经网，2019 年 2 月 3 日。

份的一定比例划拨至社保基金，扩大基金积累规模。

完善社保基金治理结构，探索建立科学的社保基金资产管理体制。坚持审慎管理的"四只眼睛"原则，把基金安全摆在第一位，同时秉承长期投资、价值投资和责任投资的社会理念，拓宽投资渠道，在确保社保基金安全的前提下实现基金的保值增值。社保基金进行多元化投资已是大势所趋，保值增值是最基本的要求，因此如何规避资本市场与实业投资市场的投资风险，尽快建立科学规范的社保基金营运管理与监督体系，事关基金支付风险的规避。

（二）社会保险基金监督体系

1. 社会保险基金监督的体制框架

早在 2003 年，劳动和社会保障部就印发了《社会保障基金现场监督规则》（劳社部发〔2003〕5 号）。如今，人社部负责全国社会保险基金的监督工作，具体由人社部基金监督司担责。社会保险基金监督体系主要由人大、国家行政、社会三方的共同监督和基金管理部门实施的基金内部控制构成，即包括社会保险经办机构的内部稽查和上级社会保险经办机构对下级社会保险经办机构的监督，其中各级人大的监督是中央和地方最高层次的监督。社会保险基金监督的主要内容是对社保基金收入、支出与基金结余情况进行监督。社会保险经办机构的主要任务包括制定社会保险制度、基金管理政策与监督制度，处置重大违纪案件，认定投资机构资格，开展内部审计，等等。

2. 社会保险基金监督体系的构成

社会保险基金监督体系由各级劳动保障行政部门基金监管机构的行政监督，财政、审计和金融机构的专门监督，各级政府社会保障监督委员会的社会监督，社保经办机构、财政专户管理机构、税务征收机构以及银行、邮政等社会服务机构的内部监督构成。社会保险基金监督体系包括基金日常管理监督、基金营运监督和基金法制监督三个子系统。其中基金日常管理监督侧重于社保基金的征收、支付、管理的三个环节，以确保社保基金依法征收和按时足额支付；基金营运监督依照低风险、适度高回报、流动性、最优投资组合四个原则，对投资运营的各个环节进行监督，以获取效益回报，防范投资风险；基金法制监督要求政府制定各种社会保险的各项法律法规，建立完善的社会保险制度。

参考文献

《2015 年度人力资源和社会保障事业发展统计公报》。

《2017 年度人力资源和社会保障事业发展统计公报》。

《2020 年度人力资源和社会保障事业发展统计公报》。

《2021 年医疗保障事业发展统计快报》。

〔英〕安东尼·吉登斯：《第三条道路：社会民主主义的复兴》，北京大学出版社，2000。

白重恩、钱震杰：《国民收入的要素分配：统计数据背后的故事》，《经济研究》2009 年第 3 期。

班娟娟：《养老保险支出四年激增一倍多 财政补助依赖度攀升》，《经济参考报》2018 年 5 月 23 日。

〔英〕保罗·皮尔逊编《福利制度的新政治学》，汪淳波、苗正民译，商务印书馆，2004。

〔美〕贝弗里·J. 西尔弗：《劳工的力量——1870 年以来的工人运动与全球化》，社会科学文献出版社，2012。

曹园：《机关事业单位养老保险新政对财政支出影响的精算分析》，《保险研究》2015 年第 12 期。

陈标平、吴晓俊：《"破"农村返贫困境，"立"可持续扶贫新模式——农村反贫运动 60 年反思》，《生产力研究》2010 年第 3 期。

陈斌开、曹文举：《从机会均等到结果平等：中国收入分配现状与出路》，《经济社会体制比较》2013 年第 6 期。

陈培榕、吴拉、朱丽莎：《老年人医疗服务利用及其影响因素分析——基于中国健康与养老追踪调查的数据》，《中国社会医学杂志》2015 年第 2 期。

陈曦：《养老保险降费率、基金收入与长期收支平衡》，《中国人口科学》2017 年第 3 期。

陈仰东：《社保机构是政府的核心部门——从美国政府关门说起》，《中国社会保障》2011 年第 9 期。

陈在余：《农村居民医疗支出差异及影响因素分析》，《经济问题》2007 年第 6 期。

〔美〕达尔默·D.霍斯金斯等编：《21 世纪初的社会保障》，侯宝琴译，中国劳动社会保障出版社，2004。

〔美〕丹尼尔·阿尔特曼：《全球经济 12 大趋势》，陈杰、王玮玮译，中信出版社，2012。

邓大松、陈文娟、王增文：《论中国的养老风险及其规避》，《经济评论》2008 年第 2 期。

邓大松、林毓铭、谢圣远等：《社会保障理论与实践发展研究》，人民出版社，2007。

邓大松、仙蜜花：《延长退休年龄对基本养老保险统筹基金收支平衡的影响研究》，《江西财经大学学报》2015 年第 5 期。

董芳、周江涛、赵俊康：《失业保险基金支出促进就业功能研究——基于线性协整与面板协整的实证检验》，《经济问题》2015 年第 2 期。

杜鹏、李强：《1994~2004 年中国老年人的生活自理预期寿命及其变化》，《人口研究》2006 年第 5 期。

封进、郭瑜：《新型农村养老保险制度的财政支持能力》，《重庆社会科学》2011 年第 7 期。

封进、余央央、楼平易：《医疗需求与中国医疗费用增长——基于城乡老年医疗支出差异的视角》，《中国社会科学》2015 年第 3 期。

高和荣、廖小航：《我国失业保险制度的实施与普遍整合》，《西北人口》2012 年第 1 期。

高建刚、王冬梅：《城镇居民医疗支出的不均等性及影响因素分析》，《经济经纬》2010 年第 3 期。

巩春秋：《关于失业保险制度功能转型问题的思考》，《山东社会科学》

2014 年第 11 期。

郭立场：《城乡养老保障"双轨制"亟待改革》，《中华工商时报》2013
年 6 月 5 日。

国家统计局：《中华人民共和国 2016 年国民经济和社会发展统计公报》，
《人民日报》2017 年 3 月 1 日。

《国务院要求切实做好降低社保费率工作》，中国政府网，2019 年 7 月
10 日。

何文炯：《社会保障应体现农民的历史贡献》，《中国社会保障》2018 年
第 5 期。

胡鞍钢：《我国实际失业率应是 8%》，《中国改革》2000 年第 2 期。

胡斌、钱香玲、朱蓓、张冰蟾：《徐州市区老年人社区居家养老意愿及影
响因素》，《中国老年学杂志》2019 年第 6 期。

胡宏伟、时媛媛、肖伊雪：《公共服务均等化视角下中国养老保障方式与
路径选择——居家养老服务保障的优势与发展路径》，《华东经济管理》2012
年第 1 期。

胡宏伟、时媛媛、张薇娜：《需求与制度安排：城市化战略下的居家养老
服务保障定位与发展》，《人口与发展》2011 年第 6 期。

胡宏伟、张澜、李佳怿、杜雅轩、王静茹：《城镇居民基本医疗保险会加
重老年人医疗负担吗？——基于家庭医疗负担的制度评价》，《老龄科学研究》
2015 年第 4 期。

胡宏伟、张小燕、郭牧琦：《老年人医疗保健支出水平及其影响因素分
析——慢性病高发背景下的老年人医疗保健制度改革》，《人口与经济》2012
年第 1 期。

黄奇帆：《围绕具有重大潜在红利的供给侧问题 推动一批聚财型、生财
型、资源优化配置型的改革事项》，《中国经济周刊》2019 年第 24 期。

黄少宽：《我国"时间储蓄"养老服务模式的研究进展》，《社会保障研
究》2014 年第 6 期。

金辉：《欧债危机接连引政坛地震 养老金成危机最后诱因》，《经济参考
报》2012 年 1 月 5 日。

金辉：《社保基金投资体制改革要加速——访中国社科院世界社保研究中

心主任郑秉文》，《经济参考报》2015 年 7 月 31 日。

黎大有、张荣芳：《从失业保险到就业保险——中国失业保险制度改革的新路径》，《中南民族大学学报》（人文社会科学版）2015 年第 2 期。

李彪：《国有资本填充养老金缺口：为老一辈"增富"为新一代减负》，《每日经济新闻》2017 年 11 月 20 日。

李彪：《专家：两年内须解决中国养老金制度转型》，《每日经济新闻》2016 年 8 月 15 日。

李稻葵、刘霖林、王红领：《GDP 中劳动份额演变的 U 型规律》，《经济研究》2009 年第 1 期。

李凤月、张忠任：《我国财政社会保障支出的中央地方关系及地区差异研究》，《财政研究》2015 年第 6 期。

李红岚、武玉宁：《提前退休问题研究》，《经济理论与经济管理》2000 年第 2 期。

李利娜：《大资管趋势下银行理财产品转型的路径选择及相关风险分析》，《区域金融研究》2015 年第 5 期。

李亚青：《社会医疗保险的真实保障水平研究——兼论"保障水平幻觉"》，《人口与经济》2012 年第 5 期。

李扬等：《中国国家资产负债表 2013——理论、方法与风险评估》，中国社会科学出版社，2013。

李月娥、卢珊：《安德森模型的理论构建及分析路径演变评析》，《中国卫生事业管理》2017 年第 5 期。

梁书毓、薛惠元：《费率降低背景下失业保险保障水平的确定——基于基金平衡的视角》，《西北人口》2016 年第 1 期。

林博：《社会保障水平适度性研究——研究方法与实践探讨》，《金融与经济》2012 年第 12 期。

林毓铭：《充分认识养老保险个人账户从"空账"向"实账"转化的长期性》，《市场与人口分析》2004 年第 3 期。

林毓铭：《代际间帕累托最优的理论歧义与养老保险财务制度的定位》，《统计与信息论坛》2003 年第 3 期。

林毓铭、林博：《发展巨灾保险的紧迫性与路径依赖》，《保险研究》

2014 年第 2 期。

林毓铭：《社会保险经办管理与服务》，社会科学文献出版社，2019。

林毓铭：《社会保障研究的另一视角：社会保障若干产权问题》，《中共福建省委党校学报》2006 年第 6 期。

林毓铭：《社会保障与公共危机管理研究》，人民出版社，2016。

林毓铭：《社会保障与政府职能研究》，人民出版社，2008。

林毓铭：《体制改革：从养老保险省级统筹到基础养老金全国统筹》，《经济学家》2013 年第 12 期。

林毓铭、夏林林：《社会保障可持续发展的理论要义与复杂性视阈》，《社会保障研究》2011 年第 1 期。

林毓铭：《养老保险与医疗保险多支柱体系建设——应对人口老龄化危机的长远之策和应急之策》，知识产权出版社，2009。

林毓铭：《政府社会保障职能与角色转换机制研究》，《政治学研究》2006 年第 2 期。

林毓铭：《中国社会保障的改革探索》，江西人民出版社，2004。

林毓铭主编《应急管理定量分析方法》，暨南大学出版社，2011。

林治芬、魏雨晨：《中央和地方社会保障支出责任划分中外比较》，《中国行政管理》2015 年第 1 期。

刘健：《全国社会保障基金投资困境和对策分析》，《石家庄学院学报》第 4 期。

刘娟、何少文编著《社会救助政策与实务》，广东经济出版社，2016。

刘丽霞主编《公共政策分析》，东北财经大学出版社，2006。

刘学良：《中国养老保险的收支缺口和可持续性研究》，《中国工业经济》2014 年第 9 期。

柳军：《国资划转社保加速推进，为企业降费带来想象空间》，时代财经，2018 年 11 月 30 日。

陆解芬：《国有资本充实全国社会保障基金瓶颈分析》，《财会研究》2018 年第 1 期。

吕学静编著《现代各国社会保障制度》，中国劳动社会保障出版社，2006。

罗彦、李浩燃、王有佳、唐露薇等：《优化养老保险，我们还能做更多》，《人民日报》2012年9月17日。

骆琳：《为加快经济发展方式转变提供安全生产保障》，《求是》2010年第15期。

马宁宁、李勇：《我国老年人医疗卫生费用支出影响因素实证分析》，《中国药物评价》2016年第3期。

马玉荣：《巨额外汇储备能否充实社保?》，《中国经济报告》2013年第5期。

穆光宗、姚远：《探索中国特色的综合解决老龄问题的未来之路——"全国家庭养老与社会化养老服务研讨会"纪要》，《人口与经济》1999年第2期。

穆光宗：《中国传统养老方式的变革和展望》，《中国人民大学学报》2000年第5期。

彭华民等：《西方社会福利理论前沿：论国家、社会、体制与政策》中国社会出版社，2005。

清华大学国情研究中心：《2030中国：迈向共同富裕》，中国人民大学出版社，2011。

《全国社会保障基金理事会基金年度报告（2015年度）》。

《全国政协委员孙洁：社会保险费应统一由社会保险经办机构征收》，《华夏时报》2017年3月6日。

《人大财经委邵宁：中国已过刘易斯拐点了劳动力或将不足》，《经济参考报》2018年1月8日。

《人力资源和社会保障事业发展"十四五"规划》。

《社会保障概论》编写组编《社会保障概论》，高等教育出版社，2019。

《社科院郑秉文：养老金全国统筹 应推进中央层面大收大支》，搜狐财经，2016年12月29日。

世界银行编写组主编《全球化、增长与贫困》，中国财政经济出版社，2003。

《"适时"下调社保费率，今年能做到吗?》，《新京报》2015年1月11日。

宋璐、左冬梅：《农村老年人医疗支出及其影响因素的性别差异：以巢湖地区为例》，《中国农村经济》2010 年第 5 期。

唐大鹏、张琪：《我国社保基金财务偿付能力评价指标构建及风险测度》，《财政研究》2019 年第 1 期。

唐霁松：《社会保险费统一征收应早落地》，《中国社会保障》2017 年第 5 期。

童玉芬、朱延红、郑冬冬：《未来 20 年中国农村劳动力非农化转移的潜力和趋势分析》，《人口研究》2011 年第 4 期。

宛亚琴：《我国财政社会保障支出地区差异分析》，《北方经济》2018 年第 4 期。

王成、丁社教：《政府购买居家养老服务质量评价——多维内涵、指标构建与实例应用》，《人口与经济》2018 年第 4 期。

王东京：《经济全球化与中国的经济结构调整》，《管理世界》2017 年第 5 期。

王红：《老年人社会服务需求、供给及利用情况分析——以北京市西城区为例》，《北京交通大学学报》（社会科学版）2015 年第 1 期。

王建芬：《法国骚乱蔓延至比利时约 30 辆汽车遭纵火焚烧》，《中国日报》2005 年 11 月 14 日。

王雯：《城乡居民基本养老保险财政补贴机制研究》，《社会保障研究》2017 年第 5 期。

王小龙、兰永生：《新型农村合作医疗：政策性补偿支出与基层政府财政负担》，《经济学家》2011 年第 6 期。

王晓军、王述珍：《社会保障基金长期财务随机预测模型的比较与选择》，《统计研究》2012 年第 9 期。

王雅洁：《国资终于确定要划给社保基金 规模在 4 万亿左右》，《经济观察报》2016 年 8 月 14 日。

王雅林：《生活方式研究评述》，《社会学研究》1995 年第 4 期。

王延中主编《社会保障绿皮书：中国社会保障发展报告（2012）No.5——社会保障与收入再分配》，社会科学文献出版社，2012。

王震：《居家社区养老服务供给的政策分析及治理模式重构》，《探索》

2018 年第 6 期。

王作宝：《养老保险与公共财政领域的代际负担——四种测量模型》，《经济与管理》2014 年第 1 期。

韦克难、许传新：《家庭养老观：削弱抑或强化——来自四川省的实证调查》，《学习与实践》2011 年第 11 期。

温劢君、宋世斌：《医疗保险对我国农村老年人健康需求的影响研究》，《中国卫生经济》2013 年第 7 期。

吴连霞：《中国养老保险制度变迁机制研究》，中国社会科学出版社，2012。

吴玉韶、党俊武：《中国老龄产业发展报告（2014）》，社会科学文献出版社，2014。

肖严华、张晓娣、徐海燕：《降低社会保险费率与社保基金收入的关系研究》，《上海经济研究》2017 年第 12 期。

谢元态、汪云兴：《我国农民工"退保潮"问题产生的根源分析——以东莞、深圳为例》，《经济纵横》2008 年第 9 期。

熊伟、张荣芳：《财政补助社会保险的法学透析：以二元分立为视角》，《法学研究》2016 年第 1 期。

杨翠迎主编《社会保障学》，复旦大学出版社，2015。

杨欣潼、张婷、白丽平、石园、陈文戈：《社区居家养老服务的预约调度与路径规划问题研究：基于改善蚁群算法》，《系统工程理论与实践》2019 年第 5 期。

杨志勇、张斌主编《中国政府资产负债表（2019）》，社会科学文献出版社，2019。

于长永：《新型农村合作医疗制度建设绩效评价》，《统计研究》2012 年第 4 期。

〔美〕约翰·B. 威廉姆森、弗雷德·C. 帕姆佩尔：《养老保险比较分析》，马胜杰、刘艳红、赵陵译，法律出版社，2011。

翟振武、陈佳鞠、李龙：《2015～2100 年中国人口与老龄化变动趋势》，《人口研究》2017 年第 4 期。

〔美〕詹姆斯·亨德森：《健康经济学》，向运华、钟建威、季华璐、颜韬译，人民邮电出版社，2008。

张超、梅强：《中小企业的创新与安全生产》，《商业研究》2005 年第 7 期。

张车伟、张士斌：《中国初次收入分配格局的变动与问题——以劳动保障占 GDP 份额为视角》，《中国人口科学》2010 年第 5 期。

张立军：《论国有资产流失的现状及对策》，《中国青年政治学院学报》2006 年第 3 期。

张士斌、黎源：《欧洲债务危机与中国社会养老保险制度改革——基于公共养老金替代率视角的分析》，《浙江社会科学》2011 年第 11 期。

张燕、王元月、车翼、王驰聘：《失业保险支付序列的变化对促进就业的影响》，《人口与经济》2008 年第 1 期。

赵静：《失业保险与就业促进——基于基金支出范围视角的双重差分法分析》，《中国经济问题》2014 年第 1 期。

赵武、赵安娜：《中国养老保险的代际利益关系研究》，《金融经济学研究》2014 年第 3 期。

郑秉文：《夯实养老金应对老龄化》，《人民政协报》2021 年 3 月 9 日。

郑秉文：《"名义账户"制：我国养老保障制度的一个理性选择》，《管理世界》2003 年第 8 期。

郑秉文：《下篇：欧债危机对养老金改革的启示——中国应如何深化改革养老保险制度》，《中国社会保障》2012 年第 2 期。

郑秉文：《中国失业保险基金增长原因分析及其政策选择——从中外比较的角度兼论投资体制改革》，《经济社会体制比较》2010 年第 6 期。

郑秉文：《中国失业保险制度存在的问题及其改革方向——国际比较的角度》，《中国经贸导刊》2011 年第 5 期。

郑功成：《科学发展与共享和谐——民生视角下的和谐社会》，人民出版社，2006。

郑功成主编《社会保障学》，中国劳动社会保障出版社，2005。

《中国企业社保白皮书 2015》。

《中国社会保险发展年度报告 2015》。

钟伟、顾弦：《巨灾再保险市场的发展困境与对策研究》，《理论前沿》2008 年第 18 期。

朱乾宇:《政府扶贫资金投入方式与扶贫绩效的多元回归分析》,《中央财经大学学报》2004 年第 7 期。

朱青:《当前养老保险筹资模式不宜转向基金式》,《经济理论与经济管理》2001 年第 12 期。

朱旭:《社会保障水平刚性成因研究》,《管理学家》(学术版)2011 年第 10 期。

祝嫣然:《国资委回应国资划转社保基金试点:已划转 200 多亿元》,《第一财经日报》2018 年 10 月 16 日。

A. Ando, F. Modigliani, "The 'Life Cycle' Hypothesis of Saving: Aggregate Implications and Tests," *The American Economic Review* 53 (1963).

C. D. Carroll, L. H. Summers, *Consumption Growth Parallels Income Growth: Some New Evidence*, *National Saving and Economic Performance* (Chicago: University of Chicago Press, 1991).

D. Acemoglu, R. Shimer, " Efficient Unemployment Insurance," *Journal of Political Economy* 5 (1997).

F. Modigliani, "Life Cycle, Individual Thrift, and the Wealth of Nations, " *The American Economic Review* 4777 (1986).

F. Modigliani, R. Brumberg, "Utility Analysis and the Consumption Function: An Interpretation of Cross-Section Data," *Franco Modigliani* 1 (1954).

F. Modigliani, "The Role of Internationale Transfers and Life Cycle Saving in the Accumulation of Wealth," *The Journal of Economic Perspectives* 2 (1988).

J. F. Schmieder, T. V. Wachter, S. Bender, " The Effects of Extended Unemployment Insurance Over the Business Cycle: Evidence from Regression Discontinuity Estimates Over 20 Years," *Quarterly Journal of Economics* 2 (2012).

M. E. Yaari, "Uncertain Lifetime, Life Insurance, and the Theory of the Consumer," *The Review of Economic Studies* 2 (1965).

P. A. Diamond, J. A. Housman, " Individual Retirement and Savings Behavior," *Journal of Public Economics* 1 (1984).

P. Fredriksson, B. Holmlund, "Improving Incentives in Unemployment Insurance: A Review of Recent Research," *Cesifo Working Paper* 3 (2003).

S. Imrohoroglu, S. Kitao, "Social Security Reforms: Benefit Claiming, Labor Force Participation, and Long-Run Sustainability," *American Economic Journal: Macroeconomics* 3 (2012).

T. Jappelli, "Does Social Security Peduce the Accumulation of Private Wealth? Evidence from Italian Survey Data," *Ricerche Economiche* 1 (1995).

W. D. Wells, G. Gubar, "Life Cycle Concept in Marketing Research," *Journal of Marketing Research* 4 (1966).

图书在版编目（CIP）数据

社会保障基金偿付能力管理研究 / 林毓铭，周缘园
著 . --北京：社会科学文献出版社，2023. 7
ISBN 978-7-5228-2211-2

Ⅰ.①社… Ⅱ.①林… ②周… Ⅲ.①社会保障基金
-理赔-研究-中国 Ⅳ.①D632. 1

中国国家版本馆 CIP 数据核字（2023）第 135070 号

社会保障基金偿付能力管理研究

著 者 / 林毓铭 周缘园

出 版 人 / 王利民
组稿编辑 / 王 绯
责任编辑 / 李 晨
文稿编辑 / 尚莉丽
责任印制 / 王京美

出 版 / 社会科学文献出版社·政法传媒分社（010）59367126
地址：北京市北三环中路甲 29 号院华龙大厦 邮编：100029
网址：www. ssap. com. cn
发 行 / 社会科学文献出版社（010）59367028
印 装 / 三河市尚艺印装有限公司

规 格 / 开 本：787mm × 1092mm 1/16
印 张：20. 25 字 数：329 千字
版 次 / 2023 年 7 月第 1 版 2023 年 7 月第 1 次印刷
书 号 / ISBN 978-7-5228-2211-2
定 价 / 79. 00 元

读者服务电话：4008918866